W0059557

Said AlDailami

JEMEN

DER VERGESSENE KRIEG

unter Mitarbeit von Andreas Wüst

C.H.Beck

Mit 3 Karten © Kämmer-Kartographie, Berlin

Originalausgabe
© Verlag C.H.Beck oHG, München 2019
www.chbeck.de
Satz: C.H.Beck.Media.Solutions, Nördlingen
Druck und Bindung: Druckerei C.H.Beck, Nördlingen
Umschlaggestaltung: Geviert, Grafik und Typografie,
Andrea Hollerieth
Umschlagabbildung: Front in Khoba
© Fahad Shadeed / Reuters
Gedruckt auf säurefreiem, alterungsbeständigem Papier
(hergestellt aus chlorfrei gebleichtem Zellstoff)
Printed in Germany
ISBN 978 3 406 73158 7

myclimate
klimaneutral produziert
www.chbeck.de/nachhaltig

Meinem Vater in ewiger Dankbarkeit und Hochachtung
(verstorben am 05. März 2019)

In Gedenken an die Opfer des Krieges im Jemen.

INHALTSVERZEICHNIS

VORWORT

Der Jemen ist faszinierend. Der Jemen ist bezaubernd. Der Jemen ist ergreifend.

Ob meine Lehrer zu Schulzeiten, meine Kommilitonen und Kollegen an der Universität oder meine Mitstreiter in der Entwicklungszusammenarbeit: sie alle sind Jemen-Liebhaber geworden, konnten dem Zauber dieses Landes und seiner Menschen nicht widerstehen – ich habe sie «angesteckt». Einige von ihnen bereisten das Land oder lebten dort sogar für eine Weile. Wenn sie über den Jemen sprechen, dann schwelgen sie in wunderschönen Erinnerungen, die sie nicht missen wollen.

Doch seit nun bald fünf Jahren herrscht Krieg im Jemen. Das Ausmaß der Zerstörung lässt sich nicht in Worte fassen. Leid, Elend und Schmerz haben inzwischen jede einzelne jemenitische Familie ergriffen und tiefe Wunden gerissen. Auch meine Familie ist gezeichnet.

Doch wie so oft in seiner wechselvollen Geschichte wird der Jemen, den alle Araber als Wiege der arabischen Kultur sehen, auch diesmal alle Widrigkeiten überstehen. Denn aus dem Bewusstsein für die große Vergangenheit ihres Landes schöpfen die Menschen im Jemen die Hoffnung und die Zuversicht für eine bessere Zukunft. Ihrem Schicksal und ihrem unermüdlichen Kampf gegen Ungerechtigkeit, Einmischung und Bevormundung möchte ich mit den mir zur Verfügung stehenden Mitteln in diesem Buch ein bescheidenes Denkmal setzen.

Die Idee hierzu entstand aus der Inspiration durch meinen Freund Andreas. Weil er mich bei der Entstehung des Buches auf Schritt und Tritt kritisch fragend und ergänzend begleitet hat, gebührt ihm die Nennung als Mitarbeiter an diesem Werk.

Mein besonderer Dank gilt zudem meinem Freund Wahid für seinen unermüdlichen Einsatz bei der Sichtung der arabischen Quellen und für die zahlreichen anregenden und teils hitzigen Debatten über die Entwicklungen im Jemen und deren Einordnung in den Gang der Dinge im Nahen Osten.

Auch meinen Freunden Dr. Ali, Abdulrahman, Ahmad, Mohamed, Christian, Max, Judith, Yasmeen, Rawdha, Iman, Abeer und Majed bin ich zu großem Dank verpflichtet. Sie und die vielen Freunde meines Vaters haben mich durch ihre Zeitzeugenberichte, pointierten Beiträge, inspirierenden Ideen, kritischen Lektüren episodisch begleitet und maßgeblich zur Entstehung dieses Buches beigetragen.

Schließlich verdienen jene, die unerwähnt bleiben wollen, meinen größten Dank und meine höchste Anerkennung. Ohne ihre Geduld, ihren Zuspruch und den vermittelten Mut wäre der Abschluss dieses Buches nicht möglich gewesen.

Said AlDailami
Tunis/Kairo/München, Juli 2019

EINFÜHRUNG

Arabia eudaimon oder *Arabia felix*, glückliches Arabien, so nannten die alten Griechen und Römer den Teil Südarabiens, den wir heute besser unter dem Namen Jemen kennen. Den antiken Schriftstellern galt es als ausgemacht, dass die Region ihren Namen aufgrund ihrer außerordentlichen Fruchtbarkeit und ihres legendenhaften Reichtums trägt. Der griechische Historiograph Diodor von Sizilien etwa schreibt bereits im 1. Jahrhundert v. Chr. über Südarabien und seine Bewohner:

«Nach den Debern kommen die Karber und weiterhin die Sabäer, die allerzahlreichsten unter den Araberstämmen. Sie bewohnen das sogenannte ‹Glückliche Arabien›, das fast alle edlen Erzeugnisse unserer Länder hervorbringt und dazu noch eine unzählige Menge von Herdenvieh aller Art. Das ganze Land duftet von einem natürlichen Wohlgeruch, da es fast alle die ausgezeichneten Wohlgerüche ununterbrochen das ganze Jahr hindurch hervorbringt. An der Küste nämlich wächst der sogenannte Balsam und die Kasia und eine andere Pflanze von besonderer Art, die, solange sie noch jung ist, dem Auge den lieblichsten Anblick gewährt, etwas älter geworden plötzlich aber wieder zusammenwelkt. Das Innere des Landes aber ist von zusammenhängenden Wäldern bedeckt, in denen große Weihrauch- und Myrrhe-Bäume stehen und außerdem Palmen und Kalmus und Zimt und andere Pflanzen, diesen ähnlich an Wohlgeruch. Es ist gar nicht möglich, die besonderen natürlichen Eigentümlichkeiten einer jeden aufzuzählen vor der Fülle und dem Übermaß der süßen Düfte, die allen insgesamt zugleich entströmen. [...] Denn es ist dies nicht der Duft einer zerschnittenen Frucht, die ihre eigentümliche Kraft schon ausgedunstet hat und in Gefäßen von ganz anderem Stoffe verlegen ist, sondern er kommt von der lebendigen Blüte und ist das frische und ungemischte Erzeugnis der göttlichen Naturkraft, und wer diesen einzigen Wohlgeruch atmet, glaubt die Ambrosia der Göttersagen zu genießen, denn er findet keinen anderen Namen, der dieses höchsten Wohlgeruchs würdig wäre!»[1]

Auch heute lässt sich dieses nach Gewürzen, Blumen und Weihrauch duftende Arabien im Jemen erfahren. *Arabia felix* ist der Jemen allerdings nicht mehr. Vielmehr gilt das Land am Zusammenstrom von Rotem Meer und Indischem Ozean heutzutage als Armenhaus der arabischen Welt, als Schauplatz der weltweit größten humanitären Katastrophe der Gegenwart. Häufiger als Düfte von Weihrauch und Myrrhe flirren heute Kriegsgesänge durch den Äther.

Die Kriegsgedichte, -balladen und -lieder füllen inzwischen Bände. Seit Beginn des aktuellen Krieges gehören sie zum festen Bestandteil des öffentlichen Diskurses, insbesondere in den (sozialen) Medien. Für den Jemen, eine Stammesgesellschaft par excellence, gehörten sie schon immer zum kulturellen Ritus. In Kriegszeiten und bei Feldzügen gelten sie als *das* motivierende Element und *die* flankierende Unterstützung überhaupt für die eigenen Kämpfer. Zwischen den Kriegsparteien kommt es zu wahren Wortgefechten – oder vielmehr Liederschlachten. Einige dieser Kriegslieder haben sich inzwischen zu Evergreens entwickelt. Die Kinder auf der Straße singen diese Lieder, bei Festlichkeiten werden sie angestimmt, sie füllen Kassetten, CDs und USB-Sticks. Sie sind überall präsent; sogar die Jemeniten in der Diaspora pflegen diese Kriegsgesänge zu hören und mitzusingen. Inzwischen gehören sie zum Standardrepertoire in jedem Haus, in jedem Auto, bei jeder Reise. Jeder ist stolz, seinen Freunden die neuesten Songtexte vorzuspielen und dabei am besten selbst mitzusingen.

Diese kulturellen Fabrikationen des Krieges erreichen alle Angehörigen der am Krieg beteiligten regionalen Mächte im In- und Ausland. Im Jemen nennt man die Lieder *Zamel*, in den Golfstaaten nennt man sie *Shila*. Keiner kann ihnen entkommen. Was aber wird besungen in diesen Balladen? In beiden Fällen handelt es sich um Lobeshymnen auf das eigene Land und die eigene Bevölkerung, und gleichzeitig um Schmäh-

gedichte auf den Feind. In vielen Texten geht es um die Überlegenheit der einen Kriegspartei über die andere. Interessant
bei diesen Kurzballaden sind die Bezüge, die gewählt werden.
Jemenitische Dichter beziehen sich gerne auf ihre vergangene
Hochkultur, auf Werte, Tugenden und Prinzipien. Die Golfstaaten beziehen sich auf die materielle Überlegenheit in der
Moderne. Die Emiratis beispielsweise beschwören, dass sie die
neuesten Waffensysteme einsetzen und dass sie sogar eine
Kampfpilotin in den Krieg schicken. Ihr Name ist Maryam,
und die Information darüber, dass sie einige Kampfeinsätze
und Bombardements gegen jemenitische Stellungen geflogen
ist, hat für große Polemik innerhalb der jemenitischen Bevölkerung gesorgt. Damit wollen die Emiratis zeigen, dass sie
auf der Höhe der Zeit angekommen sind, dass sie sich zur
Avantgarde der gesamten arabischen Welt zählen. Die Saudis
ihrerseits beteuern in ihren Liedern, dass ihr Land die Heiligtümer der Muslime (Mekka und Medina) beherbergt, und beschwören den neuen Kurs König Salmans und seines Sohnes
Mohammed bin Salman (MBS). Sie würden dem Königreich zu
neuer Größe und neuem Glanz verhelfen. Saudi-Arabien solle
zudem die Führung der gesamten arabischen Welt übernehmen und zur neuen Macht im Nahen Osten werden. Das Volk
sei bereit für Ruhm und Ehre ihres Königs ganze Heerscharen
in den Tod zu schicken. Der Jemen hingegen rühmt sich, die
Wiege der gesamten arabischen Kultur zu sein. Er spottet, dass
die Existenz dieser Golfstaaten nicht über 100 Jahre zurück-
reicht und brüstet sich damit, selbst über eine jahrtausendealte
Zivilisation zu verfügen. Darüber hinaus verweisen jemenitische Lieder auf die nicht sesshaften Nomadenvölker der Golf-
region, die vor dem Zeitalter der Petrodollars und damit bis
vor nicht allzu langer Zeit als Piraten an der Küste des Persischen Golfes und des Arabischen Meeres ihr Brot verdienten.
Der Jemen hingegen habe eine Hochzivilisation nach der ande-

ren hervorgebracht und blicke somit auf eine ruhmreiche und weltweit anerkannte Geschichte. Dieser Geschichte nachzuspüren wird ein Anliegen des folgenden Kapitels sein. Dabei sei ein Bogen gespannt von der Islamisierung des Jemen und der Kolonialisierung des Landes über seine Teilung und Wiedervereinigung bis zur Herrschaft Ali Abdullah Salehs und dem Ausbruch der Jugendrevolution von 2011. Ohne die Kenntnis des historischen Pfads, der die jemenitische Gesellschaft so tief geprägt hat, wäre ein umfassendes Verständnis des gegenwärtigen Krieges und seiner Konfliktlinien nicht möglich. Erst diese Kenntnis erlaubt die anschließende ausführliche Analyse von Kriegsausbruch und -verlauf unter Berücksichtigung aller wichtigen Akteure sowie der dahinterstehenden ideologischen, wirtschaftlichen und geopolitischen Interessen. Auch die Beschreibung der wichtigsten Facetten der jemenitischen Katastrophe muss den historischen Pfad berücksichtigen, um im Anschluss sinnvolle Überlegungen zur Überwindung der Krise anstellen zu können.

DIE GESCHICHTE DES JEMEN –
EIN RITT DURCH JAHRTAUSENDE
DER HOCHKULTUREN

Geht man nach der biblischen Schöpfungsgeschichte, so dürfte das «Irdische Paradies» der Genesis am äußersten Rand Mesopotamiens gelegen haben. «Diesem Gebiet», schreibt der italienische Kunsthistoriker und Archäologe Gabriele Mandel, «entspricht das heutige Aden (was im Arabischen so viel wie Paradies heißt), der Garten Eden der Bibel. Hier liegt auch nach uralter Überlieferung die Grabstätte Kains, von der aus Adam aufgebrochen ist, um die Kaaba in Mekka zu bauen; und von hier aus haben sich – auch arabischen Legenden zufolge – die Drei Weisen aus dem Morgenland auf den Weg gemacht, um Jesus zu suchen.»[2] Ob irdisches Paradies oder nicht, in jedem Fall förderten der ressourcenreiche Boden und die günstigen klimatischen Bedingungen über Jahrtausende die Entstehung, Stabilisierung und Ausbreitung einiger zweifelsohne hochentwickelter Kulturen auf dem Gebiet des heutigen Jemen. Der Jemen zählte in seiner Frühgeschichte dabei zu einem Dreieck der Hochkulturen, das neben dem Jemen aus den Regionen des heutigen Ägypten und Mesopotamien im heutigen Irak bestand. Der nun folgende skizzenhafte Rückblick in die Urgeschichte des Jemen erlaubt uns zu verstehen, weshalb es im heutigen Krieg um weit mehr geht als um den viel beschworenen Stellvertreterkrieg zwischen Saudi-Arabien und Iran. Vielmehr geht es hier um einen Krieg zwischen einer inzwischen materiell verarmten Hochkultur und einer materiell prosperierenden Unkultur. Diese Facette des Krieges ist bisher gänzlich vernachlässigt worden, obwohl sie im gesamten Kriegsverlauf – wie noch zu zeigen ist – auf der kriegspsychologischen Ebene und in ihrer gesellschaftlichen Wirkmächtigkeit stark präsent ist. Das Selbstverständnis des Jemeniten speist sich zu einem Großteil – wenn nicht gänzlich – aus dieser tiefen Verwurzelung in der Geschichte der Hochkulturen seines Landes. Entsprechend beurteilen viele Jemeniten auch vermeintliche Errungenschaften wie stählerne Wolkenkratzer und Mega-Shoppingmalls in den arabischen Golfstaaten als Anfeindungen, ja barbarische Akte von erst im 20. Jahrhundert sesshaft gewordenen Kamel- und Ziegentreibern gegen die Wiege der arabischen Kultur.

Diese hatte schon vor 500 Jahren die berühmten Lehmhochhäuser von Schibam im Wadi Hadramaut hervorgebracht, die Jean-François Breton als die wohl ersten Wolkenkratzer der Menschheitsgeschichte betitelt hat und die zum Weltkulturerbe der UNESCO zählen.[3] Im handwerklichen Bereich war der Jemen für seine Textilfabrikation berühmt. Ihre Farbenpracht und ihre solide Verarbeitung ließen die gewebten Stoffe zu überregional begehrten Qualitätsprodukten werden. Außerdem war der Jemen für sein Gold- und Silberhandwerk weithin bekannt. Neben wertvollen Waffen wie Messern und Schwertern wurden im Jemen feine Gold- und Silberaccessoires sowie hochwertiger Edelsteinschmuck (al-aqiq al-yamani) hergestellt. Hinzu kam der einst florierende jemenitische Duft- und Parfümmarkt, der seinen olfaktorischen Reichtum und seine Bekanntheit im Land bis heute bewahrt hat.

Die Königreiche des alten Jemen

Im Laufe der Geschichte haben mehrere Kulturen im Jemen ihre Geburt, ihre Blüte und ihren Niedergang erlebt. Aus diesen Kulturen sind mehrere Königreiche und Dynastien hervorgegangen, die insbesondere für die Zeit seit dem 1. Jahrhundert v. Chr. inzwischen recht gut erforscht sind. Die erhaltenen Spuren zeugen von einem lebendigen Aufeinanderfolgen der Hochkulturen, die jeweils in sich homogen waren, jedoch vieles von der abgelebten Kultur integriert hatten. Zu den berühmtesten Königreichen zählen: das sagenumwobene Königreich von Saba, das Königreich von Qataban, das Königreich von Ausan, das Königreich von Ma'in, das Königreich von Hadramaut und das Königreich von Himyar. Weitere Königreiche mit kürzerer Lebensdauer sind ebenfalls nachgewiesen, wie z. B. das Königreich Mahamir oder Kandah oder Amir im Najran-Gebirge.

Rückgrat dieser Königreiche war neben einer gut funktionierenden Landwirtschaft vor allem der Handel: Von Häfen wie Aden und Gana am Arabischen Meer gelangten die Waren über Schabwa, Marib und das Jawf-Tal bis nach Najran. Dort spalteten sich die Handelswege in eine Route, die über die Golfküste in den Irak führte, und eine andere, die über Mekka, Medina und Petra im heutigen Jordanien bis zum Hafen des heutigen Gaza am Mittelmeer reichte. Der Archäologe Gabriele Mandel weist zudem auf eine weitere Handelsroute hin, die schon zu Zeiten der ägyptischen Pharaonen den Seeweg von Indien über Aden und einen Vorläufer des Suezkanals bis ins Nildelta nutzte.[4] Gehandelt wurden exotische Gewürze, hochwertiges Kunsthandwerk und wertvolle Stoffe aus Indien, Keramik aus dem Mittelmeerraum sowie kostbarer Silber- und Edelsteinschmuck, Weihrauch und Myrrhe aus Arabien. Bis in die heutige Zeit stammt der beste Weihrauch der Welt aus der Gegend um Hadramaut. Entlang der Karawanenstraßen errichteten die Urjemeniten Häfen, Städte und kleinere Zentren, die dem Schutz der Händler und wandernden Karawanen und gleichzeitig als Brücke der Begegnung zwischen den verschiedenen Kulturen dienten. So verbreiteten sich Sprache und Kultur der jemenitischen Zivilisationen und konnten ihrerseits von anderen Kulturen befruchtet werden. Noch der letzte äthiopische Kaiser Haile Selassie führte seine Abstammung auf Bilqis, die legendenumwobene biblische Königin von Saba zurück.

Auch die Jemeniten blicken oft und gerne auf ihre reiche Geschichte fortschrittlicher Hochkulturen. Mit besonderem Stolz erfüllt sie ihre historische Verbindung mit dem Volk der Sabäer, das – wie der Koran zu berichten weiß (27. Sure, V. 22–44) – ein außerordentlich reiches, starkes und tapferes Volk gewesen sein soll, das über ein professionelles Kriegshandwerk verfügte. Auch hätten sie schon damals unter der Regentschaft einer Frau gelebt. Die Königin von Saba, Bilqis, und ihr weiser Umgang mit dem Volk sowie ihr kluger, umsichtiger Politikstil werden im Koran lobend erwähnt. Als Sulaiman, der niemand anderes ist als der biblische Salomon, König der Israeliten, vernahm, dass das Volk von Saba Sonnengötzen anstelle des einzig wahren Gottes anbetete, sandte er einen Brief an dessen Königin, um ihre Unterwerfung unter seine Macht und die Macht Allahs zu fordern. Als sie den Brief erhielt, berief sie einen Rat ein, um mit ihren Untergebenen zu diskutieren, ob sie gegen König Salomon in den Krieg ziehen solle oder nicht. Die Antwort fiel überraschend aus: Die versammelten Volksvertreter bekundeten, dass sie vor nichts zurückschrecken würden und bereit seien, für ihre Königin in den Krieg zu ziehen, ihr jedoch die finale Entscheidung überlassen wollten. Die weise Königin entschied sich daraufhin für eine diplomatische Annäherung und entsandte einen Boten mit Geschenken zum König der Israeliten. Doch kaum war dieser in Jerusalem von Salomon empfangen worden, wurde er mit einer Kriegserklärung wieder heimgeschickt, da sich seine Königin in ihrer Botschaft Allahs Macht nicht ergeben hatte. Sie machte sich nun selbst auf, doch während sie zu Salomon reiste, ließ dieser den Thron der Königin aus Saba von einem mächtigen Dschinn zu sich holen, um ihr die Macht Allahs zu demonstrieren. Bei ihrer Ankunft erkannte sie ihren eigenen Thron und bekannte sich daraufhin zu Allah und seinem weltlichen Vertreter Salomon. Dieser jedoch bemerkte das bloße Lippenbekenntnis und bat die Königin daher, nun einzutreten in seinen ganz aus Kristall gefertigten Palast. Die Königin – im Glauben, sie laufe durch Wasser – raffte ihre Kleider und entblößte ihre Schenkel. Rasch erkannte sie ihren Fehler und ergab sich nun gänzlich der Macht Salomons und seines Gottes. Die Begegnung der beiden Herrscher – der Königin von Saba und des jüdischen Königs Salomon in Jerusalem – wird in allen monotheistischen Schriften, auf teils unterschiedliche Art und Weise, dargestellt. Allein die Nennung im Koran – eine ganze Sure trägt den Namen Saba – betrachten die Jemeniten als Auszeichnung. Die Bedeutung ihrer legendären Herrscherin in der antiken Welt ist für die Jemeniten seit jeher zentraler Bezugspunkt ihrer Identität. Denn die Königin von Saba wird dabei nicht als vorislamisch abgetan, sondern als monotheistisch vereinnahmt.

Zwar ist die Existenz der Königin Bilqis bis heute nicht gesichert, und die Geschichten um ihre Taten weisen eher ins Reich der Legenden; doch das Volk der Sabäer und die Fortschrittlichkeit seiner Zivilisation sind historisch gut nachweisbar. 200 Kilometer nordöstlich von Sanaa, inmitten der heutigen Stadt Marib, zeugen vorislamische Kultstätten von dieser frühen, aber im Bewusstsein der Jemeniten noch immer tief verankerten Kultur. Neben der berühmten Sonnenkultstätte sei etwa auf die Heiligtümer im Gouvernement al-Jawf bei Ma'in sowie auf die zwischen den Städten Serouah und Marib gelegene Kultstätte des Gottes Wedd verwiesen. Zusätzlich zu ihrer religiös-spirituellen Rolle dienten diese Kultstätten auch als Verwaltungszentren. So belegen Malereien an den Wänden der Kultstätten neben Opfergaben im Zusammenhang des Kultes eben auch die Registrierung und Aufbewahrung großer Mengen an offiziellen Dokumenten, darunter Immobilienverträge, aber auch Belege über Steuererträge und Ähnliches.

Ein ganz besonderes Zeugnis der sabäischen Kultur findet sich wenige Kilometer entfernt. Vor den Toren der antiken Hauptstadt des Königreichs von Saba liegen die Überreste des Sidd Marib, des Staudamms von Marib. Archäologen datieren seine Entstehung auf das 6., arabische Geschichtsschreiber sogar auf das 9. vorchristliche Jahrhundert. Angeblich wurde er vom ersten sabäischen König Sumuhu'ali Yanuf (850–820 v. Chr.) erbaut und konnte bis zu 55 Millionen Kubikmeter Wasser speichern. Der Damm erstreckte sich 680 Meter entlang des Tals (Wadi). Seine Höhe betrug acht Meter und die Wanddicke bis zu 20 Meter, die Oberflächenweite des Stausees bis zu acht Kilometer. Dank eines ausgeklügelten Schleusen- und Kanalsystems ließen sich damit zu Spitzenzeiten wohl bis zu 10 000 Hektar Land gleichmäßig bewässern. Was damals reichlich vorhanden war, daran herrscht heute schrecklicher Mangel. Wo heute Verwüstung um sich greift, erfreuten einst riesige Gärten voll bunter Blumen das Auge und umschmeichelte der Duft exotischer Früchte die Nase. Viele Geschichten ranken sich um diesen lebensspendenden Damm, die bekannteste erzählt von seiner Zerstörung.

Reichtum und Fortschrittlichkeit der Sabäer waren legendär. Selbst die tausende Kilometer entfernt lebenden Griechen und Römer erzählten sich davon. Doch während der griechische Geograph Agatharchides von Knidos um 200 v. Chr. den Wohlstand der Sabäer auf die Abgeschiedenheit von allen äußeren Bedrohungen zurückführte, ist im Koran Gottes Gnade ursächlich für den Reichtum. Als Allah jedoch sah, dass sich die Sabäer angesichts seiner Gaben undankbar von ihm abwandten, brach er den Staudamm von Marib und überflutete das Land (Sure 34, 15–17). Diese Geschichte von der Strafe Gottes für die Undankbarkeit der Sabäer mag man als religiöses Dichtwerk abtun, doch lassen sich rund um das Bauwerk einige gewaltige Katastrophen nachweisen, die im Zusammenhang mit vermutlich erdbebenbedingten Brüchen des Dammes und einer Überflutung des Gebietes stehen. Eine davon fällt in die Zeit kurz vor der Offenbarung des Koran.

Fanden Generationen seiner Leser also nur mehr Ruinen an der Stelle des Staudammes vor, so gilt das monumentale Bauwerk doch bis heute als Meisterwerk der Ingenieurskunst und als eines der größten technischen Wunder der antiken Welt. Nach wie vor gilt es als eines der berühmtesten Symbole des alten und modernen Jemen.

Der Jemen im islamischen Zeitalter

Wenn über den Beginn des islamischen Zeitalters gesprochen wird (ab 610 n. Chr.), dann nehmen der Jemen und seine Bevölkerung eine bedeutende Rolle ein. Die Jemeniten sind bis heute stolz darauf, dass sie zu den Ersten gehörten, die der Botschaft Mohammeds folgten. Die Islamisierung der jemenitischen Stämme ist dabei freilich in Schüben verlaufen. Die vielen Handelsbeziehungen zwischen Mekka und dem Jemen sorgten schnell dafür, dass die Nachricht über den neuen Glaubensbegründer Mohammed auch im Jemen die Runde machte. Als ab dem Jahr 626 n. Chr. der Nukleus des islamischen Stadtstaats Medina im heutigen Saudi-Arabien zu wachsen begann, reisten auch einige Jemeniten dorthin, um sich ein eigenes Bild von der neuen Religion zu machen. Die nach dem Koran zweite Rechtsquelle im Islam, die Hadithe (die gesammelten Aussprüche des Propheten), sind voll des Lobes für das jemenitische Volk. Mohammed übergoss die Jemeniten geradezu mit Lobpreisungen ihres noblen Charakters und ihrer Tugenden. Als der Prophet Vorbereitungen traf, um einen jener jemenitischen Stämme, die zu ihm kamen (die al-Asha'riten), in Medina zu begrüßen, soll er zu seinen Gefährten gesprochen haben: «Einige Leute werden morgen zu euch kommen, die in ihren Herzen empfänglicher für den Islam sind als ihr.» Die Erzählung führt weiter aus: «Als sie (die al-Asha'riten) sich Medina näherten, begannen sie, zu singen: ‹Morgen treffen wir die Lieben, Mohammed und seine Getreuen!› Als sie dann ankamen, begannen sie, den Menschen die Hand zu schütteln, und sie waren die Ersten, die das Händeschütteln einleiteten.»

Zur selben Zeit, als Mohammed seine Botschaft zu verkünden begann, durchlebte der Jemen eine Phase der Zersplitterung und unterschiedlicher Machtbildungen. Neben den Stämmen aus Kandah, Himyar, Hadramaut und Hamdan regierten im Jemen u. a. die Perser in Sanaa und Aden. Zunächst waren es Einzelpersonen, die den islamischen Glauben annahmen und damit als Vorreiter ihres Stammes den Weg für die Bekehrung der restlichen Stammesmitglieder ebneten.

Die Jemeniten folgten zumeist dem Ruf der neuen Religion. Nicht alle jedoch folgten dieser neuen Botschaft freiwillig, einige – insbesondere die nördliche Region der Tihama-Ebene und die Regionen der Nomadenstämme – wurden gewaltsam unterworfen. Die Christen und die Juden durften ihren ursprünglichen Glauben beibehalten, mussten allerdings eine Schutzsteuer entrichten oder die Arabische Halbinsel verlassen.

Nach der Etablierung des Islam im Jemen wurden die Stämme allmählich unter dem neuen Sammelbegriff der *umma islamiya* – der islamischen Gemeinschaft – vereinigt, ohne dabei ihre Stammesidentität zu verlieren. In Scharen schlossen sie sich der islamischen Expansionsarmee an. Viele Anführer der islamischen Feldzüge nach Nordafrika, Europa, Nahost und Asien stammten ursprünglich aus dem Jemen.

Eine zentrale Frage mit Blick auf die Frühzeit des Islam und die Entwicklung des Jemen in dieser entscheidenden Phase ist die nach der Rolle des Jemen im Streit um die legitime Nachfolge Mohammeds als Herrscher der muslimischen Gemeinschaft. Denn als Mohammed 632 n. Chr. starb, trat zunächst sein Schwiegervater Abu Bakr das Erbe des Religionsstifters an. Zugleich beanspruchte jedoch auch Mohammeds Cousin und Schwiegersohn Ali ibn Abi Talib die Führung der Muslime für sich. Auch nach Abu Bakrs Tod im Jahr 634 schwelte der Streit weiter und kam 657 erneut zum Ausbruch: Nachdem der Kalif Uthman ibn Affan ermordet worden war, ließ sich Ali zum neuen Kalifen küren. Die Anhänger Uthmans verweigerten ihm derweil die Gefolgschaft, und so ließ sich im Jahr 660 der Umayyaden-Fürst und damalige Statthalter von Damaskus Muawiya I. seinerseits zum Kalifen ausrufen. Erstmals war die muslimische Gemeinschaft damit in ihrer politischen Einheit gespalten. Ein Bürgerkrieg war die Folge, dem die Ermordung Alis im Jahr 661 ein vorläufiges Ende setzte. Die islamische Gemeinschaft (Umma) war fortan in Anhänger der Umayyadendynastie (Sunniten) und die Anhänger von Ali gespalten. Die Schiiten waren geboren und mit ihnen der Kult um die Familie Mohammeds als einzig legitime Führung der Umma.

Der Jemen war damals bereits eine der vielen Provinzen des islamischen Reiches. Auch er blieb von den Machtkämpfen um die Herrschaft im islamischen Reich nicht verschont. Im Zeitalter der Umayyaden (661 bis 750 n. Chr.) wurden die Provinzstatthalter nach Lust und Laune des jeweiligen Herrschers bestellt, doch kam es dabei nie zu größeren Turbulenzen. Ähnliches kann für den Beginn der Abassiden-Dynastie (750 bis 1258 n. Chr.) behauptet werden, jedoch löste sich der Jemen bereits früh von den Abassiden, was viel mit seiner

Geographie zu tun hat: Durch seine große Entfernung von der Abassiden-Hauptstadt Bagdad und seine durch diverse Gebirgszüge schwer zugängliche Topographie war der Jemen von jeher Magnet für Dissidenten und politische Exilanten, die wussten, dass sie im Jemen für den Herrscher praktisch unerreichbar sein würden. Die allmähliche Abspaltung des Jemen vom Abassiden-Reich brachte in der Folge viele kleine Herrschafterdynastien hervor, die durch mindestens ein verbindendes Element zusammengehalten wurden: die gemeinsame Stammeszugehörigkeit ihrer Untertanen oder das Glaubensbekenntnis ihres Herrschers.

Dabei fällt auf, dass der Jemen sowohl eine bedeutende sunnitische als auch eine starke schiitische Bevölkerungsgruppe beherbergt. Diese schiitische Gruppierung hatte auch die meiste Zeit über die Macht inne, obwohl sie nicht immer die Mehrheit der Bevölkerung bildete.

Die Entstehung der im Jemen über lange Zeit vorherrschenden Glaubens- und Rechtsschule des Zaiditentums hängt eng mit dem Geistlichen Imam Zayd ibn Ali zusammen, der einen Aufstand gegen den ungerechten Umayyaden-Kalifen Hisham ibn Abd al-malik (reg. 724–743 n. Chr.) führte. Die Revolte gegen den ungerechten Herrscher machte er in der Folge zu einem Leitprinzip seiner Lehre. Spätestens mit Yahia ibn al-Hussein ibn al-Qasim al-Rassi, der im Jahr 897 n. Chr. aus Hedschas (heutiges Saudi-Arabien) in den Jemen übersiedelte und die dort ansässigen Stämme zu seiner Krönung zum Imam aufrief, kam das Zaiditentum auch in diesen Teil der islamischen Welt. Ausgangspunkt seiner «Revolution» gegen den Herrscher im Jemen war die Stadt Saada im Jahr 893, von wo aus er seine Herrschaft auch Richtung Sanaa auszudehnen begann. Die beiden Begriffe «Revolution» und «Saada» werden uns in späteren Kapiteln dieses Buches noch einmal begegnen. Yahia ibn al-Hussein, der sich fortan Imam al-Hadi ila al-

Haqq nannte, entwickelte fortan eine zaiditische Lehre «jemenitischer» Prägung. Denn ein weiterer Grundsatz des Zaiditentums betont, dass eine fortwährende Revision und Anpassung der islamischen Lehre durch den Imam – den höchsten Gelehrten – vorgenommen werden kann. Schließlich verfüge er über eine hohe religiöse Bildung und wisse am besten, wie die Religion im jeweiligen Kontext gelebt werden müsse.

Ganz unabhängig von der historischen Bewertung der Person al-Hadis muss retrospektiv festgehalten werden, dass die Entwicklung des schiitischen Zaiditentums in einem vormals sunnitisch geprägten Jemen zu einer deutlichen Annäherung dieser schiitischen Strömung an das sunnitische Denken – und umgekehrt – geführt hat. Insofern sprechen islamische Gelehrte auch über ein sunnitennahes Schiitentum und über ein schiitennahes Sunnitentum im Jemen, wenn von Zaiditen und Schafiiten die Rede ist. Im Gegensatz zu den Zwölferschiiten – wie man sie etwa im Iran findet – betrachten die zaiditischen Schiiten die Linie der Imame als noch nicht abgeschlossen. Das Imamat ist nach ihrer Ansicht auch nicht vererbbar. Der Führer der Umma (Imam) muss der Prophetenfamilie entstammen, ein Gelehrter und ein erfahrener Feldherr sein, der in der Lage ist, das Imamat an sich zu reißen und zu verteidigen. Von der Doktrin der Unfehlbarkeit der Imame und ihrer Ausstattung mit übermenschlichen Kräften, wie sie die Zwölferschiiten vertreten, halten die Zaiditen wenig.

Die Blütezeit des Islam brachte auch im Jemen große Errungenschaften in den Bereichen Kunst, Wissenschaft und Literatur mit sich.

Wir haben bereits erfahren, dass die Jemeniten ihren Stolz auch aus der ruhmreichen Herrschaft der Königin von Saba beziehen, die in vorislamischer Zeit eine Hochkultur anführte. Doch nicht minder stolz sind die Jemeniten darauf, nach der

Islamisierung des Jemen die erste islamische Königin gekrönt zu haben. Es handelt sich um die Königin Sayyda bint Ahmad al-Sulaihi (1048–1138), die auch unter dem Namen Arwa bekannt wurde und dem Land zu einer wirtschaftlichen wie kulturellen Blüte verhalf, deren (nicht zuletzt architektonische) Spuren bis heute sichtbar sind. In der sich anschließenden Rasulidendynastie (1228–1454) gelang es vielen Herrschern, ein zusammenhängendes Territorium von Hadramaut bis Mekka zu schaffen und zu regieren. Viele von ihnen entstammten bedeutenden Familien mit großer Bildungstradition. Auch in dieser Zeit erfuhren Handel, Wissenschaft, Gesundheitssystem und Architektur eine Blüte. Die Stadt Taiz etwa zeugt noch heute von der einstigen Pracht des Rasulidenreiches. So schreibt schon Ludovico de Varthema, der erste Europäer, der den Jemen zu Beginn des 16. Jahrhunderts bereiste, über Taiz: «Nun beflügelte der Ausblick von Sanaa meine Schritte, ich begab mich wieder auf den Weg und gelangte zur Stadt Taesa, die drei Tage von Sanaa entfernt und schon in den Bergen liegt. Diese Stadt ist schön und voller Anmut, vor allem anderen gibt es dort im Überfluss rosenfarbenes Wasser, das aus der Erde quillt. Die Sage erzählt, diese Stadt sei uralt; es findet sich dort ein Tempel wie der von Santa Maria Rotonda in Rom, und viele andere sehr alte Paläste.»[5] Zu diesen Prachtbauten zählen auch die Moschee des al-Muzzafer, die Ashrafyia-Moschee, die Aschrafyia-Schule und die Festung von Taiz auf dem höchsten Berg innerhalb der Stadtgrenzen, heute als Festung von Kairo bezeichnet (nicht zu verwechseln mit der gleichnamigen ägyptischen Hauptstadt). Diese Festung war eines der ersten Ziele der saudisch-emiratischen Militärallianz im Krieg von 2015: Bereits am 10. und 21. Mai griffen ihre Flugzeuge den Burgberg an und zerstörten dabei nach Angaben der UNESCO mindestens 30 Prozent des historischen Gebäudes. Dieser barbarische Akt bekräftigt meine These, dass die zerstörerische

Kriegsmotivation dieser relativ jungen Golf-Fürstentümer auch Ausdruck eines kulturellen Minderwertigkeitskomplexes gegenüber der uralten jemenitischen Hochkultur ist.

Zusammenfassend lässt sich sagen, dass der Jemen in der Zeit seit seiner Islamisierung im 7. Jahrhundert eine bedeutende Rolle im islamischen Reich gespielt hat. Seine nahezu autonome Stellung unter den Provinzen des islamischen Reiches verdankte er seiner Distanz zu den Hauptstädten Damaskus und Bagdad und seiner unzugänglichen Geographie. Diese Prägung des Geländes machte ihm zum beliebten Zufluchtsort für Dissidenten und Widerstandskämpfer. Der Ruf der Unerreichbarkeit und Uneinnehmbarkeit hielt sich über die Zeit der Kalifen bis zu den Eroberungszügen der Osmanen. Auch die bereits erwähnten jemenitischen Kriegslieder beziehen sich oft auf das unwegsame Gelände und den unerschütterlichen Kampfgeist jemenitischer Krieger bei der Verteidigung ihres Territoriums und beschwören den Jemen als die «uneinnehmbare Festung».

Trotz aller Unterschiede zwischen den verschiedenen im Jemen präsenten Religionsgruppen und islamischen Rechtsschulen stimmen die meisten Historiker darin überein, dass es seit der Islamisierung des Jemen im frühen 7. Jahrhundert nie zu einem Religions- oder Konfessionskonflikt, geschweige denn einem ausgewachsenen Krieg zwischen den verschiedenen Glaubensrichtungen gekommen ist. Und dieser Punkt ist von großer Bedeutung. Denn anders, als es in einer durch religiöse Konflikte gespaltenen Gesellschaft der Fall wäre, war die soziale Kohäsion im Jemen dank einer großen kulturellen Homogenität stets gegeben und das friedliche Zusammenleben zwischen den einzelnen Konfessionen eher die Norm als die Ausnahme. Am besten lässt sich dies daran festmachen, dass es im Jemen zumindest bis zum Ausbruch des gegenwärtigen Konflikts eigentlich keine reinen sunnitischen oder schiitischen

Moscheen gab. Der Jemenit geht dort zum Gebet, wo er wohnt oder sich gerade aufhält. So war es, als meine Familie noch im Jemen lebte, und so war es auch bei meinem letzten Besuch im Jemen zum Jahreswechsel 2011/12: Mit meinem Cousin unternahm ich eine Rundfahrt durch das Land und zu jeder Gebetszeit kehrten wir dort ein, wo die nächstgelegene Moschee war. Es war nie ein Thema für uns – oder für alle anderen –, wer gerade das Gebet leitete und welcher Konfession er angehörte. Zwar erhoben sich im Laufe der letzten Jahrzehnte natürlich auch einige Moscheen zu «Hochburgen» einer bestimmten Glaubensschule, doch bedeutete dies niemals, dass diese Moscheen ausschließlich für Angehörige dieser Konfessionsgruppe zugänglich waren. Die kleinen Unterschiede in den Gebetspraktiken konnten nebeneinander bestehen bleiben, ohne dass irgendjemand Anstoß daran genommen hätte. Ähnlich verhält es sich auch mit anderen Spielarten des gesellschaftlichen Lebens: Geheiratet wurde im Jemen schon immer über konfessionelle Grenzen hinweg, auch der Handel scherte sich nicht um religiöse Unterschiede, ebenso wenig wie die Lehrbücher an den Schulen etc.

Die meisten Schätzungen gehen davon aus, dass es im Jemen heute eine sunnitische Bevölkerungsmehrheit gibt. Da die den aktuellsten Hochrechnungen zugrunde liegende Volkszählung aus dem Jahr 2014 aber keine Daten über die Verteilung der Glaubensrichtungen liefert, kann es sich bei den nachfolgenden Angaben des jordanischen Wissenschaftlers Mohammad Naghwai von 2015 lediglich um grobe Näherungen handeln. Unter den fast 30 Millionen Jemeniten stellen die Sunniten (ganz überwiegend Schafiiten und wenige Malikiten) demnach 52 Prozent der Bevölkerung, 40 Prozent entfallen dagegen auf schiitische Gruppierungen (ganz überwiegend Zaiditen und wenige Ismailiten). Die restlichen 8 Prozent der Bevölkerung weist die Statistik als «gemischt bzw. sonstige» aus, darunter kleine jüdische und christliche Minderheiten sowie Hindus, Bahai und Konfessionslose.

Zur kurzen Einordnung der hier genannten islamischen Glaubensrichtungen: Bei den Schafiiten handelt es sich um die zweitgrößte der vier sunnitischen Rechtsschulen, welche – basierend auf Koran und Sunna – vorrangig durch den Analogieschluss (qiyās) sowie das juristisch-hermeneutische Konzept der Erläuterung (bayān) und weniger durch eigene Urteilsbildung geprägt ist. Die Malikiten hingegen messen – dem Rechtsdenken und Handeln des Gelehrten Malik ibn Anas ibn Malik folgend – der selbstständigen Rechtsansicht und der praktischen Religionsausübung mehr Bedeutung bei als den Aussprüchen des Propheten (ahadith). In der schiitischen Rechtsschule der Zaiditen ist das Imamat nur einem sehr engen Personenkreis, nämlich den Nachkommen Mohammeds aus der Linie seiner Enkel Hassan und Hussein, vorbehalten. Die Zaiditen sind insbesondere im Nordjemen stark verwurzelt. Bei den im Jemen nur in geringer Zahl vertretenen Ismailiten handelt es sich weltweit betrachtet um die zweitgrößte schiitische Rechtsschule. Sie bezeichnen sich selbst auch als «Leute der Wahrheit» und sehen in den Religionen eine äußere Hülle (ẓāhir), die das Innere, das Geheime der Offenbarung (bāṭin) verbirgt, welches es zu ergründen gilt – insbesondere in den verschlüsselten Botschaften des Koran.

Wenn heute dennoch Merkmale religiöser Konflikte im Jemen zu beobachten sind, so ist dies auf eine relativ junge Entwicklung zurückzuführen – und es stellt sich die Frage nach Ursache und Wirkung.

Das Stände- und Kastensystem

Wichtiger als die religiösen Unterschiede waren hingegen lange Zeit die sozialen Stände oder Kasten im Jemen.

So konnte die Idee eines auf dem Prinzip der Gleichheit aller Bürger basierenden republikanischen Nationalstaates im Jemen niemals vollkommen in die Realität übersetzt werden. Im Gegenteil hat sich die traditionelle Prägung der jemenitischen Gesellschaft bis heute in weiten Teilen des Landes, insbesondere in den ländlichen Gebieten, erhalten. Die soziale Hierarchie ist dabei Ausdruck und Resultat eines jahrhundertealten Systems, dessen Ordnungskriterien auf materiellem Wohlstand (z.B. Landbesitz) oder auf Abstammung (Genealogie) basieren. Keine Gleichbehandlungsmaxime – weder religiösen noch modernen, nationalstaatlichen Ursprungs – hat es bisher vermocht, dieses tradierte Gesellschaftssystem nachhaltig aufzubrechen. Denn im Grunde vertreten sowohl der Islam als auch die Verfechter des modernen, republikanisch ausgerichteten Nationalstaates das Prinzip der Gleichheit aller Bürger in einem Staatswesen.

An der Spitze der gesellschaftlichen Hierarchie im Jemen stehen ebenjene Noblen (sing. Sayyed, Pl. Saadah), zu denen sich auch die Huthis zählen. Sie werden auch als Haschemiten oder Familie des Hauses des Propheten Mohammed (ahl al-Bait) bezeichnet. In einigen Regionen des Jemen – vor allem im Osten – nennt man sie auch *ashraaf*, was sinngemäß mit «die Ehren-/Würdevollen» übersetzt werden kann. Der Anteil dieser obersten Gesellschaftsschicht wird nach Angaben der Weltbank von 2007 auf ca. fünf Prozent der jemenitischen Bevölkerung geschätzt. Sie konnten ihre Machtstellung lange Zeit dadurch stabilisieren, dass sie den Zugang zur politischen Führerschaft auf die Familie des Propheten beschränkten. Als Nachkommenschaft der beiden Enkel des Propheten Hassan und Hussein konnten daher allein sie über mehr als ein Jahrtausend hinweg (897–1962) Anspruch auf die Macht im Jemen erheben. Darüber hinaus beanspruchten die Haschemiten den Stand der Religionsgelehrten für sich, die ständig bemüht waren, das islamische Recht an die realen Gegebenheiten anzupassen. In diesem Stand wurde allerdings Konkurrrenz aus anderen Gesellschaftsklassen geduldet, da es im zaiditischen Islam keine Exklusivität im Bereich der Gelehrtenschaft geben darf. Dennoch wurde dieser Grundsatz hin und wieder über Bord geworfen. Ob Imam, König, Sultan, Präsident oder Minister – die Einheit aus politischer Macht und religiöser Deutungshoheit führte dazu, dass die Noblen (mit wenigen Unterbrechungen) bis 1962 vor allem im Norden des Jemen die Protagonisten in Politik und Gesellschaft waren, die höchsten Ämter des Staates bekleideten und mit der Zeit auch zu großem Landbesitz kamen. Sowohl Stellung als auch Besitz werden von Generation zu Generation weitervererbt. Wenn also der Vater ein Nobler (Sayyed) war, dann zählen auch seine Kinder per Geburt zum Stand der Saadah.

Unmittelbar unter den Noblen ist die Schicht der sogenannten Richter (sing. Qadhi, Pl. Qudhat) angesiedelt. Jene Religionsgelehrten, die nicht aus der Familie des Propheten stammten, wurden hauptsächlich als Richter eingesetzt und verfügten so über ein besonders wichtiges Amt in der islamischen Frühgeschichte, da sie jene Gewalt im Staat verkörperten, die Recht und Ordnung setzt. Über die Geschichte hinweg bildete der Stand der Richter das Rückgrat für jede Herrscherfamilie, wussten sie doch am besten, die Legitimität des Herrschers religiös zu begründen und ein Rechtssystem nach seinen Vorstellungen zu gestalten. Dabei hat die Koalition dieser beiden führenden Schichten (Noble und Richter) ihre Privilegierung noch verstärkt. Wer den Richterberuf annahm, sorgte dafür, dass diese Stellung von Generation zu Generation weitervererbt wurde. Folglich gibt es im Jemen Familien, die von jeher bis heute Richter und Gelehrte hervorgebracht haben. Ihre Rolle in Gesellschaft und Politik ist bis heute entscheidend. Sie besetzten auch nach 1962 die höchsten Ämter im Justizapparat, aus ihren Reihen wurde der Großmufti (der höchste Geistliche im Land) ernannt und in ländlichen Gebieten, wo der moderne Staat seine Strukturen bis heute nur oberflächlich durchzusetzen vermochte, sprachen sie Recht.

An dritter Stelle in der Gesellschaftshierarchie folgen die Scheichs (Stammesführer), die sich selbst freilich an zweiter Position sehen. Ihnen unterstellt sind die Qabail, die «einfachen» Angehörigen des Stammes. Insbesondere im gebirgigen Norden und Nordwesten des Jemen wirken die Klassen in viele Bereiche der Gesellschaft und des öffentlichen Lebens hinein: So darf etwa der Sohn eines einfachen Stammesangehörigen (Sing. Qabili, Pl. Qabail) nicht die Tochter eines Noblen heiraten. Das verbietet nicht das Gesetz, sondern die sozial gültige Norm. Folgerichtig beeinflusste die soziale Bedeutung der Gesellschaftsklassen auch die Herrschaftsstrukturen und führte zu einer langfristigen und noch immer wirkenden Zementierung der Unterschiede zwischen den Klassen.

Die Bedeutung der Stämme im Jemen

Spätestens an dieser Stelle ist es notwendig, einige Worte über die soziale und politische Bedeutung der Stämme im Jemen zu verlieren. Denn will man das Geschehen im Jemen verstehen, dann kommt man an dem Faktor «Stamm» nicht vorbei. Soziologen unterscheiden im Jemen drei große Stammesgruppierungen: den Hasched-Clan, den Bakeel-Clan und den Mahdhaj-Clan. Diese wiederum gliedern sich Schätzungen zufolge in etwa 200 weitere kleinere Stämme und Stammesgruppierungen, von denen ungefähr 170 im Norden des Jemen und die restlichen auf den Süden des Jemen verteilt sind.

Das Bild des Jemen als Stammeskultur *par excellence* ist weit verbreitet und auch in diesem Buch wird dieser empirische Befund geteilt. Der Stamm wird dabei jedoch meist zum

Initiator von Krieg und Frieden im Jemen erhoben, seine Bedeutung damit oft auf die militärische Mobilisierungsfunktion reduziert. Zweifelsfrei sind diese Ansichten teilweise berechtigt, eine gewisse Vereinfachung ist dennoch erkennbar.

Schon in den antiken Großreichen im Jemen gab es die Komponente Stamm. Dabei handelte es sich um eine in sich geschlossene, nach festverankerten Sitten und Traditionen funktionierende, hierarchisch geordnete Einheit. Historiker gehen davon aus, dass die Stämme Rückgrat und Schild der alten Königreiche darstellten. Im Umkehrschluss war der Untergang dieser Reiche jeweils auch das Resultat heftiger Auseinandersetzungen um Macht und Territorium zwischen diesen Gemeinschaften. Die Bedeutungen und Funktionen der Stämme haben sich über die Jahrtausende ihrer Existenz weiterentwickelt und ausdifferenziert. Dabei entfaltet der Stamm eine Strahlkraft und Wirkung auf seine Mitglieder und gegenüber anderen Stämmen, wie sie etwa durch eine Regierungsarmee oder nationale Polizei niemals entfaltet werden könnte. Die meisten Regionen des Jemen sind Stammesgebiete oder zumindest Einflussgebiete bestimmter Stämme. Die Stammesgemeinschaft im Jemen ist jedoch ein sehr komplexes, sozial sichtbares Gebilde, das in vielen Fällen eine rein territoriale und geographische Strukturdimension übersteigt und weit in Gesellschaft, Wirtschaft und Kultur hineinragt. So werden etwa Ehen nach dem vorherrschenden Stammesbrauch geschlossen oder soziale Sicherungssysteme über Sammelfonds meist über den Stammesführer eingerichtet. Die vielleicht markanteste Eigenschaft, die alle Stämme vereint, ist dabei das Vertrauen in die eigenen hierarchischen Strukturen sowie die darin geltenden, ungeschriebenen Gesetze und die Solidarität innerhalb dieser Gemeinschaft. Private Fehden und Rechtsstreitigkeiten werden nicht auf dem staatlichen Rechtsweg, sondern auf Stammesebene nach dem mündlich tradierten Stammesrecht gelöst. Der Scheich und seine Gewährsleute sind hoch angesehen und stecken jeden Verwaltungs- oder Polizeibeamten, den die offizielle Regierung zum Zwecke der Streitschlichtung in die Region schickt, locker in die Tasche. Letztere müssen sich ihr Ansehen und ihre Autorität erst erarbeiten, die Stammesführer hingegen besitzen sie gewissermaßen qua Geburt. Im Übrigen darf dieses Verhältnis zwischen den Stammesführern und den Stammesmitgliedern keineswegs romantisiert werden. Wenn es um die Regelung stammesinterner Zwistigkeiten geht, dann können verordnete Strafen drakonischer sein, als sie von den staatlichen Organen vorgesehen wären. Interessant ist in jedem Fall die Tatsache, dass die Stämme im Prinzip im rechtsfreien Raum leben und nahezu autonom, d. h. jenseits des Zugriffs durch zentralstaatliche Organe der Judikative und Exekutive, agieren können. Staatlich erlassene Gesetze besitzen nur dann Gültigkeit, wenn der Scheich diese für sinnvoll erachtet und durch seine Autorität explizit bestätigt. Meistens ist er dabei allerdings auch der Erste, der das von der Regierung oder von ihm selbst gesetzte Recht bricht. In seiner persönlichen Wahrnehmung schwebt er ohnehin über dem Recht, über der Regierung und über allen irdischen Institutionen. Nur die militärische Stärke des Nachbarstamms oder der Nationalarmee sowie die Autorität Gottes bzw. sich auf Gott berufender Instanzen flößen ihm Respekt ein und können ihn in seine Schranken weisen. Die jüngste Geschichte des Jemen hat dabei deutlich gezeigt, dass der Stamm ein wesentlicher Akteur, sozusagen Verbündeter der Politik, sein kann. Die Aufstände im Norden (1962) gegen das Imamat und im Süden (1967) gegen die Briten wären ohne die Mobilisierung der Stämme niemals möglich gewesen.

Denn wo ein Clan oder Stammesverbund den Eindruck gewinnt, dass er dem Staatsapparat ebenbürtig oder gar überlegen ist, dort widersetzt er sich staatlichen Verordnungen und scheut zur Not auch nicht die direkte Konfrontation durch Waffengewalt. Seit jeher ist diese Form der Konfrontation eine traurige, aber normale Erscheinung im Alltag der Jemeniten.

Zankapfel der Briten und Osmanen:
Der Jemen vor 1962

Zu Beginn des 19. Jahrhunderts hatte der Jemen unter den Folgen politischer und sozialer Krankheiten zu leiden. Die Herrschaft des Imams war entscheidend geschwächt, und es entstanden Konflikte und Fehden regionalen Ausmaßes. Aus dem einen Zentralstaat entstanden mehrere Kleinstaaten und Sultanate. Der Jemen ähnelte immer mehr den Nachbarstaaten, die über keine historische Staatsstruktur verfügten. Immerhin war der Jemen seit dem 17. Jahrhundert zum Monopolisten des weltweiten Kaffeehandels aufgestiegen und weckte dadurch Begehrlichkeiten im Ausland. Spätestens seit Napoleons militärischer Expedition in Ägypten nahmen die Einmischungen europäischer Kolonialmächte in der muslimischen Welt immer stärker zu. Das in der Region dominierende Osmanische Reich sah sich zusehends in die Defensive gedrängt und konnte bald sein Territorium nicht mehr in Gänze verteidigen.

Die kolonialen Großmächte Europas wetteiferten derweil um die Kontrolle der großen Meere und der strategisch wichtigen Häfen. Nach langem, aber erfolgreichen Ringen mit Franzosen und Holländern um die Vorherrschaft in Atlantik und Mittelmeer gewannen schließlich die Briten die Oberhand und wandten sich dem Roten Meer zu. Dieses war für das British Empire von entscheidender strategischer Bedeutung: Auf dem Weg zu ihren indischen Kolonien benötigten die britischen Dampfschiffe einen sicheren Hafen, um sich mit neuer Kohle für die letzte Etappe zwischen Suez und Bombay zu versorgen. Zunächst zog man dabei die Insel Sokotra als Zwischenlager in Betracht, die am Eingang zum Golf von Aden im Indischen Ozean liegt. Im Auftrag der East India Company und der britischen Regierung wurde also dem Sultan von Mahra das Angebot unterbreitet, die Insel Sokotra für 100000 Rupien zu kaufen. Dieser jedoch erteilte dem britischen Chefunterhändler Kapitän Stafford Bettesworth Haines eine klare Abfuhr. Dabei legt der libanesische Reisende Amin al-Rihani in seinem Buch (*Die Herrscher Arabiens*) dem Sultan von Mahara folgende Worte in den Mund: «Höre mich an, lieber Kapitän! Im Namen des Herrn des Thrones werden wir niemals auch nur ein Sandkorn unserer geliebten Erde hergeben. Wir werden sie unseren Kindern und Enkeln vererben, so wie wir sie von unseren Vätern und Großvätern erhalten haben.» Was den Briten damals verwehrt blieb, reißen sich die Vereinigten Arabischen Emiraten heute ungefragt unter den Nagel, doch hierzu später mehr!

Als die Briten ihre Pläne für Sokotra im Jahr 1835 aufgeben mussten, wandten sie sich der Hafenstadt Aden zu. Mit diesem Standort erhofften sie sich zugleich, stärkeren Einfluss auf den weltweit expandierenden Kaffeehandel nehmen zu können, der im Jemen zu dieser Zeit florierte. Faktisch gehörte die Stadt mit ihrem großen Hafen zu dieser Zeit zum Sultanat von Lahidsch, formell war Aden jedoch noch immer dem Osmanischen Reich unterstellt. Und so schloss der britische Außenminister Lord Palmerston eine Vereinbarung mit dem Osmanischen Reich, die Großbritannien den freien Handel im arabischen Hoheitsgebiet sicherte. Vom osmanischen Sultan Abdülmecid I. erbat er den direkten Zugang und die Kontrolle über Aden, was ihm in Form eines Ferman (Sultanbeschlusses) genehmigt wurde.

Was dann folgte, muss als ein Paradestück der Dreistigkeit europäischer Kolonialgeschichte gelten und zeigt, in welchem

Maße der Westen schon vor bald zwei Jahrhunderten eiskalte
Interessenspolitik im Jemen verfolgte: Unter dem Vorwand,
dass zuvor an der Küste von Abyan – sechs Meilen von Aden
entfernt – ein britisches Segelschiff gesunken und anschließend
von arabischen Stammesleuten geplündert worden sei, kam
der britische Gesandte Kapitän Haines – in Begleitung eines
mit 300 Soldaten bemannten Kriegsschiffes – nach Aden, um
Kompensationen für das gesunkene Schiff zu fordern. Als Haines in Aden landete und dem Sultan von Lahidsch den osmanischen Ferman präsentierte, soll ihn dieser nach dem Bericht
von al-Rihani mit folgenden Worten abgewiesen haben: «Wer
ist dieser osmanische Sultan, der Euch Briten ein Land gibt,
das ihm gar nicht gehört?» Die Weigerung nützte ihm wenig.
Haines begab sich auf sein Schiff zurück und begann die Stadt
zu bombardieren. Zwar leisteten die Jemeniten erbitterten Widerstand, bei dem ca. 140 Kämpfer ihr Leben verloren, doch
fiel Aden im Januar 1839 schließlich vollständig in die Hände
der Briten, die hier eine Kronkolonie errichteten und ihre Kontrolle allmählich auf weitere Städte im Südjemen ausweiten
konnten. Rasch entwickelte sich die Stadt zu einem bedeutenden Zentrum der Region. Spätestens seit der Eröffnung des
Suezkanals im Jahr 1869 stellte die Hafenstadt einen strategisch wichtigen Verkehrsknotenpunkt für die britische Kriegs-
und Handelsflotte auf dem Weg nach Indien dar. Die ausge-
baute Infrastruktur und der florierende Betrieb des Hafens,
von dem aus Stoffe, Gewürze und Kaffee in die ganze Welt verschifft wurden, bescherten der Stadt einen wirtschaftlichen
Aufschwung. Der Wohlstand Adens zog in der Folge auch viele
ökonomisch benachteiligte Minderheiten aus dem Norden des
Jemen an: Die Stadt wurde zu einem Magnet für viele Bevölkerungsgruppen unterschiedlicher Ethnien und Konfessionen.
Dieser Bevölkerungszustrom aus dem Ausland nach Aden und
die damit einhergehend gestiegene Geburtenzahl führten trotz

der wirtschaftlichen Prosperität auch zu wachsendem politischen Widerstand der Einheimischen. Die Stimmen, die nach Unabhängigkeit und einer friedlichen Entkoppelung vom britischen Besatzer riefen, wurden immer lauter. Allerdings wussten die Briten, historisch gewachsene Konflikte zwischen einigen Stämmen im Südjemen geschickt für ihre Belange zu nutzen, und spielten die einen gegen die anderen aus, um dann großspurig als vertrauenswürdige Vermittler aufzutreten. Sie stützten sich dabei auch auf die konfessionellen Unterschiede zwischen Schafiiten und Zaiditen und konnten ihre Kontrolle über große Teile des Südjemen auf diese Weise bis 1967 aufrechterhalten.

Doch auch die Osmanen erkannten die Schwäche des Landes und nutzten diese im Jahr 1849, um den Jemen erneut anzugreifen und den Briten auf diese Weise Paroli zu bieten. 1872 gelang ihnen schließlich der große Coup: Sanaa fiel in die Hände der Türken. Der ausländische Einfluss im Jemen mit den Briten auf der einen und den Türken auf der anderen Seite prägte die Entwicklungen in beiden Teilen des Jemen in entscheidender Weise. Die Fragmentierung des Jemen wurde von beiden Kolonisatoren heftig vorangetrieben. 1904 wurden die jeweiligen Einflusssphären zwischen den beiden Großmächten fixiert und 1914 auch vertraglich festgeschrieben. Schon 1918 jedoch wurde der jahrzehntelange erbitterte Widerstand der «Nordjemeniten» gegen die osmanische Besatzung belohnt: Infolge ihrer Niederlage im Ersten Weltkrieg gegen die siegreiche Entente zogen sich die Türken aus dem Jemen zurück. Bis heute zeugt das türkische Volkslied «Eyalet-i Yemen» von jener traurigen Zeit, als die Osmanen im Ersten Weltkrieg eine Kompanie nach der anderen – viele davon mit Rekruten aus der Stadt Muş im Osten der Türkei – in den Jemen schickten, die nie mehr zurückkamen.

Nahezu automatisch und selbstverständlich wurde nach

dem Abzug der Türken die jemenitisch-zaiditische Monarchie revitalisiert und Yahya Hamid ad-Din, der zu den Anführern der Widerstandsbewegung gegen die osmanische Besatzung gehört hatte, als oberster König und Imam eingesetzt. Zwar konnte sich der Nordjemen auf diese Weise aus dem Joch der Osmanen befreien und ein einigermaßen zusammengehöriges Staatsgebiet konstituieren, im Süden jedoch sollte die Zerstückelung durch die britische Politik für mindestens weitere 50 Jahre prägend bleiben.

Auch wenn das Imamat im Norden – angeführt von Yahya Hamid ad-Din sowie später von seinem Sohn Ahmad Hamid ad-Din – zu keinem Augenblick bereit war, die willkürlich gezogenen Grenzen zwischen dem Nord- und dem Südjemen anzuerkennen, hielt sich der Imam in dieser Zeit aus der regionalen Politik weitgehend heraus und konzentrierte sich auf die Zerwürfnisse im Inland. So folgten im Norden 43 Jahre nahezu ununterbrochener Isolation, die den Briten die notwendige Ruhe gaben, ihren Einflussbereich auszudehnen.

Aber auch die vom Gedanken an Freiheit getragenen Hoffnungen der Bevölkerung im Nordjemen wurden enttäuscht, insbesondere jene der Eliten: So bestand die Idee des Imam Yahya darin, aus dem Jemen eine imamatische Festung zu machen, die gegen jeglichen Einfluss von außen hermetisch abgeriegelt sein sollte. Nichts sollte sich ändern, nichts durfte dem Zufall überlassen werden. Jedes moderne, dem Zeitgeist verschriebene Denken wurde im Keim erstickt. Allein die Ansichten des Imam besaßen Geltung. Doch diese Rechnung ging nicht auf. Denn nach außen hin lässt sich eine solche Festung womöglich gut verteidigen – wenn der Feind aber von innen kommt, fällt jede auch noch so stabile Burg. Genau dieses Szenario trat ein.

Am 26. September 1962 errang die Revolution nach mehreren Anläufen den Sieg. Das Imamat war zumindest de jure ein für alle Mal Geschichte, als im Nordjemen die Gründung der Arabischen Republik Jemen bekannt gegeben wurde.

Der Nordjemen nach der Revolution von 1962

Die jemenitische Revolution von 1962 hatte ihren Ursprung in der Militärakademie von Sanaa: Die Bewegung der Freien Offiziere liquidierte Imam Ahmad durch ein Attentat und sammelte sich in der Folge für kurze Zeit um dessen reformwilligen Sohn und Kronprinzen Imam Muhammad al-Badr, allerdings nur, um ihn schon relativ bald ebenso fallen zu lassen und selbst nach der Macht zu greifen. Unterstützung erfuhren die Militärs dabei von jenen jemenitischen Stämmen, die am meisten unter der Herrschaft des Imams hatten leiden müssen. Zu ihnen gesellten sich bald auch einige ehemalige Funktionäre des Königshofs, die voraussahen, dass die letzte Stunde der Monarchie geschlagen hatte. Doch so vollmundig die Ziele der Aufständischen formuliert wurden, so klein war der elitäre Kreis derer, die mit den beschworenen Schlagwörtern «Verfassung, Freiheitsrechte, Gewaltenteilung und friedvolle Machtübergabe» etwas anzufangen wussten. Bei ihnen handelte es sich weitestgehend um Intellektuelle, die im Ausland studiert hatten, europäische Sprachen beherrschten und sich so in Radio und Printmedien über das Weltgeschehen informieren konnten. Für den Rest galt es lediglich, sich des Imams zu entledigen und das Land zum Besseren zu reformieren. Viel konkreter waren die Vorstellungen der meisten Akteure nicht.

In den Schulbüchern der folgenden Jahrzehnte wird an die Revolution von September 1962 dennoch als Volksaufstand gegen die dunkle Dreifaltigkeit von Unbildung, Armut und Krankheiten erinnert, die die Zeit vor dem Aufstand geprägt hatte.

Dem sogenannten Führungsgremium der Revolution unter der Leitung des Feldmarschalls Abdullah al-Sallal gelang es jedoch nicht, im Land für Stabilität und Ruhe zu sorgen. Der Start des neuen Gremiums hingegen schien zunächst vielversprechend. Die neu gegründete Republik wurde regional durch Ägypten und international durch das westliche Lager unterstützt, das den Nordjemen nicht an die Sowjetunion verlieren wollte.

Als erster Staat bekannte sich Ägypten zur neuen Republik. Gamal Abdel Nasser ließ bereits zwei Tage nach dem Ausbruch der Revolution am 28. September 1962 ein Telegramm an den neuen Staatschef al-Sallal übersenden mit der klaren Botschaft, dass Ägypten bereit sei, Truppen zur Unterstützung und erfolgreichen Besiegelung der Revolution in den Jemen zu entsenden. Bereits im Oktober 1962 landeten die ersten Soldaten im Hafen von Hodeida und sollten fortan Seite an Seite mit den republikanischen Offizieren und der jemenitischen «Armee» gegen die Royalisten kämpfen. Die ägyptische Einsatzarmee im Jemen zählte zunächst 3000 Soldaten. Bis Dezember 1962 erreichten insgesamt 8000 ägyptische Soldaten den Jemen. Neben den militärischen Feldzügen gegen die Royalisten kümmerten sich einige Offiziere und Unteroffiziere um den Aufbau einer professionellen jemenitischen Armee. Die Nachricht von der Rekrutierung junger Jemeniten für die neue Armee der Republik verbreitete sich unter den armen Stammesangehörigen wie ein Lauffeuer. Von überall her strömten sie herbei und schrieben sich für den Militärdienst ein.

Auch die USA reagierten schnell. Bereits wenige Monate nach dem Sturz des Imams verkündete US-Präsident John F. Kennedy am 19. Dezember 1962 die Anerkennung der neugeschaffenen Republik im Nordjemen. Einen Tag später stimmte die Generalversammlung der Vereinten Nationen für die Aufnahme der Arabischen Republik Jemen in die UNO.

Aber auch die Gegenseite verschlief die Entwicklungen nicht und versuchte gegenzusteuern: Die erfolgreiche Revolution im Nordjemen und der Sturz des Imamats blieben für den Süden natürlich nicht ohne Folgen. Langsam, aber sicher nährte sich dort ein Nationalbewusstsein, dessen Hauptforderung Souveränität und Selbstbestimmung war. Der *wind of change* wehte auch den Briten stark ins Gesicht, die nun um ihre Einflusssphäre am für ihre Handelsinteressen so wichtigen Golf von Aden bangen mussten. Aus ihrer Sicht durfte der Revolutionsfunke aus dem Norden daher auf keinen Fall auf den Süden überspringen.

Und auch der saudische König bemerkte, dass Revolutionäre im Begriff waren, an den Grenzen seines Herrschaftsgebietes ein republikanisches System zu errichten, welches zudem von seinem regionalen Hegemonialkonkurrenten, dem anti-monarchischen Nasser-Regime Ägyptens, unterstützt wurde. In Saudi-Arabien fürchtete man, womöglich das nächste Opfer des nasseristischen Expansionswillens zu werden. Im April 1963 wurde ein Kongress einberufen, der vor allem die jemenitischen Royalisten und die hohen Offiziere der saudischen Armee vereinen sollte. Ein «Rat zum Widerstand gegen die Republik» wurde gegründet, und die inzwischen im Exil lebenden männlichen Nachkommen und Verwandten des Imams sowie ihre Unterstützer im Nordjemen wurden mit großzügigen Spenden bedacht: Waffen, Lebensmittel sowie Bargeld und Überweisungen aus dem Vereinigten Königreich. So gedachte man die Expansion der Revolution einzudämmen. Noch 1963 begann jedoch die befürchtete jemenitische Großoffensive gegen die britischen Besatzer im Süden. Sie umfasste große Teile des Landes wie beispielsweise ad-Dali' und Baihan. Die Reaktion der Briten war rigoros. Alle zur Verfügung stehenden Waffen wurden eingesetzt, ganze Bevölkerungsgruppen aus ihren Dörfern gejagt, Wirtschaftssanktionen verhängt und Söldner rekrutiert, die an der Front gegen die Revolutionäre und Aufständischen kämpfen sollten.

Die internationale Solidarität mit den Freiheitskämpfern wurde derweil immer größer. Die 18. Sitzung der UNO-Generalversammlung vom Dezember 1963 beschloss, dass auch die Südjemeniten das Recht haben sollten, ihre Souveränität und Selbstbestimmung zu erlangen. Die historische Wende setzte 1967 ein. Der ägyptische Präsident Nasser musste seine Unterstützung für den Nordjemen nach seiner Niederlage gegen Israel im Sechstagekrieg beenden, und auch die Briten zogen nach 128 Jahren britischer Besetzung Adens aus dem Südjemen ab.

Saudi-Arabien und seine Rolle im Jemen dagegen werden uns in diesem Buch noch des Öfteren beschäftigen, insbesondere wenn wir zu analysieren versuchen, weshalb die Saudis seit 2015 eine Allianz anführen, um die sogenannten Imamats-Anhänger bzw. die schiitischen Milizen aus dem Jemen zu vertreiben und die ‹legitime› Regierung wieder einzusetzen. Während sich Saudi-Arabien in den 1960er Jahren eindeutig auf die Seite der Monarchie (Imamat) stellte und diese jahrelang mit Geld und Waffen unterstützte, um die Republik im Keim zu ersticken, tritt das Königreich heute als Anwalt der Republik und Gegner der Huthis auf, die es als Symbol der Wiedereinrichtung des Imamats und als Verbündete des schiitischen Iran ansieht.

Man könnte versucht sein zu sagen, dass die republikanische Sache – zumindest im Nordjemen – letztlich gesiegt habe. Angesichts der mangelnden demokratischen Erfahrung kann es jedoch nicht verwundern, dass sich in den Folgejahren – wie in allen arabischen Staaten – nicht viel mehr als eine Schein- bzw. Fassadenrepublik herausbilden sollte. Auch dass die Idee des Imamats mit seiner verfassungsrechtlichen Auslöschung gleichzeitig komplett aus den Köpfen der Menschen im Jemen verschwunden sein sollte, entpuppte sich spätestens angesichts des Huthi-Aufstands seit 2006 eher als Illusion denn als Realität.

Bis jedoch im Jahr 1990 die Wiedervereinigung von Nord- und Südjemen erreicht werden konnte, blieben Instabilität und wirtschaftliche Miseren ständige Begleiter des Nordjemen. So konnte sich kein Präsident lange an der Macht halten. Vielmehr spitzte sich der Kampf um die Macht sogar so weit zu, dass er die jeweiligen Staatspräsidenten das Leben kostete. Putsch und Mord waren in dieser Zeit in beiden Teilen des Landes die beliebtesten Mittel politischen Protests und die besterprobte Form der Machtübernahme.

Aus der Reihe der Präsidenten vor 1978 sei für den Nordjemen nur Ibrahim al-Hamdi hervorgehoben. An der Spitze eines Militärrats hatte er am 13. Juni 1974 in einem unblutigen Staatsstreich die Führung übernommen und stellte anschließend ein Reformpaket vor, das u.a. vorsah, den Einfluss der Stämme zu reduzieren und den Militärapparat von Grund auf zu erneuern. Diese Ansätze sollten sich tief in das historische Bewusstsein der Jemeniten eingravieren. Bis heute sprechen die Jemeniten davon, wie ernsthaft er sich um die nationalen Interessen bemühte, die er in einem Fünfjahresplan zusammengefasst hatte. Auch die ersten Ölquellen wurden während seiner Präsidentschaft entdeckt, Telekommunikationsunternehmen entstanden, das Staatsfernsehen ging auf Sendung, und einige kleine und mittlere Manufakturen nahmen den Betrieb auf. Große Infrastrukturprojekte – insbesondere der Bau wichtiger Landstraßen und der Ausbau des Hafens von Hodeida sowie die Errichtung einiger Flughäfen – fallen ebenfalls in seine Regierungszeit. Die größten Errungenschaften lagen jedoch jenseits dieses materiellen Entwicklungsschubs. Im Bewusstsein der Jemeniten blieben die Etablierung einer gewissen (Rechts-)Staatlichkeit, das Gesetz zur Bekämpfung von Korruption und

Nepotismus sowie die Schaffung staatlicher Institutionen zur Stabilisierung des Landes. Ob es ihm allerdings tatsächlich gelang, die Rolle der Stammesführer insgesamt einzudämmen, darüber scheiden sich die Geister. Die Stämme waren inzwischen zu seinen erbittertsten Gegnern aufgestiegen, darunter insbesondere die Hasched-Konföderation und ihr Anführer, der einflussreiche Scheich Abdullah al-Ahmar. al-Hamdis pronasseristischer Regierungsstil hatte die Saudis aufhorchen lassen. Sie sparten nicht an finanziellen Mitteln, um die Scheichs gegen ihren Präsidenten aufzustacheln. Es war u. a. dieser strenge anti-tribale, pro-nasseristische Reformkurs gegen Korruption und Klientelismus, der al-Hamdi letztendlich den Kopf kostete. Am 11. Oktober 1977 wurde er mit einigen Getreuen in einem schrecklichen, hinterhältigen und bis heute ungeklärten Attentat hinter verschlossenen Türen getötet. In seinem Buch über die Wegmarken der Regentschaft jemenitischer Präsidenten geht der Autor Mohamed Hussein al-Farah fest davon aus, dass es sich um eine von langer Hand geplante Aktion handelte, die von ausländischen – vor allem saudischen – Geheimdiensten minutiös vorbereitet, perfekt ausgeführt und schließlich unter den Teppich gekehrt wurde.

Der Auftritt des Schlangentänzers – Die Ära Saleh beginnt

Einige Monate später, es ist der 17. Juli 1978, wird Oberstleutnant Ali Abdullah Saleh Präsident der Arabischen Republik Jemen (Nordjemen). Was damals noch niemand ahnte: Seine Präsidentschaft sollte die Geschichte des Jemen für die nächsten 33 Jahre nachhaltig prägen und dabei ganz nebenbei zur längsten Regierungszeit eines Herrschers seit der Revolution im Jahr 1962 werden. Wie seine Vorgänger haben ihn dabei weniger seine Qualifikation oder seine besondere Stellung in der Armee ins Amt gehievt als vielmehr das Schicksal und die gnädige Unterstützung der Saudis. Letztere schienen zu glauben, dass Saleh unter allen potentiellen Kandidaten für das Amt des Präsidenten derjenige sein würde, der am ehesten bereit wäre, sich ihrem Willen zu fügen.

Jedoch lernte Saleh relativ schnell aus den Fehlern seiner Vorgänger und wob innerhalb kürzester Zeit ein weitverzweigtes Netzwerk, das ihm den nötigen Schutz und die nötige Sicherheit vor den Übergriffen jener Machtgeier bot, die in Zeiten politischer und gesellschaftlicher Transformation zuhauf in Erscheinung zu treten pflegen.

Seine Politik muss dabei als logische Reaktion auf den Reformkurs des ermordeten Präsidenten Ibrahim al-Hamdi gesehen werden, der mit dem ungeregelten Einfluss der Stämme auf das politische Geschehen im Land hatte aufräumen wollen. Saleh dagegen bemerkte schnell, dass im Jemen ohne die Loyalität und die Unterstützung durch die Stämme nichts vorwärtsgehen würde und kein Staat zu kontrollieren wäre. So machte er sich die essentielle Rolle der Stämme im gesellschaftlichen Gefüge des Jemen zu Nutze und spielte sie als Trumpf im Kartenspiel der Macht bisweilen gerne zu seinen Gunsten aus. Beobachter gingen sogar so weit zu sagen, dass unter Saleh der Staat der Stamm und der Stamm der Staat gewesen sei. So unterhielten etwa der aus dem Hasched-Clan stammende Saleh und der Großscheich dieses Stammesverbundes, Abdullah ibn Hussein al-Ahmar, eine enge Beziehung, die es ihnen ermöglichte, die Ressourcen und die Machtpositionen des Landes ebenso großzügig wie geschickt untereinander aufzuteilen. Diese Win-win-Situation führte dazu, dass die Macht der Stämme trotz der Urbanisierung und der Einführung quasi-demokratischer Institutionen ungebrochen fortbestehen konnte. Das Parlament, die Regierung und viele andere Institutionen der Republik Jemen mussten sich schlichtweg mit diesem einflussreichen nichtstaatlichen Akteur arrangieren.

Der Südjemen: Zwischen Sozialismus und Wiedervereinigung

Der Südjemen hatte derweil eine ganz eigene Entwicklung durchgemacht. Bevor wir jedoch einen Blick auf die Entstehung der Sozialistischen Republik Jemen nach der Unabhängigkeit im Jahr 1967 werfen, lohnt eine kleine Rückschau auf die wichtigsten Ereignisse zwischen dem Ausbruch der Revolution am 14. Oktober 1963 und dem endgültigen Sieg der Revolutionäre am 30. November 1967.

Denn die revolutionäre Bewegung im Süden wies einen entscheidenden Unterschied zu den Umbrüchen im Norden auf. Sie brachte zwei konkurrierende Strömungen hervor, die zwar beide die Vertreibung der Besatzer anstrebten, allerdings in ihrer ideologischen Ausrichtung und in ihren Interessen vollkommen gegensätzlich waren: die radikalere sozialistische Nationale Befreiungsfront (NFL) und die links-nationalistische Front for the Liberation of Occupied South Yemen (Flosy). Für beide Gruppierungen sollte dies unheilvolle Folgen nach sich ziehen – wie wir noch sehen werden.

Die letzten Monate des Jahres 1963 waren geprägt von einer offenen Auseinandersetzung zwischen bewaffneten Truppen der Jemeniten und der britischen Besatzungsmacht. Es war allerdings nicht nur dieser erbitterte Widerstand, der für den Sieg über die Kolonialmacht entscheidend war. Vielmehr kamen den Widerstandskämpfern viele glückliche Umstände auf der regionalen und internationalen Bühne zu Hilfe.

Neben dem Aufstieg des ehrgeizigen Gamal Abdel Nasser in Ägypten und der bereits erwähnten veränderten Haltung der

Weltgemeinschaft in Sachen Kolonialismus war dies vor allem der Kalte Krieg, der zu Beginn der 1960er Jahre abermals einen Höhepunkt erreichte. Die Sowjetunion unterstützte weltweit jeglichen Widerstand gegen jede Form des Kolonialismus in der Dritten Welt. So gewann der Entkolonisierungskampf eine entscheidende internationale Dimension, da er zu einer weltweiten Solidarität aller links-nationalistischen Bewegungen im Kampf gegen die Kolonialmächte führte. Vor diesem Hintergrund erscheint es verständlicher, wie die sozialistische, prosowjetische Bewegung der NFL nach der Unabhängigkeit des Südjemen die Kontrolle über das Land erlangen konnte.

Denn als nach fast 130 Jahren britischer Besetzung der letzte britische Soldat den Jemen verließ und am 30. November 1967 die Republik Südjemen ausgerufen wurde, war der Traum vollständiger Unabhängigkeit und Souveränität endlich Wirklichkeit geworden.

Doch schon bald kam es unter den Nationalisten des Landes immer wieder zu Streitigkeiten aufgrund des wenig überzeugenden, aus der Sicht einiger NFL-Mitglieder gar zu autoritär geprägten Führungsstils des ersten südjemenitischen Präsidenten Qahtan al-Shaabi. Sie ebbten erst ab, als beschlossen wurde, dass der Präsident ab 1969 durch einen Präsidialrat ersetzt werden sollte. An der Spitze dieses Rates stand Salim Rubai Ali, der unter dem Namen Salmeen berühmt wurde. Der Architekt dieser Neuausrichtung des inzwischen im Zuge einer Verfassungserneuerung in Demokratische Volksrepublik Jemen (DVJ) umbenannten Südjemen hieß Abd al-Fattah Ismail, der als einer der Gründungsväter des arabischen Sozialismus und Marxismus gilt. In den folgenden zehn Jahren wurde der Staat sozialistisch-marxistisch generalüberholt: Verstaatlichung der Produktionsmittel, Gleichheit zwischen Mann und Frau, Abschaffung aller Privilegien für die Scheichs und Ortsältesten, Schaffung von Propagandainstitutionen, die die sozialistisch-marxistische

Lehre verbreiten sollten. Auch ein reger Austausch mit den unter sowjetischem Einfluss stehenden Ostblockstaaten fand statt, so auch mit der DDR. Bis heute gibt es viele deutsch-jemenitische Familien und schöne Liebesgeschichten, die von dem innigen Verhältnis zwischen den Ostdeutschen und den in der DDR niedergelassenen Südjemeniten zeugen.

Die von Salmeen vorgenommene marxistische Ausrichtung der Politik ging seinen Widersachern – und dabei insbesondere dem führenden sozialistischen Ideologen Abd al-Fattah Ismail – nicht weit genug. Nach neun Jahren an der Spitze der DVJ wurde Salmeen 1978 gefangen genommen, im Schnelldurchlauf einem Gerichtsprozess unterzogen und nach nur drei Stunden zur Hinrichtung freigegeben. Noch im selben Jahr bestieg Abd al-Fattah Ismail selbst den Präsidententhron. Er kam gebürtig aus dem Nordjemen. Ausgerechnet er sollte das marxistisch-sozialistische Projekt im Süden des Jemen in die Praxis umsetzen. Er war ein Sozialist mit Leib und Seele. Die Sowjetunion war für ihn ein Vorzeigemodell, das es nachzuahmen galt. Noch 1978 gründete er die Jemenitische Sozialistische Partei (JSP), eine marxistisch-leninistische Einheitspartei, die sehr bald alle Bereiche des öffentlichen Lebens durchdrang und den Fortgang der Dinge im Südjemen maßgeblich prägen sollte.

Die Sowjetunion hatte ihr eigenes Interesse an einer engen Verbindung zum Südjemen. Moskau wusste um die strategische Bedeutung des Südjemen mit seinem wichtigen Transferhafen an der Meerenge des Bab al-Mandab. Ein Freundschafts- und Kooperationsabkommen zwischen den Sowjets und dem Südjemen erlaubte es Moskau, den Hafen von Aden als logistische Basis frei zu nutzen. Im Gegenzug erhielt der Südjemen Unterstützung beim Ausbau seiner Infrastruktur und seines Militärs.

Während die marxistisch-sozialistische Politik in ihrer rei-

nen Form im Jemen nur durch Ismail umgesetzt wurde, kam es
ab 1980 mit Ali Nasir Muhammad zu einer Öffnung des Landes gegenüber den Nachbarstaaten, die mehrheitlich zum Lager der USA gehörten. Dies führte zu einer heftigen Zerreiß-
probe innerhalb der sozialistischen Partei, die im sogenannten
Massaker des 13. Januar 1986 gipfelte. Der darauffolgende
kurze, aber intensive «Bruderkrieg der Kommunisten» kostete
Schätzungen zufolge über 10000 Jemeniten das Leben. Dane-
ben verlor das Militär beinahe seine gesamte Luftwaffe und
einen Großteil der gepanzerten Fahrzeuge. Die durch die Zer-
störungen im Land entstandenen Sachschäden schätzte die
Folgeregierung auf mehrere Milliarden Dollar. Im Nachgang
des Bürgerkrieges übernahm Ali Salim al-Baidh das Präsidentenamt, scharte seine Anhänger um sich und war von nun an
darum bemüht, die Scherben des Krieges aufzukehren. Die JSP
blieb bestehen, der unterlegene Flügel spielte jedoch keine
Rolle mehr. Unterdessen verschoben sich auch auf der Bühne
der Weltpolitik allmählich die Verhältnisse. Michail Gorbatschow wurde Generalsekretär der kommunistischen Partei in
der Sowjetunion und schließlich sowjetischer Staatspräsident.
Bereits 1988 soll Gorbatschow verkündet haben, dass der Südjemen seine Geschicke selbst in die Hand nehmen müsse. Einer
Wiedervereinigung mit dem Norden würde er nicht im Wege
stehen. Von Seiten der Sowjetunion war Ähnliches zuvor nie in
dieser Klarheit zu vernehmen gewesen. Gegen Ende der 1980er
Jahre sollte nun allerdings jedes sozialistische System aus der
großen sowjetischen Betreuungsanstalt entlassen und damit so
viel Ballast wie nur möglich abgeworfen werden, um den eigenen Untergang zu verhindern.

Etwa zur selben Zeit rückten zudem Erdölfunde im Grenz-
gebiet der beiden Teile des Jemen eine Wiedervereinigung des
geteilten Landes wieder in den Bereich des Möglichen. So waren es wirtschaftliche Interessen und in der Folge Überein-

künfte über die gemeinsame Ausbeutung der Ressourcen, die die beiden Bruderstaaten einander wieder näherbrachten. Die Sitzungen der koordinierenden Kommission der beiden Teil-staaten häuften sich im Jahr 1989 und gipfelten in der gemein-samen Absichtserklärung der beiden Staatspräsidenten Ali Ab-dullah Saleh (Nordjemen) und Ali Salim al-Baidh (Südjemen), die Wiedervereinigung des Jemen in Kürze zu vollziehen. Am 22. Mai 1990 war es dann so weit. Die vereinigte Republik Je-men erblickte das Licht der Welt. Ali Abdullah Saleh wurde zum Präsident dieses vereinten Jemen und Ali Salim al-Baidh zu seinem Stellvertreter. Sanaa wurde zur gemeinsamen Haupt-stadt des Jemen bestimmt und Aden zur Wirtschaftshauptstadt erkoren.

DIE HERRSCHAFT SALEHS:
EIN TANZ AUF DEN KÖPFEN DER SCHLANGEN

Mit der Wiedervereinigung des in Nord und Süd geteilten Je-
men am 22. Mai 1990 gelang es Saleh, sich als Präsident des
nun vereinten Landes durchzusetzen und als Macher der
Einheit zu präsentieren. Tatsächlich hat er als solcher bereits
Eingang in die jemenitischen Geschichtsbücher gefunden. Der
Grund, weshalb die Wiedervereinigung anfangs relativ ge-
schmeidig zu verlaufen schien, ist vor allen Dingen im sozialen
Bereich zu suchen: Die Eliten aus beiden Teilen des Jemen waren während der Teilung eng verbunden geblieben und auch
Stammesverbindungen machten nicht an der innerjemeniti-
schen Grenze halt. Der erste Präsident im Südjemen Qahtan
al-Shaabi war zudem der Berater des ersten Präsidenten im
Nordjemen nach der Revolution von 1962, Feldmarschall Abdullah al-Sallal. Ismail, der Begründer der sozialistischen Partei im Süden, kam ursprünglich aus der Hujariah-Region im
Norden des Jemen. Die Bevölkerungen tauschten sich rege aus
und zirkuläre Migration war stets gang und gäbe. Die soziale
und gesellschaftliche Kohäsion beider Bevölkerungen im Nord-
und Südjemen konnte aber nicht darüber hinwegtäuschen,
dass sich die politischen Systeme über die Jahrzehnte der Trennung völlig unterschiedlich entwickelt hatten.

In der neuen Symbiose beider Länder entstand allerdings
zunächst ein gewisser demokratischer Freiraum, in dem sich
ein Vielparteiensystem etablierte. Neben den beiden Parteien
des Allgemeinen Volkskongresses (AVK) und der JSP entstanden auch verschiedene linke und nationalistische Parteien so-

wie einzelne konfessionell orientierte Parteien wie beispiels-weise die zaiditisch dominierte Partei al-Haqq.

Zu diesen kleineren Parteien gesellte sich bald eine weitere Kraft, die Reformpartei der Muslimbrüder (al-Islah-Partei). Als drei Jahre nach der Wiedervereinigung die ersten freien Wahlen im geeinten Jemen stattfanden, wurde diese gleich im ersten Anlauf zur zweitstärksten Partei gewählt. Eine Schmach für die JSP, die nun gewissermaßen als Juniorpartner in eine Regierungskoalition mit zwei großen Parteien aus dem Nor-den gehen musste.

Zugleich hatte sich die wirtschaftliche Lage des Jemen seit Beginn der 1990er Jahre zunehmend verschlechtert. Die Ar-beitslosigkeit stieg von Jahr zu Jahr. Der Lebensstandard sank. Die jungen Menschen sahen sich gezwungen, den Weg in die benachbarten reichen Golfstaaten zu suchen. Nachdem Saleh allerdings im Zweiten Golfkrieg von 1990/91 Partei für den irakischen Dikator Saddam Hussein und gegen Saudi-Arabien ergriffen hatte, waren Jemeniten in Saudi-Arabien nicht mehr erwünscht. Es blieben nur noch die oft gefährlichen Schmuggel-routen. Der Handel mit gefälschten Visa, Waffen und Men-schen floriert bis heute. Durch die Wüste führen die Pfade der Schlepperbanden in das benachbarte Königreich und werden auch heute in Kriegszeiten noch intensiv genutzt, um dem Elend und der Katastrophe des Krieges zu entkommen. Nicht alle jedoch gelangen sicher an ihr Ziel.

In dieser Krisenzeit seit den 1990er Jahren war der Jemen mehr denn je auf Hilfe von außen angewiesen. Die Weltbank und viele weitere Institutionen boten dem Jemen ihre Unterstüt-zung an. Sie stellten jedoch Bedingungen für ihre Leistungen, deren wichtigste in der Forderung nach einer Liberalisierung des jemenitischen Marktes bestand. Die letztlich vollzogene wirtschaftliche Öffnung des Jemen bedeutete für viele Mittel-ständler allerdings, dass sie nun nicht mehr konkurrenzfähig waren gegenüber billigerer Importware. Die reiche Elite rund um Saleh und seine Sippe konnte sich in vielen Bereichen Monopole verschaffen. Dort, wo auf dem freien Markt große Konkurrenten auftraten, stieg man zudem als Co-Financiers ein. Zu dieser reichen Elite gehörten Politiker, hohe Verwaltungsbeamte, hochrangige Militärs, Stammesführer und deren Anhängerschaft. Das wohl größte Geschäft machten Saleh und seine Entourage mit dem Verkauf von Öl und Gas.

Somit verstärkte die wirtschaftliche Situation des Jemen nach der Wiedervereinigung noch die Verflechtungen von Politik und Stämmen. Insbesondere die Präsidentenpartei Allgemeiner Volkskongress (AVK) und die Islah-Partei stützten sich auf die Stämme, weil sie wussten, dass angesichts der gestiegenen politischen Konkurrenz nur deren Einbindung zum gewünschten Erfolg, d. h. einem Wahlsieg, führen würde. Daher sicherte man wichtigen Stammesgrößen Listenplätze bei den Parlamentswahlen zu und versprach ihnen so die Privilegien eines Abgeordneten: Ansehen, Einfluss, Immunität, dazu ein gutes Gehalt und sichere monatliche Nebeneinkünfte durch das Schröpfen der Staatsressourcen.

Interessanterweise haben alle Parteien dieses Spiel durchschaut. Doch auch jene, die aufgrund ihrer Ideologie nichts mit diesen Stammesklüngeln zu tun haben wollten, mussten sich dem gegebenen Kontext unterordnen, allen voran die Sozialistische Partei des Südens und die Baath-Partei. Angesichts dieser Situation verwundert es nicht, dass der Norden des Landes vom Süden als tribalistisch, nicht zivilisiert und chaotisch bezeichnet wurde. Selbst hingegen stellten sich die Südjemeniten als avantgardistisch, geordnet und in der Moderne angekommen dar. Manche gehen sogar so weit zu sagen, dass die Eliten des Südjemen in missionarischer Absicht in die Einheit gegangen waren, nämlich in der Hoffnung, den Nordjemen zu zivilisieren und anstatt der Einheit von Politik und Stamm die

Einheit von Partei und Politik herzustellen. Als ihnen dieser Versuch misslang, erwogen sie eine Rückkehr zum «alten Südjemen», also eine Aufhebung der Wiedervereinigung.

Die Ausbeutung des Südens und die Regionalisierung der Politik

Die Zeit nach den gemeinsamen Wahlen von 1993 war also geprägt von wirtschaftlichem Druck sowie großen Spannungen zwischen den Anhängern der JSP und den Kräften aus dem Norden des Jemen. Viele Versuche wurden unternommen, um eine kriegerische Eskalation zu vermeiden, so etwa die Konvention von Amman, die alle Seiten zur Zurückhaltung und Mäßigung aufrief. Stabilität war das oberste Gebot dieses Einigungsdokuments. Trotzdem ließ der Krieg nicht mehr lange auf sich warten: Die JSP aktivierte ihre Militärstützpunkte im Süden, um die Kontrolle über den Südjemen wiederzuerlangen. Im Mai 1994 war es schließlich so weit. Im sogenannten Sezessionskrieg versuchten Militärs aus dem früheren sozialistischen Süden, sich mit Unterstützung Saudi-Arabiens und Omans wieder von dem das Land dominierenden Norden loszulösen. Doch spätestens an diesem Punkt erwies sich die Verbindung Salehs zur Islah-Partei und den Stämmen als vorteilhaft. Dank ihnen gelang es ihm, die Massen und insbesondere die Stammeskrieger zu mobilisieren, die in der Folge maßgeblich zum Sieg des Nordens über den Süden beitrugen. Nach diesem Sieg Salehs im Bürgerkrieg des Sommers 1994 verschwanden die sozialistische Partei und ihre Funktionäre nahezu gänzlich von der politischen Landkarte. Auch die linken Parteien der Nasseristen und Baathisten sollten keine große Rolle mehr spielen. Salehs AVK musste die Macht damit fortan nur mehr mit der islamistischen Islah-Partei teilen.

Erst dies ermöglichte Saleh, die volle Kontrolle über den Jemen zu erlangen. Die roten Linien, die er fortan zog, galt es nicht zu überschreiten, sonst riskierte man Leib und Leben. Dies galt für jeden seiner Gegner, ob im In- oder Ausland. Vor allem jede Art der öffentlichen Kritik an seinem Regierungsstil rief seine Sicherheitsagenten auf den Plan, die vor nichts zurückschreckten.

Für den Süden bedeutete Salehs militärischer wie auch politischer Erfolg jedoch ein Abrutschen ins Elend, da nun die Ausbeutung des Südens durch den Nordjemen umso stärker vorangetrieben wurde. Außenpolitisch hingegen waren die 1990er Jahre auch die Jahre der Einigung zwischen dem Jemen und Saudi-Arabien über die Grenzziehungen. Saleh wird bis heute vorgeworfen, er habe das Land verraten und den jahrzehntelangen Konflikt um die Grenze mit Saudi-Arabien durch einen faulen Handel beendet, der ihm und seiner Entourage Millionen von Dollar eingebracht habe.

Die Korruption grassierte und weitere Kriege standen ins Haus. Saleh versagte auf kompletter Linie, wenn es darum ging, einen soliden Staatsapparat aufzubauen. Denn selbstverständlich war die Rechnung hoch, die Saleh für die Loyalität der Stämme zu zahlen hatte. Wie schon zuvor gesagt, zählen bei den meisten jemenitischen Stammesführern vor allem eigene wirtschaftliche bzw. materielle Interessen. Die Stammesführer bekamen, was sie wollten, und trauten sich immer mehr zu, bis sie den Staatapparat nahezu komplett unterminierten. Wenn manche Scheichs beispielsweise eine Behörde oder ein Ministerium betraten, dann war klar, dass sie diese nur nach Durchsetzung ihres Besuchsgrundes verlassen würden. Unter Salehs Herrschaft avancierte etwa die al-Ahmar-Familie zur einflussreichsten der Hasched-Konföderation und damit zum reichsten und mächtigsten Stamm im Jemen – sie kontrolliert ein riesiges Imperium aus Banken, Handels-, Medien- und

Mobilfunkunternehmen. Seinerseits sicherte der Stamm immer wieder die Macht des Präsidenten bei Wahlen oder gegenüber Bedrohungen aus dem sezessionistischen Süden bzw. durch die Huthis im Norden.

Während die Kinder dieser priviligierten Stammesfürsten ihr Studium meist in Europa oder den USA absolvierten, kehrten sie nach der Ausbildung in den Jemen zurück, um – von einigen Ausnahmen abgesehen – in den vorbereiteten Nestern die Ausbeutung des Volkes im Stile ihrer Väter fortzusetzen. Eine der Hauptbereicherungsquellen für viele korrupte Politiker und Unternehmer bildete dabei das Staatseigentum an Boden, Land und Immobilien. So geschah es auch, dass im Südjemen über Nacht sehr viele Militärs und Stammesführer zu den reichsten ihrer Zunft wurden. Im ehemals sozialistischen Südjemen war sehr viel Land im Staatsbesitz. Nach dem Sieg des nordjemenitischen Militärs über den abtrünnigen Süden im Sommer 1994 konnte und wollte Saleh es nicht verhindern, dass die Sieger sich am Staatseigentum bereicherten. Die Filetstücke gingen an die Führer aus dem Nordjemen. Die Südjemeniten sahen fassungs- und tatenlos zu, wie ihr Land durch die teilweise rabiat vorgehenden Scheichs und Militärführer aus dem Norden übernommen wurde. Einer der prominentesten Diebe staatlichen Eigentums ist Salehs Verbündeter General Ali Mohsen al-Ahmar (Islah-Partei). Er trieb es mit der unrechtmäßigen Beschlagnahmung von Grund, Boden und Immobilien im gesamten Jemen sogar so weit, dass die Jemeniten seit Jahren über ihn spotten und Witze erzählen. Selbst der gegenwärtige Krieg konnte daran nichts ändern. Eine dieser scherzhaften Anekdoten zufolge soll Ali Mohsen dem Befehlshaber der saudischen Luftstreitkräfte noch vor Beginn der Operation «Decisive Storm» im Jahr 2015 eine Karte von Sanaa übergeben haben, in der nur kleine Flächen markiert sind, die als Kriegsziel beschossen werden dürfen. Auf Nachfrage des saudischen Generals soll Ali Mohsen gesagt haben: «Der Rest von Sanaa gehört mir. Ich kann es nachweisen. Den Grundbucheintrag habe ich dabei.»

All diese illegalen Machenschaften brachten das Fass zum Überlaufen. Die ohnehin brüchige Einheit, die bereits durch den Sezessionskrieg im Sommer 1994 erheblichen Schaden erlitten hatte, wurde nun durch die offene Ausbeutung des Südens im Stile eines Besatzers vollends ad absurdum geführt.

Die Zeit der politischen Zweisamkeit von AVK und Islah-Partei währte nicht lange, da die ausbeuterischen Machenschaften der mit dem Regime sympathisierenden Profiteursclans insbesondere im Süden des Landes für großen Unmut sorgten. Bald bildete sich unter dem Namen al-Hirak al-Janubi (die Bewegung des Südens) eine neue soziale Protestbewegung heraus, die sich für die Sache des Südens einsetzte und rasch an Anhängern gewann. Während sie anfangs vor allem verlangten, dass ehemalige Offiziere und Stabsoffiziere, welche von Saleh unmittelbar nach dem Krieg vom Sommer 1994 entlassen worden waren, in den Dienst der jemenitischen Armee zurückkehren dürfen sollten, weiteten sich ihre Forderungen bald auf andere Felder aus. Auch hohe Entschädigungs- und Wiedergutmachungszahlungen wurden gefordert. Schließlich wurde einmal mehr die Loslösung vom Norden als Ziel ausgegeben und das Recht beansprucht, die Zukunft des Südens unabhängig von der Dominanz des Nordens bestimmen zu können. Die Forderungen stießen auf offene Ohren bei der Bevölkerung. Schließlich betrachteten die meisten Südjemeniten den Norden seit langem nur noch als nimmersattes, blutsaugendes Raubtier. Saleh, seine Familie und seine unmittelbare Gefolgschaft galten ihnen als größte Nutznießer dieses Beutezugs. Die Zahlen geben ihnen recht. Laut einem Expertenbericht der Vereinten Nationen von 2015 soll Saleh während seiner Amtszeit u.a. Gold, Immobilienpapiere, Bargeld und

Aktien im Wert von 35 bis 60 Milliarden US-Dollar zusammengerafft und teilweise unter falschem Namen auf Konten in über 20 Ländern verteilt haben. Zum Vergleich: Mit einem Vermögen von 60 Milliarden US-Dollar wäre Saleh 2015 auf Platz fünf der Forbes-Liste der reichsten Menschen weltweit gelandet. Überwiegend handelte es sich dabei wohl um Vermögen aus veruntreuten Staatseinnahmen, Schmiergeldzahlungen für unsaubere Auftragsvergaben sowie gestohlene Mittel aus dem milliardenschweren staatlichen Energiesubventionsprojekt.

Als die Proteste im Süden gegen diese Eroberungs- und Beutezüge aus dem Norden immer stärker und lauter wurden, beauftragte Saleh zwei seiner ehemaligen Minister – den früheren Minister für Lokalverwaltung Abdulkader Hilal und den früheren Hochschulminister Saleh Ali Basurra – mit der Untersuchung der Vorwürfe. Das Fazit dieser Untersuchung war erschütternd: Mindestens 15 hochrangige Militärs und hoch angesehene Stammesführer des Nordjemen hatten sich unrechtmäßig am Staatsbesitz und am Eigentum von Südjemeniten bereichert. Als Basurra seinem Präsidenten das Ergebnis der Untersuchung im Jahr 2007 präsentierte, soll er Saleh erklärt haben: «Entweder 15 Diebe oder der ganze Süden.» Soll heißen: Entweder Du bewahrst Dir die Gunst der 15 Diebe und ziehst den Hass des ganzen Südens auf Dich oder Du opferst 15 Diebe und steigst in der Gunst des ganzen Südens. Saleh aber schwieg und unternahm relativ wenig, um die Menschen im Süden zu entschädigen und zu rehabilitieren. Ähnliches geschah in vielen anderen anhängigen Korruptions- und Beuteaffären. Aufklärung wurde zumindest teilweise betrieben, verhindern konnte oder wollte Saleh diese Missetaten jedoch nicht. Viele der Prozesse hatten sich inzwischen bereits verselbständigt und für Saleh galt unter anderem das Prinzip: Wenn ich meine Macht an der Spitze dieses Quasi-Staates erhalten möchte, muss ich großzügig verteilen und dadurch Loyalität erkaufen: *divide et impera*, (ver-)teile und herrsche. Im besten Fall erkaufte er sich jedoch nur Ruhe vor dem nächsten Sturm. Denn der Umkehrschluss stimmte ebenfalls. Zu viele begehrten den Platz an der Spitze des Staates und wussten, dass Saleh immer nachgeben würde, solange sie ihn nur genug unter Druck setzten. Loyalität und Treue müssen teuer erkauft werden im Jemen, gerade wenn die Person an der Spitze durch Misswirtschaft und Korruption dauernd eine breite Angriffsfläche bietet. Diese Vetternwirtschaft und Ausbeutung des Landes führte unweigerlich zur Regression der jemenitischen Wirtschaft.

Die immer wiederkehrenden Beteuerungen seitens der Saleh-Regierung, dass in Kürze große Reformen umgesetzt werden würden, klangen bald nur mehr nach Hohn und Spott. Denn weder die Verwaltung noch das Bildungssystem noch die Infrastruktur des Landes wurden grundlegend reformiert. Alles lag brach, und das Wenige, was angepackt wurde, wurde nur halbherzig und nicht nachhaltig genug umgesetzt. Über Jahre hinweg wurden von den internationalen Geldgebern Mittel in Milliardenhöhe nach dem Gießkannenprinzip auf zahlreiche Entwicklungsprojekte im Jemen verteilt. Vieles davon versickerte in den Taschen der Staatsdiebe. Eine kleine Schicht der Oligarchen und Aristokraten herrschte im Jemen. Dem Volk blieben nur die Reste. Den Titel «das Armenhaus der arabischen Welt» trug der Jemen dabei auch schon zu Zeiten Salehs mit Recht.

Von einer Herrschaft des Rechts konnte für die Eliten jedenfalls nicht mehr die Rede sein. Wer sich ihren Forderungen widersetzte, riskierte Leib und Leben. Insofern gab es zwar einen nach außen funktionierenden Staat, in seinem Inneren jedoch herrschte das Gesetz des Stärkeren oder das Privileg der Bekanntschaft mit dem Präsidenten und seiner Sippe. Die wichtigsten Schaltstellen im Staat und die interessantesten Posten in der Verwaltung wurden mit Angehörigen, Verwandten und Bekannten des Präsidenten besetzt. Am Ende stand ein Herrscherhaus in einer Pseudorepublik. Nur um einige Beispiele zu nennen: Salehs Sohn Ahmed befehligte die Republikanische Garde und die Spezialkräfte, sein Neffe Yahya Mohammed Saleh wurde Chef des Inlandsgeheimdienstes. Ein weiterer Neffe, Tariq Mohammed Saleh, besaß das Kommando über die Privatgarde. Die Chefs der nationalen Sicherheitsbehörde, der Oberbefehlshaber der Luftwaffe, der Chef der größten Ölfirma – sie alle gehörten zu Salehs Großfamilie.

Doch Saleh beließ es nicht dabei: Allmählich bereitete er seinen Sohn auf die «Thronfolge» vor. Die treuen Saleh-Stämme wurden nach und nach auf den Sohn eingestimmt. Immer wieder wurden Nachrichten verbreitet, die ihn als guten militärischen Führer und integren Stabsoffizier darstellten. Offiziell wollten Vater und Sohn von einer angeblich geplanten Erbpräsidentschaft freilich nichts wissen und stritten alle Vorwürfe ab. Allerdings ließ die Menschen das Gefühl nicht los, dass hinter den Kulissen bereits alle Vorbereitungen in vollem Gange waren. Zu gut hatten sie Salehs Fähigkeiten als Ränkeschmied über die Jahre kennengelernt.

Doch an diesem Punkt war auch Salehs langjähriger Verbündeter, die Islah-Partei, nicht mehr bereit mitzugehen.

Eine Opposition bildet sich: Die Parteien des gemeinsamen Treffens

Angesichts der Stärke des Allgemeinen Volkskongresses beschlossen daher bereits im Jahr 2002 sechs Oppositionsparteien, sich zusammenzutun. Es entstand das Bündnis der «Parteien des gemeinsamen Treffens» (Ahzab al-Liqa' al-

Mushtarak). Obwohl sie unterschiedliche und teilweise sogar gegensätzliche politische und gesellschaftspolitische Ideologien vertraten, hofften die Bündnispartner, dem AVK bei der nächsten Wahl gemeinsam etwas entgegensetzen zu können. Die Allianz bestand aus der vor allem noch im Süden präsenten sozialistischen Partei, der nasseristisch-unionistischen Volksorganisation, der arabisch-sozialistischen Baath-Partei, der konservativ-zaiditischen al-Haqq-Partei und der Union der Volkskräfte. Angeführt wurde das Parteienbündnis von der Islah-Partei, dem wahabitisch-salafistisch geprägten Muslimbüderzweig im Jemen.

Trotz vieler innerer Rivalitäten und der dadurch erschwerten Kompromissfindung einigte sich die Allianz auf einen gemeinsamen Gegenkandidaten zu Saleh bei den Präsidentschaftswahlen im Jahr 2006. Geschlossen stellten sie sich hinter den Ingenieur Faisal bin Shamlan, der als ehemaliger Ölminister (1994–95) im Jemen eine angesehene Persönlichkeit darstellte. Er erreichte denn zwar auch beachtliche 21 Prozent, blieb jedoch noch immer weit abgeschlagen hinter Ali Abdullah Saleh zurück. Nichtsdestotrotz vernahm Saleh die Botschaft der Oppositionsparteien klar und deutlich: Er und sein zunehmend als Nachfolger aufgebauter Sohn sollten sich ihrer Macht im Jemen nicht auf ewig sicher sein.

Die politische Situation vor 2011 kann also schematisch wie folgt gezeichnet werden: Der Allgemeine Volkskongress und einige kleinere Parteien, die sich ihm angeschlossen hatten, auf der einen Seite und die Parteien des gemeinsamen Treffens auf der anderen. Hinzu kamen die separatistische Bewegung des Südens sowie die neo-zaiditische Widerstandsbewegung, die ab 2004 unter dem Namen der Huthis immer mehr in den Vordergrund trat.

Der Aufstieg der Huthis und die Konfessionalisierung
der Politik

Um es vorweg zu sagen: Die oft sehr überhöhte westliche
Darstellung, der Jemenkonflikt beruhe im Grunde auf konfessionellen Gegensätzen zwischen den angeblich vom Iran ge-
stützten schiitischen Huthis und der sunnitisch geprägten Militärallianz Saudi-Arabiens, greift zu kurz. Auch wenn gewisse
Merkmale eines «Glaubenskrieges» auf die Situation im Jemen
zutreffen mögen, so resultiert diese recht reduktionistische
Sichtweise eher aus dem europäischen Gedächtnis, als sie die
Realität vor Ort widerspiegeln würde. Als Martin Luther 1517
seine 95 Thesen an die Pforte der Schlosskirche zu Wittenberg
schlug, setzte dies einen Flächenbrand in Gang, der Europa
und seine Geschichte entscheidend prägen sollte. Die grausamen Konfessionskriege des 16. und 17. Jahrhunderts zwischen Anhängern des alten katholischen Glaubens und Ver-
fechtern reformatorischer Lehren wurden zur Initialzündung
für eine weitreichendere Neuordnung Europas. Mit dem Augs-
burger Religionsfrieden aus dem Jahr 1555 und dem am Ende
des Dreißigjährigen «Religions-»Krieges 1648 geschlossenen
Westfälischen Frieden wurde das Verhältnis der Fürsten zu
ihren Untertanen sowie das Verhältnis zwischen den Konfessionen neu bestimmt. Der Geist der Reformation wurde später
zum Katalysator für die Aufklärung und war damit einer der
Wegbereiter für die Geburt des modernen, säkularen Staates.
Die Zurückdrängung des Religiösen aus der Politik und dem
öffentlichen Raum im Allgemeinen ist bis heute noch nicht
gänzlich abgeschlossen, die Legitimität dieses Prozesses ist
allerdings längst in das kulturelle Selbstverständnis (zumindest
Mittel- und West-)Europas übergegangen.

Diese Erfahrungen aus der europäischen Geschichte verstellen jedoch den Blick auf die Vorgänge im Jemen im Speziellen und den gesamten Nahen Osten im Allgemeinen. So gibt es nichts Naiveres als den schiitisch-sunnitischen Gegensatz durch die westliche Brille zu betrachten und ihn zum Hauptgrund der Auseinandersetzungen im Libanon, im Irak, in Syrien oder eben im Jemen zu erheben. Für Kulturessentialisten und die Vertreter des Kampfs der Kulturen mag diese Analyse die Wunschvorstellung sein, weil sie als Beleg für ihre These dient, dass es unweigerlich zum Clash der Kulturen kommen muss. Mit der Realität im Jemen und im gesamten arabischen Raum hat diese Vorstellung jedoch wenig zu tun.

Selbst wenn wir nun für einen Moment annehmen, dass es sich tatsächlich um einen konfessionellen Krieg zwischen Sunniten und Schiiten handelt, so müssen wir bei genauem Hinsehen feststellen, dass das Dauerkonfliktthema zwischen den beiden konfessionellen Gruppen im Jemen ein politisches ist: Es geht um eine konkurrierende Interpretation der Machtfrage bzw. um divergierende religiöse Legitimierungen von Machtansprüchen. Gesellschaftlich war eine konfessionelle Spaltung der jemenitischen Bevölkerung jedenfalls über Jahrhunderte kaum sichtbar.

Eine neue Dynamik kam in das vorherrschende Religionsgefüge, als sich eine verhältnismäßig junge, erst im 18. Jahrhundert entstandene und sehr konservative Rechtsschule wie ein Krebsgeschwür im Jemen auszubreiten begann: der Wahabismus aus Saudi-Arabien. Eine puristisch-traditionalistische, stark normierende Richtung der sunnitischen Rechtsschule, die die alleinige authentische Umsetzung der islamischen Lehre für sich beansprucht. Durch ihre angeblich wortgetreue Auslegung des Koran und der Sunna spricht sie allen anderen islamischen Glaubensrichtungen die Gültigkeit ab. In Saudi-Arabien zur Staatsreligion aufgestiegen, zogen ihre Vertreter, die Salafisten, seit den 1980er Jahren des 20. Jahrhunderts als Wander-

prediger durch das kleinere Nachbarland und pumpten sehr
viel Geld in die Ausbildung und Betreuung der armen und jungen Bevölkerung im Jemen. Ausgangspunkt war dabei ihre
Hauptausbildungsstätte im Jemen. Dieses Dar al-Hadith genannte Zentrum des Salafismus war aus offensichtlich strategischen Gründen genau dort gegründet worden, wo historisch
gesehen eigentlich die schiitischen Zaiditen ihren Mittelpunkt
besaßen: in der Provinz Saada, genauer in der Kleinstadt
Dammaj. Die Gründung erfolgte bereits 1979 und damit kaum
ein Jahr nach dem Amtsantritt Salehs als Präsident des Nordjemen – ein Schelm, der Böses dabei denkt!

Wie die bärtigen Missionare aus Saudi-Arabien seinerzeit in
den ländlichen Gegenden umherzogen, um die Leute zum
«wahren» Glauben der wahabitischen Bewegung zu bekehren,
mag eine Anekdote verdeutlichen, die mir mein Vater – seines
Zeichens ebenfalls ein begnadeter Redner, Dichter und Prediger – erzählt hat: Eines Abends während des Ramadan, als er
auf der Rückreise aus Rada in Richtung Sanaa unterwegs war,
hielt er an einer kleinen Moschee in einem Dorf an, um das
Abendgebet zu verrichten und das Fasten zu brechen. Wie erwähnt, war es bis dahin in der jemenitischen Religionspraxis
nichts Unübliches, hierfür einfach die nächstgelegene Moschee
aufzusuchen. Doch an jenem Abend war mein Vater nicht der
einzige Gast. Die Dorfbevölkerung kümmerte sich bereits um
eine Gruppe saudischer Prediger, für die sie gemäß den Gebo-
ten der Gastfreundschaft mehrere Hammel geschlachtet sowie
Brot und Getränke herbeigeholt hatte. Doch als sich die Missionare die Bäuche vollgeschlagen und die Gastfreundschaft der
armen ländlichen Bevölkerung regelrecht ausgenutzt hatten,
beließen sie es nicht dabei. Einer nach dem anderen ergriff das
Wort in der Moschee und predigte den Versammelten, wie sie
eigentlich zu fasten hätten und dass es sich für einen guten
Muslim gehöre, die Nacht des Ramadan nicht schlafend, son-

dern in Gebet und Andacht zu verbringen. Als mein Vater dies hörte, eilte er wutentbrannt zum Mikrofon, unterbrach den gerade sprechenden Prediger und wies ihn darauf hin, dass diese armen Menschen soeben ihr Erspartes zusammengekratzt hätten, um ihm und seinen Kumpanen die Gastfreundschaft zu erweisen. Darüber hinaus hätten die Leute selbstverständlich das Recht, in der Nacht des Ramadan zu normalen Zeiten ins Bett zu gehen, weil sie tagsüber ihre Felder bestellen müssten. Die hiesige Bevölkerung lebe schließlich von ihrer landwirtschaftlichen Arbeit. Er schloss seine Rede mit der Bemerkung, dass die Jemeniten bereits seit Jahrhunderten den richtigen Islam praktizierten und von Gott daher nichts zu befürchten hätten. Nach dieser Rede wurden die bärtigen Männer mit Pauken und Trompeten aus der Moschee verjagt.

In der Folge konnten mein Vater und seine Mitstreiter zwar den Siegeszug des saudischen Wahabismus im Jemen nicht aufhalten, doch mag diese Geschichte verdeutlichen, mit welcher Aggressivität und gleichzeitig mit welcher Bigotterie und Dreistigkeit diese Missionierung oft vonstattenging – nach der Wiedervereinigung des Jemen am 22. Mai 1990 sogar noch mit erheblich höherer Geschwindigkeit und Intensität. Gerade bei der von Entbehrung geprägten Jugend des Landes verfingen die einfachen Heilsversprechen der Missionare. Noch mehr aber war sie geblendet von den finanziellen Anreizen, die mit dieser saudischen Expansion der «einzig wahren islamischen Lehre» verknüpft waren. So hat etwa die Zahlung horrender Monatsgehälter an die größten Scheichs der Hasched-Stammeskonföderation – mehrheitlich aus der al-Ahmar-Familie – maßgeblich dazu geführt, dass aus diesem historisch gesehen multikonfessionellen Stamm ein sunnitischer bzw. in Teilen salafistischer geworden ist. Denn gemäß den ungeschriebenen Gesetzen des Stammes verfahren seine Mitglieder zumeist nach dem Prinzip «der Glaube meines Scheichs ist zugleich auch der meine» (*cuius regio eius religio*). Es kann daher von einer gewissen Konfessionalisierung der Politik im Jemen durch Salehs Verbindung mit Saudi-Arabien gesprochen werden. So richteten sich die Saudis bewusst an Familien, die zwar einflussreichem Stammesadel entstammen, jedoch nicht – wie etwa die Familie al-Huthi – zur Nachkommenschaft des Propheten Mohammed zählen und damit nicht zu der Schicht der Haschemiten gehören. Doch auch aus den Kreisen dieser noblen Familien traten – dank des Geldregens aus Saudi-Arabien – einige in das Lager der Salafisten ein.

Im Jahr 1990 etwa gründete Abdullah al-Ahmar, Oberhaupt der al-Ahmar-Familie und Anführer der Hasched-Stammeskonföderation, zusammen mit dem Armeegeneral und Saleh-Vertrauten Ali Mohsen al-Ahmar den politischen Arm der Muslimbruderschaft, die bereits erwähnte Islah-Partei. Dies taten sie gemeinsam mit Abdul Majeed al-Zindani, einem bekennenden Salafisten und Vertrauten des damaligen al-Qaida-Chefs Osama bin Laden. Bereits in den 1970er Jahren hatte Abdul Majeed al-Zindani den jemenitischen Zweig der Muslimbruderschaft gegründet und rief 1995 mit staatlicher Unterstützung und dank Finanzierung aus Saudi-Arabien die Iman-Universität in Sanaa ins Leben, welche als Brutstätte für islamistische Terroristen galt, bis die Huthis die Hochschule 2014 schlossen. Die Islah-Partei nimmt in der arabischen Welt damit eine Sonderrolle ein. Denn während sich andernorts Salafisten und Muslimbrüder eher feindlich gegenüberstehen, schlossen sich 1990 viele Salafisten mangels Alternativen mit den Muslimbrüdern zu dieser gemeinsamen islamistischen Partei zusammen. Zwar entstand später eine salafistische Partei (al-Raschad), doch gelang ihr nie der politische Durchbruch, weshalb die großen Köpfe der jemenitischen Salafisten in der Islah-Partei verblieben, um nicht in politischer Bedeutungslosigkeit zu enden. Wenngleich sich die Islah-Partei in ihrer Ideologie, Struktur und Ausrichtung eindeutig auf dem Kurs der Muslimbrüder bewegt, konnten die Salafisten dennoch einen starken Flügel innerhalb der Partei aufbauen. Insofern ist die Islah-Partei im Jemen eine sonderbare Mischung aus zwei islamistischen Strömungen, die politisch unterschiedliche Ziele verfolgen, aber im Jemen unter einem Dach agieren. In ihrem Gründungsjahr 1990 wurde Scheich Abdullah al-Ahmar zum Führer der Islah-Partei gewählt, die sich in der Folge auf die Unterstützung seines großen und mächtigen Stammesverbunds verlassen konnte. Da Saleh derselben Stammeskonföderation angehörte, besetzten parallel dazu Söhne von Abdullah al-Ahmar – Scheich Sadiq al-Ahmar und Scheich Himyar al-Ahmar – wichtige Posten in der Hierarchie des Allgemeinen Volkskongresses, der Partei des Präsidenten. Dennoch gelang es Saleh über lange Zeit, die Nase vorn zu behalten, konnte er sich die Loyalität der Parteispitzen sowie ihrer Stämme doch dank seiner hervorgehobenen Machtposition als Staatspräsident, seines Durchsetzungsvermögens sowie größtmöglicher Finanzspritzen an die Scheichs sichern. Aus Sicht der schiitischen Zaiditen müssen die von Saleh geförderten oder zumindest tolerierten Aktivitäten der wahabitischen Ideologen wie eine Bedrohung für ihre eigene Glaubens- und Rechtsschule gewirkt haben. Denn ein wesentliches Merkmal des Wahabismus ist sein Exklusivitätsanspruch: aus seiner Sicht predigt er die einzig wahre und richtige Lesart des Islam. Alle anderen Lesarten sind für ihn unislamisch und müssen daher ausgemerzt werden. Es verwundert daher nicht, dass eine Gegenreaktion der Zaiditen nicht lange auf sich warten ließ. Bereits seit Beginn der 1990er Jahre bildete sich im äußersten Norden des Jemen allmählich eine zaiditische Jugendbewegung heraus, die bald unter dem Titel *al-shabab al-mumen* (die jungen Gläubigen) immer stärker auf sich aufmerksam machte. Sie wurde Anfang der 2000er Jahre von den aus Saada stammenden, zaiditischen Aktivisten Mohammed Azzan und Mohammed al-Huthi gegründet und zunächst eher apolitisch geführt. Als Mohammed al-Huthis Bruder Hussein, der von 1993 bis 1997 als Abgeordneter für die zaiditisch dominierte al-Haqq-Partei im jemenitischen Parlament gesessen hatte und ebenfalls Mitglied der Bewegung war, von einem religiösen Forschungsaufenthalt im Sudan zurückkehrte, drängte er auf eine politischere Neuausrichtung der Gruppierung. Etwa seit dem Jahr 2000 setzte er zunehmend auf Konfrontation mit dem Zentralstaat in Sanaa. Dafür gründete er seine eigene Bewegung und sorgte damit für eine Spaltung des *shabab al-mumen*. Die neue Gruppierung trug bald den Namen ihres Begründers, die al-Huthis (*al-huthyiun*).

Die Huthi-Bewegung selbst ist dabei weit mehr als eine militante, rein schiitisch-religiös motivierte Gruppierung. Vielmehr verfolgte die keineswegs homogene Gruppe gerade zu Anfang ganz konkrete politische Ziele. Sie forderte soziale Gerechtigkeit, Umverteilung sowie eine stärkere Berücksichtigung ihrer Heimat Saada bei großen Infrastrukturprojekten im Land. Diese Ziele können natürlich religiös legitimiert werden. Mit Recht mag man sogar behaupten, dass die Huthi-Bewegung den ursprünglich politischen Charakter ihrer Forderungen um die schiitische Nuance erweitert hat, um ihnen eine größere Tragweite zu verschaffen. Besonders deutlich wird das an ihrem ureigenen Thema, der Frage, wer denn eigentlich die Herrschaft in einem islamischen Gemeinwesen innehaben dürfe. Wie es zuvor lange Zeit die offizielle Lesart des Zaiditentums sowie die Grundlage für die Herrschaftslegitimierung des Imamats im Jemen gewesen ist, dürfen auch in den Augen der Huthis nur Nachkommen des Propheten die Führung innerhalb der Umma übernehmen. Folglich dürfen nur Haschemiten (Angehörige des Stamms, dem auch der Prophet Mohammed angehörte) als Imame oder – modern gesprochen – als Staatspräsidenten fungieren. Um den jemenitischen Autor Mustafa Nagi al-Jezzi zu zitieren, handelt es sich bei der Huthi-Bewegung um eine fundamentalistische, revitalistische Gruppierung, die versucht, aus der Region Saada einen konfessionellen Monolithen zu formen. Ihr Ziel ist dabei die Wiederbelebung einer zaiditisch geprägten Les- und Lebensart des Islam, angereichert durch Elemente aus dem iranischen Zwölferschiitentum. Die Führung in dieser Region dürfe demnach ausschließlich bei der Huthi-Familie liegen – eine ebenjener haschemitischen Familien im Jemen, die nachweislich ihre Wurzeln bis auf die Enkel des Propheten zurückführen können. Auf diese Art und Weise vertritt die Huthi-Bewegung eine Ideologie, die ihrerseits – wie der oben beschriebene sunnitische Wahabismus – alle ausschließt, die sich ihr nicht anschließen wollen. Sie geht sogar so weit zu sagen, dass ein Muslim nur dann ein wahrer Gläubiger sein könne, wenn er sich zu den Ideen Hussein al-Huthis bekennt. Seine Lehren sind inzwischen in sogenannten «Lehrbüchern» (*malaazem*) festgehalten und werden in Moscheen, staatlichen Einrichtungen und an Universitäten bzw. Schulen unterrichtet.

Diese politischen und sozio-ökonomischen Forderungen der Huthi-Bewegung konnten und wollten Saleh (AVK) und sein Koalitionspartner Ali Mohsen al-Ahmar (Islah-Partei) nicht erfüllen. Während Ersterer seine Herrschaft bedroht sah, erkannte Letzterer darin einen Aufstand der Zaiditen, der seiner wahabitisch-salafistisch ausgerichteten Partei sehr gefährlich werden könnte. Saleh und die Islah-Partei hatten von nun an einen gemeinsamen Feind und damit ein gemeinsames Ziel: die Vernichtung der neuen Oppositionsbewegung aus Saada. Als Kommandeur der 1. Panzerdivision – einer der stärksten Einheiten der jemenitischen Armee – führte Ali Mohsen al-Ahmar im Jahr 2004 den ersten Krieg gegen die Huthi-Aktivisten aus der Grenzregion zu Saudi-Arabien. Es gelang seinen Truppen, den charismatischen Führer dieser Bewegung, Hussein al-Huthi, nach mehrmonatigen heftigen Auseinandersetzungen im September 2004 zu töten. Sein Leichnam wurde in Sanaas Zentralgefängnis beerdigt, weil die Regierung fürchtete, dass seine Grabstätte zum Heiligenschrein erhoben werden könnte. Erst im Zuge der Wiedergutmachungskampagne der Regierung im Dezember 2012 wurden die Überreste von Hussein al-Huthi nach Saada überführt. Heute ist seine Grabstätte ein Heiligtum und ein zentraler Besucherschrein für alle Anhänger der Huthi-Bewegung, die sich ab 2011 den Namen «Ansar Allah» (die Anhänger Allahs) gab.

Nach der Ermordung Hussein al-Huthis übernahm sein greiser Vater Badr ad-Din al-Huthi die Führung der Bewegung, später abgelöst durch Husseins jüngeren Bruder Abdul-Malik. Wie Hussein so hatte auch Abdul-Malik einen Teil seiner Ausbildung an der berühmten schiitischen Lehranstalt in der iranischen Stadt Qom genossen und sich dort mit den Vorstellungen des Zwölferschiitentums vertraut gemacht. Während Letzterer sich zum «Ayatollah» aufschwingt und offiziell den Titel «Führer der Revolution» trägt, traten seine Brüder Yahya al-Huthi und Abdulkarim al-Huthi eher in seinen Schatten. Der Huthi-Familie gelang es, den gefallenen Sohn und Bruder als Märtyrer und Kriegshelden zu stilisieren und damit große Teile der Bevölkerung im Norden für ihren Kampf gegen den Zentralstaat zu mobilisieren. Bis 2009 sollten sechs weitere Bürgerkriege zwischen ihnen und der Nationalarmee folgen. Die Zentralregierung unter Saleh konnte sich dabei auf die Unterstützung und mobilisierende Wirkung seiner Stammesverbündeten verlassen.

Auf der diametral entgegengesetzten Seite gibt es derweil weitere Gruppierungen, die diesen konfessionellen Gegensatz weiter befeuern und das staatliche Machtvakuum für ihre Zwecke zu nutzen suchen. Die Rede ist von salafistisch-dschihadistischen Gruppierungen, die nicht nur in Europa, sondern gerade auch in den meisten muslimischen Ländern eine wahre Bedrohung für den sozialen Frieden darstellen, ja den gesamten Staat in existentielle Nöte bringen. Seit 2011 steht der Jemen auf der Liste der sogenannten *failed states*, der gescheiterten Staaten. Dieser Zustand, der aus meiner Sicht schon vor 2011 jahrelang im Jemen bestand und nur durch Salehs geschicktes Taktieren lange Zeit unentdeckt blieb, hat viel Raum eröffnet für jene extremistischen Gruppen, die inzwischen immer größere Teile des Staatsgebietes bzw. der Staatsgewalt unter ihre Kontrolle zu bringen versuchen. Seit Jahrzehnten schon treiben islamistische Extremistengruppen wie al-Qaida auf der Arabischen Halbinsel (AQAP), Ansar al-Scharia und seit neuestem auch die Terrormiliz Islamischer Staat (IS) im Jemen ihr Unwesen. Insbesondere in den Gouvernements Abyan, Schabwa und teilweise Hadramaut und al-Baidah konnten sich diese Gruppierungen ausbreiten. Ihre einfache, aber äußerst gefährliche Ideologie besteht darin, ihre Gegner – seien es nun Mitglieder der Regierung, ziviler Organisationen oder schiitischer Glaubensrichtungen – des Abfalls vom Glauben zu bezichtigen (*takfir*). Solch schwerwiegende Vorwürfe und die damit einhergehenden gesellschaftlichen Stigmatisierungen treiben den Keil der Spaltung immer tiefer in die ohnehin bereits verunsicherte jemenitische Gesellschaft. Auch alle größeren Massaker, Attentate, Bomben- und Selbstmordanschläge auf Sicherheitskräfte, Zivilisten und Politiker innerhalb der letzten zehn Jahre gingen auf das Konto dieser Gruppierungen. Diese Methoden stellen ein Novum für die jemenitische Kultur dar, denn sowohl das Zaiditentum als auch das Schafiitentum verurteilen diese Art der Kriegsführung auf das Schärfste. Seit der im Jahr 2015 begonnenen, saudisch geführten Militäroffensive gegen den Jemen haben diese Gruppierungen sogar noch an Stärke und Einfluss gewonnen. Dies lässt den naheliegenden Schluss zu, dass diese Gruppierungen finanzielle und materielle Unterstützung aus Saudi-Arabien und den Vereinigten Arabischen Emiraten erhalten. Überall, wo diese beiden Länder auf fremdem Terrain an Einfluss gewinnen, lassen Tod und Terror nicht lange auf sich warten. Dort, wo man sie in Europa gewähren lässt, ist Ähnliches passiert, nur in abgestufter und viel subtilerer Form. Hier werden Koranverteilungen organisiert oder Moscheeverbände und Schulen salafistischer Prägung gegründet, wie z.B. die inzwischen geschlossene König-Fahd-Akademie in Bonn. In der arabischen Welt bewegen sich die beiden Länder dagegen viel freier, weil sie die Führungseliten der oft maroden und krisengebeutelten Staaten durch großzügige Geld- und Sachgeschenke dazu bringen, die Augen vor ihren Untaten zu verschließen. Im Jemen sind es die Universitäten in jeder Großstadt, die mit saudischem Geld finanziert werden und die jemenitische Jugend fanatisieren. An prominentester Stelle steht dabei die bereits erwähnte Iman-Universität in Sanaa.

Auf diese Art und Weise entstanden religiöse Netzwerke, die transnational, ja sogar überregional agieren. Doch eint sie nicht so sehr der Glaube als vielmehr die gemeinsamen politischen Interessen – auf den Punkt gebracht: der gemeinsame Feind, allen voran die USA, der Nationalstaat und seine Repräsentanten. So unterhielt Saleh stets eine enge Freundschaft mit Washington. Diese erfuhr insbesondere durch die Verbrüderung im Kampf gegen den internationalen Terrorismus eine Blütezeit, als Saleh den USA ohne Zustimmung des Parlaments die Möglichkeit einräumte, militärische Operationen auf jemenitischem Boden durchzuführen und gezielte Luftschläge gegen al-Qaida im Jemen zu fliegen. Bereits im Oktober 2000 hatte ein Selbstmordkommando von al-Qaida das im Hafen von Aden vor Anker liegende US-Kriegsschiff «Cole» mit einem sprengstoffbeladenen Schlauchboot angegriffen und dabei

17 amerikanische Matrosen mit in den Tod gerissen. Die Antwort der Amerikaner folgte im November 2002 in der Region Marib. Mithilfe einer bewaffneten Drohne töteten sie Sinan al-Harithi, den damaligen al-Qaida-Chef im Jemen und maßgeblichen Drahtzieher des Anschlags auf die USS Cole. Insbesondere seit 2008 verstärkte sich die Zusammenarbeit zwischen Sanaa und Washington, als die USA nach Berichten der *New York Times* vermehrt CIA-Agenten in den Jemen entsandte, um Kämpfer der Terrororganisation zu liquidieren und die jemenitischen Sicherheitskräfte im Kampf gegen den Terror zu schulen. Nachdem im Juni 2009 Extremisten in der Provinz Saada neun Menschen – darunter auch sieben Deutsche – entführt und später drei Frauen der Gruppe ermordet hatten, verkündete das Pentagon noch im Dezember desselben Jahres, innerhalb von 18 Monaten über 70 Millionen US-Dollar in den Kampf gegen den Terror im Jemen investieren zu wollen.

Diese konfessionelle Politisierung von Sachthemen ist allerdings keine Neuerscheinung der Gegenwart. Schon die Kolonialherren wussten genau, wie sie auf den Saiten dieser konfessionellen Lyra spielen mussten. Durch willkürliche Grenzziehungen zerrissen sie religiöse Gemeinschaften und damit aufgrund ihrer Bindung an die Stämme in der Regel auch politische Herrschaftsstrukturen. Auf diese Weise sprengten sie den gesellschaftlichen Zusammenhalt im Jemen. Zumindest zeitweilig gelang es ihnen dadurch, ihre Herrschaft über das Gebiet des heutigen Jemen zu sichern.

Auch in der Folge wurden konfessionelle Trennlinien im Jemen politisch instrumentalisiert. So war beispielsweise das Imamat stets zaiditisch und stützte sich hauptsächlich auf zaiditische Stämme im Norden des Jemen. Im Zuge der Septemberrevolution von 1962 wurde dem Imamat jedoch durch ebenjene Kräfte ein Ende bereitet, die es zuvor über Jahrhunderte gestützt hatten. Sie wurden zu den erbittertsten Gegnern des Imams und wechselten ins Lager der Republikaner. Dagegen versuchten die Saudis – Vertreter des wahabitischen Sunnitentums – lange Zeit, den schiitischen Imam an der Macht zu halten, um sich so einen möglichen Überfall durch das nasseristische Ägypten zu ersparen. Heute hingegen bekämpfen die Saudis mit ihren Alliierten die schiitischen Huthis, u. a. indem sie die bereits genannten Terroristengruppen im Kampf gegen diese unterstützen. Ende 2015 in der Schlacht um die von den Huthis umzingelte Stadt Taiz standen beispielsweise trotz offizieller Gegnerschaft koalitionstreue Kräfte Seite an Seite mit Kämpfern des al-Qaida-Ablegers Ansar al-Scharia. Hier zeigt sich, dass es beim politischen Missbrauch von Konfessionslinien keine klaren Abgrenzungen gibt. Die Konfessionszugehörigkeit spielt keine Rolle. Viel wichtiger ist die Frage, welche Gruppierung den jeweils gerade aktuellen Interessen am besten dient. Nicht die Religion an sich, sondern das Interessen- und Machtkalkül bestimmt Freund- und Feindzuweisungen, frei nach dem Motto: Der Feind meines Feindes ist mein Freund.

Vor diesem Hintergrund erscheint es nun sehr unwahrscheinlich, dass die saudische Intervention seit 2015 lediglich dazu dienen soll, eine durch die Huthis repräsentierte Ausdehnung des schiitischen Einflussbereichs im Jemen einzudämmen. Doch dazu später mehr.

In jedem Fall kann man sagen, dass der Jemen regelrecht von außen in eine Konfessionalisierung bereits vorhandener politischer Konflikte hineingetrieben wurde. Religiöse Unterschiede zwischen Schiiten und Sunniten, Huthis und Saudis sind somit keineswegs ursächlich für den Krieg, vielmehr dient die konfessionsbasierte Rhetorik auf beiden Seiten vor allem der Verschleierung ganz profaner ökonomischer oder machtpolitischer Interessen. Religion wird zum Vehikel der Macht, zum Instrument der Legitimierung von Herrschaftansprüchen. Für den mit lokalen Gegebenheiten und Narrativen nicht vertrauten Beobachter erhärtet sich dadurch allerdings leider die weithin verbreitete, jedoch völlig verzerrte Auffassung, bei dem Konflikt im Jemen handle es sich um einen Krieg zwischen Schiiten und Sunniten. Geostrategische und machtpolitische Dimensionen des Konfliktes geraten demgegenüber meist völlig in den Hintergrund. Und wenn im Jemen über Macht gesprochen wird, so treten, wie wir gesehen haben, sofort die Stämme als Protagonisten auf die politische Bühne.

Die politische Szenerie im Jemen war somit spätestens seit Beginn der 2000er Jahre um zwei große Akteure verstärkt worden: Auf der einen Seite der separatistische Hirak al-Janubi im Süden, der sich als Opfer des Krieges von 1994 betrachtete, als entrechtete und immer wieder drangsalierte Beute des Siegers aus dem Norden. Und auf der anderen Seite die vom ehemaligen Parlamentsabgeordneten (1993–1997) Hussein Badr ad-Din al-Huthi gegründete und heute von seinem Bruder Abdul-Malik geführte Bewegung der Ansar Allah, die die Zustände in der Region Saada anprangerten und für Reformprojekte in der marginalisierten Region eintraten. Die Forderungen beider Gruppen entsprangen damit ähnlichen Unrechtserfahrungen, mit einem bedeutenden Unterschied: Die Huthi-Bewegung stülpte ihren politischen Forderungen eine Ideologie über, die das Imamat als Gegenmodell zum republikanischen System latent propagiert und das zaiditisch-schiitische Narrativ gekonnt wiederbelebt hat. Dabei verstand sie sich von Anfang an vor allem als Protest- und Gegenbewegung zur wahabitisch-salafistischen Islah-Partei.

Beiden Aufständen begegnete Saleh stets mit harter Hand, jedoch ohne die Übersicht zu behalten. Diesen permanenten Konflikten zum Trotz herrscht insbesondere in den städtischen Gegenden des Nordjemen (vor allem Sanaa) die nahezu übereinstimmende Meinung, dass Salehs Regentschaft ein Segen

für den Jemen gewesen sei. Denn für sie bedeutete seine 33-jäh-
rige Herrschaft gerade im Vergleich zu den politischen Turbulenzen unmittelbar nach der Revolution (1962–1978) eine Zeit
relativen Friedens, relativer Stabilität und relativer Ordnung.
In den Straßen des Südens hingegen wurde der *moderne* Staat,
den Saleh stets so gerne propagierte, als der *marode* Staat bezeichnet, als Staat der Diebe und der Banditen.

Vielleicht aber spiegelt dieses ambivalente, ja paradoxe Bild
seiner Regentschaft auch nur die grundsätzliche Widersprüch-
lichkeit des Jemen wider. So treffen hier kulturelle Widersprüche auf Widersprüche im gesellschaftlichen Alltagshandeln
und Gegensätze im Verständnis von Wirtschaft und Politik.
Wie sollte da die Führung des Landes frei von Widersprüchen
sein? Dies ist der Grund, weshalb Saleh seinen unorthodoxen
Regierungsstil mit einem «Tanz auf den Köpfen der Schlangen» verglich. Nur weil er diesen Tanz beherrschte, war es ihm
möglich, so lange zu überleben und seine Macht so lange zu
bewahren. Doch wer mit dem Feuer spielt, verbrennt sich auch
einmal die Finger. Oder um im Bild zu bleiben: Der geübte
Tänzer hatte über die Jahre das Gespür für den herrschenden
Zeitgeist verloren. Die Schlangen haben zugebissen. Wie vielen
anderen Machthabern des Nahen und Mittleren Ostens flog
Saleh 2011 das fragile, auf Gefälligkeiten und Machtjonglage
basierende Konstrukt seines Staates um die Ohren. Die volle
Wirkung des tödlichen Schlangengiftes sollte er jedoch erst
sechs Jahre später zu spüren bekommen.

EIN STURM BRAUT SICH ZUSAMMEN:
DIE REVOLUTION VON 2011

Als am 17. Dezember 2010 über der tunesischen Kleinstadt
Sidi Bouzid die Sonne aufging, ahnte niemand, dass dieser Tag
die Welt – und in besonderem Maße die arabische – nachhaltig
verändern würde. Wie immer schob der 26-jährige Gemüse-
händler Mohammed Bouazizi seinen Wagen durch die Straßen
der Stadt, um seine Waren anzupreisen. Dabei handelte es sich
keineswegs um seinen Traumberuf. Doch nach dem frühen
Tod seines Vaters hatte Mohammed keine Wahl. Wohl oder
übel brach er die Schule ab, um die Versorgung seiner Familie
zu sichern und das Schulgeld für seine jüngeren Geschwister
aufzutreiben. Wie jeden Tag drehte Mohammed Bouazizi auch
an jenem Morgen wieder seine Runden. Da hielt eine Polizistin
den jungen Mann an und forderte ihn auf, seine Händlerlizenz
vorzuzeigen. Als er dies nicht konnte, beschlagnahmte sie
kurzerhand den Karren samt seiner Ladung und brachte damit
eine ganze Familie um ihre Lebensgrundlage. In seiner Verzweif-
lung eilte Mohammed zur Stadtverwaltung, um Beschwerde
einzulegen. Doch hier erfuhr er ebenso wenig Gerechtigkeit
wie bei der örtlichen Polizeistation. Man scherte sich nicht um
das Schicksal eines einzelnen jungen Mannes. Unverrichteter
Dinge musste Mohammed wieder abziehen. In seiner Not sah
er keinen Ausweg mehr, Hilflosigkeit und Frustration hatten
jegliches erträgliche Maß überschritten. Seiner Perspektiven
beraubt, in seiner Ehre gekränkt griff er zum nächsten Benzin-
kanister und übergoss sich mit dem Brennstoff. An der Flamme,
die dieser junge Tunesier im Protest gegen Polizeigewalt und

staatliche Willkür nun an sich selbst legte, entzündete sich innerhalb kurzer Zeit die Unzufriedenheit eines ganzen Landes. Schon bald wurden überall in Tunesien Demonstrationen gegen die Regierung initiiert. Unter dem Druck der Bevölkerung flüchtete Präsident Zine el-Abidine Ben Ali Mitte Januar 2011 ins Ausland, nachdem er Tunesien über 23 Jahre lang autokratisch regiert hatte. Getragen von den sozialen Netzwerken schwappte die Welle des Protests bald auf die gesamte arabische Welt über. Hier entlud sich der gerechte Zorn der Bevölkerung über jene katastrophalen politischen und sozio-ökonomischen Zustände, unter denen die Menschen dieser Länder über Jahrzehnte hinweg hatten leiden müssen.

Zu den wichtigsten gemeinsamen Merkmalen des Leidens gehörten: menschliche Entwürdigung, Freiheitsberaubung, Perspektivlosigkeit, grassierende Korruption und Leben in Hunger und wirtschaftlicher Not. Für den Jemen sprachen die Zahlen eine deutliche Sprache: 54 Prozent der Jemeniten lebten laut dem Human Development Report von 2011 unterhalb der Armutsgrenze, 32 Prozent galten als absolut arm. Eine Inflationsrate, die durchschnittlich über 10 Prozent pro Jahr betrug, und eine Arbeitslosenquote, die 2010 durchschnittlich bei knapp 13 Prozent lag und für die Gruppe der 15- bis 24-Jährigen gar bei fast 55 Prozent.

Im Jemen wartete die Mehrheit der Bevölkerung geradezu darauf, so mein Eindruck von der Lage vor Ort im Jahr 2011, der erdrückenden Situation, in der sie lebte, zu entkommen. Ganz besonders die junge Bevölkerung, die die Mehrheit der jemenitischen Gesellschaft bildet – über 70 Prozent der Menschen waren 2010 unter 35 Jahre alt –, suchte nach einem Ventil für ihre Frustration und ihre Wut.

Die fortwährende Benachteiligung ganzer Bevölkerungsschichten und Regionen im Jemen, die ungerechte Behandlung der Menschen im Südjemen und in Saada im äußersten Norden des Jemen, die hohe Arbeitslosigkeit und immer wieder die Selbstbedienung der Herrschenden aus dem Staatshaushalt waren die Gründe für den Zorn der Menschen auf den Straßen des Landes.

Aufstand der Entrechteten, Marginalisierten und Opportunisten

Die Ereignisse im Jemen ab Februar 2011 können nicht unabhängig vom Verlauf der Revolution in Tunesien gezeichnet werden. Der schnelle Abgang des langjährigen tunesischen Despoten Zine el-Abidine Ben Ali am 14. Januar 2011 führte dazu, dass auch die Menschen in anderen arabischen Ländern die Hoffnung schöpften, sich ihrer Diktatoren bald entledigen zu können. So auch im Jemen. Das tunesische Beispiel, der ungeheure Druck der Straße auf den Despoten in Tunesien, motivierte die Menschen im Jemen so sehr, dass die ersten Proteste vor der tunesischen Botschaft in Sanaa stattfanden. Eine Schar junger Oppositioneller kam hier zusammen, um denselben Slogan anzustimmen wie in Tunesien: «Das Volk fordert den Sturz des Regimes».

Die Jugend in der gesamten arabischen Welt verfolgte die raschen Entwicklungen in den Nachbarländern. Die riesigen Massen in Ägypten, die sehr bald auf den Maidan at-Tahrir (Platz der Befreiung) in Kairo strömten und tagelang ausharrten, um gegen den Präsidenten Mubarak zu demonstrieren, inspirierten die Demonstranten im Jemen, Ähnliches zu wagen. Sie riefen den Tag des Zorns aus. In Scharen – so war der Plan – wollte man den Maidan at-Tahrir in Sanaa besetzen und dort so lange ausharren, bis das Regime die Flucht ergreifen würde. Doch Saleh kam ihnen zuvor. Bereits am Vortag der angekündigten Demonstration schickte er seine Anhänger zum

Maidan und ließ ihn besetzen. Der Plan der Protestler war somit im Keim erstickt. Sympathiebekundungen und eine Verbrüderung mit den Menschen in Ägypten wollte Saleh auf jeden Fall vermeiden, da sich die Stimmung – so die Befürchtung – auf diese Weise sonst nur noch schneller gegen ihn aufgeheizt hätte.

Doch schon bald trugen auch die Proteste in Ägypten Früchte, und nach Tunesiens Langzeitpräsident Ben Ali musste am 11. Februar 2011 auch Hosni Mubarak, der starke Mann im Staat am Nil, seinen Hut nehmen. Dies wiederum sorgte im Jemen für einen neuerlichen Motivationsschub auf Seiten der Demonstranten. Noch stärker pochten sie nun auf ihr Recht auf Freiheit und ein Leben in Würde. Schnell kam es in einigen Städten zu ersten Zusammenstößen mit den Sicherheitskräften.

Saleh beschuldigte sofort äußere Mächte, im Jemen am Werk zu sein und die nationale Einheit des Landes zu gefährden. Die Oppositionsparteien hingegen sprangen auf den Zug der Proteste auf und gaben ein gemeinsames Kommuniqué heraus, das den Protest legitimieren und verstärken sollte. So wuchs die Anzahl der jungen Regimegegner von Tag zu Tag. Zu ihnen gesellten sich auch viele ältere Menschen, die den glühenden Eifer ihrer Kinder im Streben nach Veränderung und Verbesserung unterstützten wollten. Protestplätze entstanden in allen Großstädten im Jemen: in Taiz wurde der Hurryia-Platz (Freiheitsplatz) zum zentralen Ort der Protestkundgebungen, in Aden der Urudh-Platz (Paradeplatz) zum Epizentrum des jungen Erwachens und viele weitere Orte in Städten wie Hudeida und Ibb zu Plätzen der Veränderung bzw. des Wandels. Aus den eher spontanen Protestmärschen erwuchsen organisierte Protestkundgebungen und aus diesen stetig wachsende, permanente Protestcamps. Demonstranten schlugen an den Plätzen ihre Zelte auf, bildeten Sicherheitspatrouillen zum Schutz vor Eindringlingen und Störenfrieden. So auch an den Plätzen rund um die Universität von Sanaa. Hier am Eingang der Universität steht ein Denkmal mit der Aufschrift «Der Glaube und die Weisheit sind im Jemen zu Hause». An diesem symbolhaften Ort errichteten die Demonstranten eine Tribüne. Von diesem als Informationsforum dienenden Platz versuchten die Wortführer der Bewegung, die Proteste zu organisieren, zu lenken und anzutreiben. Viele von ihnen konnte man tagelang immer wieder dort antreffen. Ihr Motto lautete: Protest, Protest bis das System aufgibt!

Auf der anderen Seite wollten auch Salehs Anhänger keinen Zweifel daran lassen, wer die eigentlichen Herren der Straße seien. Sie campierten am Maidan at-Tahrir und verbreiteten Gerüchte und Verschwörungstheorien, dass es sich bei den Protestierenden rund um das Universitätsgelände um Agenten handele, die im Namen von externen Mächten und der Opposition die Integrität des Jemen in Frage stellen würden. Bei öffentlichen Auftritten bestärkte Saleh seine Unterstützer in dieser Ansicht und erklärte, dass sie die einzig rechtmäßigen Demonstrationen veranstalteten. Die übrigen Revolutionen in der arabischen Welt bezeichnete er dagegen als Revolutionen der Medien, die aus einer Operationszentrale in Tel Aviv gesteuert und von den USA maßgeblich unterstützt würden.

Derweil wurde der Freitag als arbeitsfreier Wochentag im Jemen durch die Opposition zum Hauptprotesttag erklärt und zur lauten und unmissverständlichen Agitation gegen Saleh und seine Regierungsriege genutzt. Jeder Freitag wurde mit einem bestimmten Titel versehen: der Freitag des Zorns, der Freitag des Widerstands, der Freitag des Ausharrens, der Freitag der Entscheidung etc.

Als die Proteste nicht abebben wollten, sah Saleh sich gezwungen, entgegenkommender zu wirken. Am 10. März scharte er abertausende seiner Anhänger zusammen, um eine

Initiative bekanntzugeben. Sie umfasste die sofortige Auf-
lösung der Protestcamps und die Gründung einer politischen
Partei, die die Protestierenden vertreten sollte. Er versprach
außerdem, die Verfassung zu ändern und von einem präsiden-
tiellen zu einem parlamentarischen System überzugehen. Auch
wollte er nicht wieder als Präsidentschaftskandidat antreten
und jegliche weitere Forderung wohlwollend diskutieren. Doch
die Initiative verpuffte, und die mit ihr verbundenen Verspre-
chungen stießen auf taube Ohren. Die Proteste setzten sich
fort, weshalb Saleh und sein Militärapparat damit begannen,
die Camps gewaltsam aufzulösen. Die Sicherheitskräfte setzten Schlagstöcke, Tränengas und schließlich sogar scharfe Munition ein. Am 18. März 2011, dem «Freitag der Würde»,
schossen Scharfschützen gezielt auf die Protestierenden und
töteten etwa 50 junge Menschen, hunderte wurden verletzt.
Dieser Tag gehört zu den schwärzesten in der jüngeren Geschichte des Jemen und markiert zugleich eine entscheidende
Zäsur im Verlauf der Revolution. Während Saleh und sein Medienapparat unter dem Druck der Straße sowie der internationalen Aufmerksamkeit noch versuchten, das Massaker als Resultat von Zusammenstößen zwischen Demonstranten und
den von der ständigen Präsenz fremder Personen genervten
Anwohnern des Universitätsviertels zu vermarkten, sahen sich
viele der bislang noch neutral eingestellten Menschen nun
moralisch verpflichtet, der Opfer dieses Massakers zu gedenken, und schlugen sich direkt oder indirekt auf die Seite der
Demonstrierenden. Immer mehr Menschen strömten zu den
«Plätzen des Wandels» (sahat al-taghyeer) und sympathisier-
ten mit den dort Campierenden. Auch die Parteien des gemeinsamen Treffens erklärten ihre volle Unterstützung für die Revolution und baten die internationale Staatengemeinschaft um
Hilfe und Beistand. Tatsächlich lässt sich nachweisen, dass das
Parteienbündnis die Lage auf den Schauplätzen in Tunesien

und Ägypten minutiös verfolgte und seine Chance witterte, nun gegen Saleh vorzugehen. Bereits am 3. Februar 2011, also mehr als eine Woche vor dem tatsächlichen Beginn der Jugendrevolution im Jemen, hatte das Bündnis seine Anhänger dazu aufgerufen, einen Volksaufstand zu lancieren, was durch die Parteifunktionäre der verschiedenen Regionen in Mobilisierungsmaßnahmen für die Massen umgesetzt wurde.

Das Massaker vom 18. März wirkte dabei wie ein Katalysator dieser Mobilisierung. Bald schlossen sich auch viele einflussreiche Personen des öffentlichen Lebens der Jugendrevolution an. Der größte Clan im Jemen, der Hasched-Clan, nahm die Ereignisse zum Anlass, sich öffentlich zu seinem Wunsch nach Veränderung zu bekennen. Sadiq al-Ahmar, der amtierende Großscheich der Hasched, kam persönlich zu den Protestierenden, betrat die Bühne und verkündete medienwirksam, dass er und alle ihm unterstehenden Scheichs des Jemen diese «gesegnete Revolution» unterstützen würden. Die prominenteste Unterstützung erfuhren die Demonstranten jedoch durch General Ali Mohsen al-Ahmar, den langjährigen engen Vertrauten Salehs. Am 21. März erklärte Ali Mohsen über den Nachrichtensender al-Jazeera seine Unterstützung für die «friedliche Jugendrevolution» im Jemen und versprach den Demonstranten Schutz durch die ihm unterstellten Soldaten. Als Kommandeur der prestigeträchtigen und weithin gefürchteten 1. Panzerdivision zerstörte er damit jäh die Einheit der Armee und beraubte Saleh auf einen Schlag einer wichtigen Stütze, auf die sich der Präsident über so viele Jahrzehnte hatte verlassen können.

Die sogenannten Märtyrer des Massakers wurden derweil in riesigen und öffentlichkeitswirksam inszenierten Trauerzügen zu Grabe getragen, die gleichzeitig dazu dienten, gegen Saleh zu demonstrieren und den Sturz des Systems zu fordern. «Verschwinde» (irhall), riefen die Menschen in einem fort. Saleh und seine zusehends nervösen Sicherheitskräfte rund um das Universitätsviertel reagierten mit weiterer, teils tödlicher Gewalt. Vergeblich! Das Ziel der Abschreckung wurde klar verfehlt, der Protest wuchs mit jedem Toten. Nach und nach wurden die Protestcamps so zu einem Spiegelbild der Gesellschaft. Nahezu alle Stämme und Regionen waren vertreten.

Zunächst war da die durch die Ereignisse in der übrigen arabischen Welt euphorisierte Jugend. Sie war beseelt von dem Wunsch nach einem Volksaufstand gegen den Despoten und hatte zuvor keiner politischen Strömung angehört. Politisch gesehen können die Jugendlichen also als Unabhängige bezeichnet werden. Eine weitere, sehr heterogene, sich aber in den Camps dennoch zusammenfindende Gruppe bestand aus Nationalisten, Baathisten, Sozialisten und Nasseristen. Einige andere Zelte gehörten ausschließlich den Frauen, die – zumindest tagsüber – an den Kundgebungen teilnahmen und öffentliche Veranstaltungen und Vorträge besuchten. Für eine patriarchal geprägte Gesellschaft mit einem dominierend konservativen Blick auf die Rolle der Frau in der Welt war die Präsenz der Frauen bei diesen öffentlichen Veranstaltungen und die Vermischung der Geschlechter auf öffentlichen Plätzen – noch dazu auf so engem Raum – ein Novum. Saleh und seine Medienmaschinerie nutzen dies sogleich, um die Protestierenden zu diffamieren: Sie würfen die Bräuche und Sitten des Landes über Bord, indem sie sogar gemeinsame Gesangs- und Tanzveranstaltungen auf den Plätzen des Wandels abhielten.

Auch viele Qabail (Stammesangehörige) zog es aus den Regionen um Sanaa in die Hauptstadt, um in ihrem jeweiligen Stammesverbund gegen Saleh zu demonstrieren. Eine weitere wichtige Protestgruppe bildete die sogenannte «gläubige Jugend», bestehend aus Huthi-Anhängern. Sie kamen zahlenmäßig an zweiter Stelle und nannten sich selbst «Jugend der Unbeugsamkeit» (shabab al-sumud).

Die mit Abstand größte Protestgruppe jedoch bestand aus Anhängern der Islah-Partei, dem jemenitischen Zweig der Muslimbruderschaft, sowie Studenten der Iman-Universität, die Islah nahesteht und durch den bereits genannten Islah-Politiker Scheich Abdul Majeed al-Zindani geführt wird. Jahre zuvor hatte Saleh es abgelehnt, ihn an die USA auszuliefern, nachdem diese ihn nach den Anschlägen von 9/11 auf die Terrorliste gesetzt hatten. Für die Proteste von 2011 wurden nun die Seminare und Veranstaltungen an der Universität gänzlich eingestellt und die Studierenden angewiesen, gegen das Regime zu demonstrieren. Es war schon auffällig, wie viele der meist bärtigen Camper dieses Lagers aus dem salafistischen Milieu stammten. Ihnen schwebte ein Systemwechsel zu ihren Gunsten vor und ihr Freiheitsverständnis unter den Gesetzen des Islams entsprach kaum den Ideen der übrigen Protestierenden. Von vielen wurden die Zelte der Islah-Anhänger daher auch abfällig «Kandahar» genannt und auf diese Weise mit der Taliban-Hochburg in Afghanistan verglichen.

Bald wurden sowohl die Organisation von Protestmärschen als auch das Management der Protestcamps von Islah dominiert. Die Anhänger der Partei bemächtigten sich der wesentlichen Schauplätze, an denen Entscheidungen gefällt wurden, allen voran der bereits genannten Tribüne vor der Universität in Sanaa. Zudem richteten sie ein Medien- und Kommunikationskomitee ein, dessen Kontrolle all jene unterworfen wurden, die sich im Zuge des Protests öffentlich äußern wollten. Das Gremium koordinierte fortan, wer wann sprechen durfte und welche gemeinsamen Veranstaltungen und Protestkundgebungen als Nächstes auf die Agenda gesetzt werden sollten. Viele, insbesondere die Unabhängigen, fühlten sich durch diese Vorgehensweise übergangen und ihres Mitwirkungsrechts beraubt. Andere Lager hingegen schlossen sich den Beschlüssen der Tribüne an, was für Außenstehende den Anschein erweckte, dass diese im Konsens und im partizipativen Verfahren zustande kamen. Bei näherem Hinschauen zeigte sich jedoch, dass die meisten Entscheidungen bereits im Vorfeld durch die Islah-Funktionäre gefällt worden waren. Die Regeln und Verbote des Komitees wurden dabei immer umfangreicher und immer drastischer.

Sobald sich eine Gruppe Unabhängiger entschied, auf eigene Faust einen Protestmarsch durch die Straßen Sanaas durchzuführen, wurde dieser durch das Medienkomitee der Tribüne boykottiert. Die abtrünnige Gruppe wurde sodann des Alleingangs und damit des Verrats an der Jugendrevolution bezichtigt, die nur als Einheit gegen Saleh und seinen Truppen bestehen könne.

Als etwa Tawakkol Karman, eine Mitbegründerin der Protestbewegung, die später für ihr friedliches Engagement den Friedensnobelpreis 2011 erhielt, die Tribüne betreten wollte, wurde ihr dies rigoros verweigert. Das geschah mit dem Hinweis, ihre Ansprachen stünden nicht im Einklang mit dem einvernehmlichen Kurs der Protestierenden. Eine Verständigung auf eine solche Agenda hatte es dagegen in Wirklichkeit nie gegeben.

Im Mai 2011 verlegte eine Gruppe Demonstranten unter der Führung von Tawakkol Karman ihren Protest vor den Präsidentenpalast inmitten der Hauptstadt Sanaa. Auf dem Weg dorthin trafen sie auf Truppen der 4. Division, die sie daran hinderten, ihren Protestmarsch fortzusetzen. Auch an diesem Tag eröffnete die Armee das Feuer auf die Protestierenden. Der Angriff tötete 13 Menschen und hinterließ über 50 Verletzte.

Auf Seiten der selbsterklärten Protestvertretung wurde dieser blutige Vorfall jedoch durch das Kommunikationskomitee als logische Folge eines nicht abgesegneten Alleingangs denunziert. Einer der Wortführer der Islah bestieg gar die Tribüne vor der Universität und klagte nicht die Mörder, sondern die

Opfer an. Sie seien nicht gehorsam gewesen gegenüber den Anordnungen des Komitees und hätten den Tod somit verdient. Er verglich die Protestierenden mit den Abtrünnigen in der Schlacht von Uhud zu Beginn der islamischen Auseinandersetzungen mit den mekkanischen Stämmen. Damals hatte eine Schar von Kämpfern im Heer des Propheten den sicher geglaubten Sieg aus den Händen gegeben, weil sie die Anweisungen Mohammeds nicht befolgt, und ihn und seine Bewegung damit in höchste Gefahr gebracht hatten.

Und damit nicht genug: auch die täglichen Gebetsrufe, die Gebetsführung sowie die Freitagspredigten wurden bald von Anhängern der Islah-Partei dominiert.

Dieses Dominanzbestreben der konservativen Muslimbruderschaft verärgerte viele junge Menschen, die mit dem Kurs und der Ideologie der Islah-Partei nicht einverstanden waren. Viele trauten ihr nicht über den Weg, versuchten aber, innere Konflikte zwischen den Protestierenden zu vermeiden. Und wenn es zu Zusammenstößen kam, dann entschieden die zahlenmäßig überlegenen Islah-Anhänger diese meist für sich. Unterstützt wurden sie dabei überdies durch die 1. Panzerdivision deren Kommandeur der bereits genannte Islah-Führer Ali Mohsen al-Ahmar ist. Besonders Linke, Unabhängige und Parteilose bekamen die Repressionen zu spüren und wurden bisweilen sogar tätlich angegriffen: Der Journalist Fikri Qasim beispielsweise wurde vom Platz der Freiheit – dem Hauptprotestort in Taiz – verjagt. Die Sozialistin Arwa Abduh Othman ereilte ein ähnliches Schicksal, als ein Soldat der 1. Panzerdivision sie angriff und aus dem Protestcamp vertrieb.

Der offene Protest dauerte auf diese Weise knapp ein Jahr fort. Die Infrastruktur der Camps wurde dabei immer professioneller, die Ausrüstung der Camper war mit Blick auf die marode Gesamtsituation des Landes überraschend gut: große Zeltbauten, die Tribüne mit aller technischen Ausstattung,

TV- und Radiosender, Erste-Hilfe-Einrichtungen, ein Feldlazarett und natürlich die tägliche Verpflegung mit Nahrung, der Volksdroge Qat sowie finanzielle Absicherung für die Familien, deren Angehörige aufgrund ihrer Präsenz auf den Protestplätzen zwangsläufig ausfielen.

Angesichts dieses beträchtlichen Materialaufwands verwundert es nicht, dass Salehs Regime ständig darum bemüht war, den Protestierenden zu unterstellen, dass sie Gelder aus dem Ausland und von Unruhestiftern erhielten, um den sozialen Frieden zu stören und Unsicherheit im Land zu verbreiten.

Die meisten Demonstranten, so meine Beobachtungen und Befragungen vor Ort, mussten sich in dieser Zeit jedoch selbst durchschlagen und hatten keinen finanziellen Förderer. Einige hingegen erhielten 500 bis 2000 Riyal (zwischen knapp 2 und knapp 7 Euro) als tägliche Aufwandsentschädigung. Zu den prominentesten Unterstützern der Protestierenden der Islah-Partei zählte dabei der Multi-Millionär Hamid al-Ahmar, der wohl bekannteste Sohn des verstorbenen Hasched-Clanführers, Abdullah ibn Hussein al-Ahmar. Schon seit langem hatte er mit einem Auge in Richtung des Präsidentenstuhls geschielt und sah nun seine Chance gekommen, Saleh zu ersetzen. Dabei wusste er das von ihm aufgebaute Medienimperium geschickt zu nutzen, indem er etwa den einflussreichen Fernsehsender Suhail kurzerhand zum Revolutionssender erklärte. In der Regel wurde darin aber freilich nur die Meinung der Islah-Partei vertreten.

Ein weiterer Beteiligter berichtete, er komme aus der Küstenstadt Hudeida und gehöre zur sogenannten Liste der «Eskalationsjugend». Zusammen mit anderen sei er von Funktionären der Islah-Partei rekrutiert worden und sollte nun auf Anweisung eskalierend einwirken, wenn es die Situation erfordere. Für seine Dienste habe er 1000 Riyal (3 bis 4 Euro) pro Tag erhalten.

Diese Einblicke in den Ablauf der Ereignisse erlauben eine bessere Analyse des Protestverlaufs im Jemen, der sich ganz anders ausnahm als etwa in Tunesien oder Ägypten.

Wäre der Aufstand der Massen im Jemen nach dem Drehbuch der Revolutionen in Tunesien, Ägypten oder Syrien verlaufen, hätte sich Saleh lediglich vor zwei Optionen gestellt sehen dürfen: entweder die Massenproteste weiter gewaltsam zu unterdrücken wie in Syrien oder seinen Posten wie in Tunesien und Ägypten zu räumen. Wie immer kam auch diesmal die Hilfe vom großen Bruder im Norden. Die sogenannte Golfinitiative unter saudischer Federführung war geboren. Anfang April 2011 erging ein Verhandlungsangebot durch den Golfkooperationsrat (GKR) an die Protestierenden, um aus der politische Pattsituation herauszukommen. Ein bedeutender Moment im Verlauf der Revolution im Jemen. Denn just in dem Augenblick, als die bereits als Parteien geordneten Kräfte innerhalb der Protestcamps (Parteienbündnis des gemeinsamen Treffens) den Verhandlungen zustimmten, katapultierten sie alle weiteren Gruppen aus dem Diskurs und wurden zu den scheinbar rechtmäßigen Vertretern der Interessen der Protestierenden. Damit wurde der in Tunesien und Ägypten so wirkmächtige Dualismus «Präsident gegen Volk» auf einen Schlag aufgehoben und in das übliche politische Spiel «Oppositionspartei gegen Regierungspartei» verkehrt, das man durch Verhandlungen lösen könnte. Es handelte sich nur mehr um einen politischen Streit und nicht länger um eine das gesamte Land betreffende existentielle Frage. Es ging nicht mehr um eine Abrechnung mit jenem Diktator, der das Land in den vergangenen 33 Jahren in den Ruin getrieben hatte. Das Revolutionäre wurde der Revolution durch die Golfinitiative entzogen. Wer den Sturz des Systems fordert, kann sich nicht mit dem System an einen Tisch setzen und anfangen zu verhandeln, so die Meinung der Parteilosen auf der Straße und in den Protestcamps.

Mit diesem geschickten Schachzug, auf den sich das Parteienbündnis al-Mushtarak einließ, um sich so als einzige Vertretung
der Revolutionäre in den Vordergrund zu spielen, begrenzte
Saleh den Volksaufstand also auf die alten Opponenten: Der
AVK unter seiner Führung gegen das Parteienbündnis des gemeinsamen Treffens unter Führung der Islah-Partei, der stärksten und einflussreichsten Partei innerhalb des Bündnisses.

Da beide Seiten über Militär, Waffen, Geld und Einfluss
verfügten, zog jede Eskalation in den Verhandlungen unmittelbare Konsequenzen auf den Straßen nach sich. Aus dem
friedlichen Aufstand wurden nun bewaffnete Auseinandersetzungen zwischen der Islah-treuen 1. Panzerdivision und der
Republikanischen Garde unter der Führung des Präsidenten-
sohnes General Ahmad Ali. Es dauerte nicht lange, bis das Anwesen des einflussreichen Hasched-Scheichs Sadiq al-Ahmar,
des Bruders des Multi-Millionärs Hamid al-Ahmar, inmitten
der Hauptstadt unter Raketenbeschuss stand, was die Stimmung deutlich anheizte.

Die unabhängigen Demonstranten in den Protestcamps sahen sich nur noch als kleine Marionetten, die im Spiel der Großen nur mehr eine nachgeordnete Rolle einnahmen. Die Volks-
revolution jedenfalls war damit begraben, noch bevor sie ihr
erstes Ziel, den Sturz des Regimes, erreichen konnte.

Anders als in Tunesien und Ägypten sollten die Geschicke
im Jemen von nun an nicht mehr von den Menschen auf der
Straße gelenkt werden, sondern von den bereits seit Jahrzehnten streitenden bzw. seit Anfang der 1990er Jahre kooptierten
Mächten des Landes. Revolution adieu, dank Saudi-Arabien
und der Golfinitiative.

Die Golfinitiative

Mit welcher Motivation griffen die Golfstaaten unter der Führung Saudi-Arabiens und der Vereinigten Arabischen Emirate
in diesen Streit ab April 2011 als Schlichter ein? An dieser
Frage scheiden sich die Geister bis heute. Einige führen die Initiative auf einen direkten Hilferuf Salehs an den GKR zurück.
Andere betrachten die Initiative der Golfmonarchien als unmittelbaren Auswuchs ihrer Angst, dass sich an der Südflanke
ihrer Länder ein demokratisches System entwickeln könnte,
dessen revolutionärer und libertärer Funke bald auf ihre eigenen Staaten überspringen würde. Wiederum andere führen das
politische und wirtschaftliche Kalkül ins Feld, dass ein frühes
Eingreifen des GKR und insbesondere Saudi-Arabiens den historisch gewachsenen Einfluss der Golfmonarchien im Jemen
auch nach Saleh sicherstellen würde. Rückblickend dürften all
diese Faktoren eine Rolle gespielt haben. Aus heutiger Sicht
jedenfalls liest sich das plötzliche Eingreifen des GKR wie der
Teil eines Drehbuchs. Denn die einstigen Schutzherren, die den
friedlichen Übergang im Jemen hätten sicherstellen sollen, sind
heute Betreiber und Nutznießer des inzwischen mehrjährigen
Krieges gegen den Jemen und seine Souveränität.

Die wichtigsten Verhandlungsergebnisse zwischen dem
GKR und dem Parteienbündnis sahen vor, dass Saleh den
Präsidentenstuhl räumen und dafür im Gegenzug Immunität
erhalten sollte. Er und seine unmittelbaren Angehörigen soll-
ten demnach nicht zur Rechenschaft gezogen werden dürfen.
Die Macht würde auf den Übergangspräsidenten Abd Rabbo
Mansur Hadi übergehen, der bisher als stellvertretender Präsi-
dent gewirkt hatte. Dieser Übergangspräsident sollte für zwei
Jahre nach einem strikten Zeitplan regieren, der einen weit an-
gelegten «Nationalen Dialog» vorsah, in dem alle Interessens-

gruppen im Land repräsentiert sein sollten. Darüber hinaus sollte eine neue Verfassung erarbeitet werden, die regelmäßige Parlaments- und Präsidentschaftswahlen garantieren und den jeweiligen Machtübergang friedlich regeln würde.

Anfänglich stieß die Initiative auf große Ablehnung insbesondere bei vielen Demonstranten, die die Entwicklungen in den Camps verfolgten. Die größten Vorbehalte herrschten gegenüber jenem Artikel, der Saleh und seinen Angehörigen Immunität bescheren und damit eine gerichtliche Verfolgung seiner kriminellen Machenschaften verhindern sollte. Gerade nach den blutig niedergeschlagenen Demonstrationen wollten viele Protestierende Saleh auf der Anklagebank sehen. Insbesondere die Huthis, die unabhängige Jugend und die Anhänger von Tawakkol Karman wehrten sich vehement gegen diese Initiative, weil sie Saleh und sein Repressionsregime von allen Verbrechen der vergangenen Jahre reingewaschen hätte.

In diese angespannte Lage fällt ein weiterer trauriger Höhepunkt in der Auseinandersetzung zwischen dem Präsidenten und seiner Riege einerseits und seinen durch die Islah-Partei angeführten Widersachern aus dem Parteienbündnis andererseits.

Der Angriff auf den Präsidentenpalast

Der 3. Juni war ein Freitag. Soeben hatte der Muezzin alle Gläubigen zum Gebet gerufen. Die Moscheen füllten sich, so auch die Moschee am Präsidentenpalast in Sanaa. Gerade hatte das Gebet begonnen, da wurde die Zeremonie bereits jäh von einem ohrenbetäubenden Knall unterbrochen. Eine Rakete durchschlug die Mauern des Gotteshauses, abgefeuert in dem Wissen, dass sich ein Großteil der noch amtierenden Regierung und Saleh selbst sowie viele angesehene Persönlichkei-

ten und Funktionäre in der Präsidentenmoschee zum Freitagsgebet versammelt hatten. Die Gewalt der Explosion kostete
mindestens zwölf Personen das Leben, über 40 weitere Menschen wurden teils schwer verletzt. Doch trotz der Heftigkeit
des Angriffs entkam Saleh – wenn auch nur knapp – dem Tod.
Aufgrund seiner schweren Verbrennungen musste er jedoch
sofort nach Saudi-Arabien ausgeflogen werden, wo man ihn
operierte und seine Wunden medizinisch versorgte.

Bis heute ist unklar, wer hinter diesem grausamen Attentat
stand. Die Vorwürfe des Saleh-Lagers richteten sich allerdings
unverzüglich und eindeutig gegen das Islah-Lager.

Die Reaktionen auf diesen hinterhältigen Angriff fielen unterschiedlich aus. Während die Anhänger des Präsidenten die
Tat verurteilten und in Trauerstimmung verfielen, löste der
Angriff bei vielen Protestierenden einen regelrechten Freuden-
taumel aus. Große Feierlichkeiten zum vermeintlich endgültigen Sturz des Potentaten wurden abgehalten. Doch zu früh
gefreut ...

Ausgetanzt – der Schlangentänzer tritt ab ... oder nicht?

Tatsächlich schien das Ende von Salehs Präsidentschaft eingeläutet. Öffentlich trat Saleh jedenfalls erst wieder rund einen
Monat später am 7. Juli, von den Verbrennungen sichtlich gezeichnet, in einer Ansprache an das Volk im jemenitischen
Staatsfernsehen auf. Aufgrund heftiger Auseinandersetzungen
zwischen Demonstranten, regierungstreuen Einheiten und pa-
ramilitärischen Milizen kehrte Saleh zudem erst drei Monate
später, am 23. September, in den Jemen zurück.

Als sich am 17. Oktober die bis dato schwersten Gefechte in
Sanaa ereigneten, rief der UN-Sicherheitsrat Saleh zur Unter-
zeichnung des von den Golfstaaten vorgelegten Abkommens

auf. Eine Forderung, der dieser allerdings erst am 23. November unter Zusicherung von Straffreiheit tatsächlich nachkam. Innerhalb der darauffolgenden drei Monate würde er – so die Vereinbarung – noch den Titel «Ehrenpräsident» tragen und in diesem Zeitraum Wahlen organisieren, um seine Nachfolge zu regeln. Darüber hinaus sollte er das Präsidentenamt spätestens nach 30 Tagen an seinen Vizepräsidenten Hadi übergeben. Die Wahlen wurden für den 21. Februar 2012 anberaumt. Vor allem die Vereinbarung, Saleh Immunität zu gewähren, war in den darauffolgenden Wochen allerdings Anlass für weitere heftige Proteste, insbesondere nachdem ein entsprechender Beschluss des jemenitischen Parlaments am 21. Januar 2012 die Immunität offiziell besiegelte. Zehntausende gingen in Sanaa auf die Straße und forderten die Todesstrafe für Saleh. Am darauffolgenden Tag, dem 22. Januar, übertrug Saleh die Macht schließlich an seinen bisherigen Stellvertreter Abd Rabbo Mansur Hadi, kündigte jedoch an, zu einem späteren Zeitpunkt als Parteivorsitzender des Allgemeinen Volkskongresses in den Jemen zurückkehren zu wollen. Zunächst reiste er jedoch in den Oman aus, um sich sechs Tage später, am 28. Januar, in den USA erneut in medizinische Behandlung zu begeben. Am 27. Februar wohnte er der Vereidigung seines Nachfolgers Hadi bei und vollzog die offizielle Machtübergabe.

Bestanden bereits bei Salehs Ankündigung, den Parteivorsitz fortzuführen, Zweifel an seiner Aufrichtigkeit, so wurde spätestens im weiteren Verlauf des Jahres 2012 deutlich, dass Saleh seinen Machtanspruch nicht aufgeben und sich wohl kaum als Ehrenpräsident zurückziehen würde. So gründete er den Fernsehkanal «Yemen Today» sowie eine gleichnamige Zeitung und ließ sich fortan durch das Parteiblatt *al-Mo'tamar* als rechtmäßigen Präsidenten bezeichnen. Seine Anhänger gaben ihm zudem den Titel *al-Za'iem*, was so viel heißt wie «der Führer». Mit diesem Titel untergrub Saleh jegliche Autorität des neuen Präsidenten, noch bevor dieser Gelegenheit hatte, in sein Amt hineinzuwachsen. Auch hatte Saleh nach wie vor großen Einfluss, so z. B. innerhalb der Armee und hier vor allem innerhalb der Republikanischen Garde, die immer noch von seinem Sohn geführt wurde. Auch die Gefolgschaft einiger Scheichs und Clanführer sowie des von ihm geschaffenen Medienapparats war ihm erhalten geblieben. Die allgegenwärtige Präsenz des großen Schattens sorgte nun aber dafür, dass sich Hadi bedroht fühlte. Er sah, dass er zwar de jure der Präsident war, seine Macht de facto aber auf tönernen Füßen stand. Um dieser Bedrohung entgegenzuwirken, versuchte er, schnelle Beschlüsse zu fassen, die ihn als aktiven Streiter auf Seiten der Revolutionäre und als Kontrahenten Salehs inszenieren sollten. Unter diese Beschlüsse fiel etwa eine Umstrukturierung der Armee unter Entfernung aller Personen, deren Loyalität Saleh galt, sowie eine Neuausrichtung des AVK, der Partei Salehs. Dass Hadi sich damit keinen Gefallen tat, wird er erst viel später bemerkt haben, denn die Loyalität der von ihm neu eingesetzten Eliten galt keineswegs dem neuen Präsidenten. Vielmehr betrachteten sie das Erreichen ihrer neuen Positionen als ihre eigene Leistung und die Verdrängung der alten Eliten aus diesen Ämtern als einen klaren Sieg gegen ihren früheren Gegner Saleh. Keine Spur von Dankbarkeit und Anerkennung für den neuen Amtsträger und seine Politik. Die Einheitsregierung unter dem neuen Ministerpräsidenten Mohammed Basindwa war zwar in dieser Zeit (2012) bemüht, große Reformen im Land durchzusetzen und die brach liegende Wirtschaft wiederzubeleben. Die Verteilung der Ministerien nach einem bestimmten Proporz, der allen Gruppen Rechnung tragen sollte, führte allerdings zu einer deutlichen Schwächung des Regierungshandelns. Nicht die Qualifikation zählte, sondern die Herkunftsregion, die Zugehörigkeit zu einer bestimmten Partei oder einem bestimmten Stamm. Für den gemeinen

Bürger änderte sich unter Hadi im Vergleich zu Saleh jedenfalls nichts, sieht man von der Tatsache ab, dass das Versagen
der Handelnden nun öffentlich und nahezu täglich medial
kritisiert wurde, woran Salehs Medienapparat nicht unschul-
dig war. So war mit Abd Rabbo Mansur Hadi ein Mann aus
Salehs Schatten getreten, der zwar als hoher Funktionär staats-
männische Erfahrung gesammelt hatte und eine militärische
Ausbildung besitzt, allerdings keinerlei Persönlichkeitsmerk-
male aufweist, die ihn dazu befähigt hätten, Autorität und
Einfluss auszuüben. Als Mann aus dem Süden tut er sich zudem bis heute schwer, Anerkennung im Norden zu finden.
Schon bald machten Witze und Anekdoten über Hadis
schlechte Führungsqualitäten und sein fehlendes Charisma die
Runde. In einem Beitrag über Hadis mangelhafte sprachliche
Ausdrucksfähigkeit bezeichnete der in ganz Arabien bekannte
Fernsehmoderator Mohammed Krishan ihn gar als den wohl
peinlichsten und beschämendsten Präsidenten, den die arabische Welt jemals gesehen habe. Für alle war Hadi dabei von
Anfang an die Notlösung, ein Übergangspräsident, den man
für die eigenen Zwecke ge- und missbrauchen konnte. Das
Vertrauen in die Basindwa-Regierung ließ schnell nach. Auch
die letzte Hoffnung auf Besserung zerschlug sich jäh, als Saleh
anlässlich der Versammlung des Allgemeinen Volkskongresses
am 3. August in seinem ersten offiziellen Auftritt seit Ende
Februar tatsächlich als Parteivorsitzender zurückkehrte und
der neuen Regierung Unfähigkeit vorwarf. Zugleich verstieß er
durch seinen Auftritt gegen die Vereinbarung, dass er das Land
zu verlassen habe, um den Transitionsprozess zu erleichtern.
Die Spannungen zwischen ihm und der legitimen Regierung
entluden sich am 14. August in einem Angriff auf das Verteidigungsministerium durch Angehörige der Republikanischen
Garde, bei dem fünf Menschen getötet und 17 weitere verletzt
wurden. Als Grund für die Eskalation wird gemeinhin die an-

gesprochene Entscheidung Hadis angesehen, die Armee neu zu strukturieren, um auch Salehs Sohn, den Kommandanten der Garde, zu entmachten.

Dieser beständige Versuch Salehs, den Transitionsprozess zu behindern, ist einer der Gründe, weshalb die Nationale Dialog-konferenz, das Herzstück der politischen Übergangsphase, schon von vornherein zum Scheitern verurteilt war. Dies zeigte sich insbesondere in der Spaltung des AVK, dem Saleh ja weiterhin angehörte und der sich bald in die sogenannten «Falken» und «Tauben» aufspaltete. Während den Tauben als Anhängern Hadis in dieser Zeit ein ernsthaftes Interesse am Erfolg der politischen Transition kaum abgesprochen werden kann, ließen die Falken als Anhänger Salehs keine Gelegenheit aus, diesen Prozess zu torpedieren.

EIN ERSTES DONNERGROLLEN: VOM DIALOG ZUM BEWAFFNETEN KONFLIKT

Sowohl die separatistische Hirak-Bewegung aus dem Süden als auch die Huthi-Bewegung aus Saada waren von der durch den Golfkooperationsrat moderierten Beratung über den Machtwechsel sowie der daran anschließenden Regierungsbildung ausgeschlossen geblieben. Die Mitte März 2013 ins Leben gerufene Nationale Dialogkonferenz fand daher nun unter großem nationalen wie internationalen Druck statt. Unter den wachsamen Augen Saudi-Arabiens und der USA sowie unter Einbindung der beiden zuvor nicht beachteten Gruppen erarbeitete die Konferenz bis Januar 2014 zahlreiche Empfehlungen und Beschlüsse, darunter etwa:

1. Die Lösung prioritärer Probleme etwa in den Bereichen Bildung und Wirtschaft für den Aufbau eines neuen Jemen.
2. Gerechte Lösungen für das Problem des Südens und das Problem der Huthi-Region Saada.
3. Den Aufbau einer föderalen Struktur im Jemen, mit selbstverwalteten Regionen unter einer einheitlichen Regierung in Sanaa.
4. Die Entwaffnung aller unter Waffen stehenden Gruppen, einschließlich der Huthis.
5. Den Wiederaufbau und die Restrukturierung des Parlaments und der Armee entsprechend der neuen föderalen Struktur.

Doch gerade an der Ausgestaltung des neu zu schaffenden föderalen Systems schieden sich die Geister. Dabei spielten auch Souveränitätsgründe eine Rolle und damit Traum und Streben vieler Jemeniten, ihr Land als ein großes Ganzes, als eine Nation, beizubehalten. Zudem: In wie viele Regionen sollte das Staatsgebiet aufgeteilt werden und wo sollten die Grenzen verlaufen? Insbesondere der separatistische Süden des Landes und die Huthis taten sich schwer mit den vorgeschlagenen Lösungen. Eine zur Vermittlung eingesetzte Kommission sprach sich schließlich für eine Teilung in sechs Regionen aus, was jedoch insbesondere bei der Hirak-Bewegung und auch bei der Saleh-Partei des Allgemeinen Volkskongresses zu großen Verstimmungen führte. Die Beschlüsse der Nationalen Dialogkonferenz wurden dennoch gefasst, die Empfehlungen ausgesprochen, ein Dokument mit den entsprechenden Garantien zur Umsetzung der Beschlüsse und Empfehlungen unterschrieben und die Nationale Dialogkonferenz damit am 25. Januar 2014 offiziell für beendet erklärt.

Die während der Verhandlungen aufscheinende gesellschaftliche Spaltung des Jemen konnte dagegen nicht behoben werden, im Gegenteil: Für viele Kritiker war bereits abzusehen, dass das unter saudisch-amerikanischem Druck beschlossene föderale System mit sechs weitestgehend unabhängigen Provinzen wohl zu einer weiteren Destabilisierung geführt hätte. Durch die vorgeschlagene Grenzziehung wären etwa gerade die bevölkerungsärmsten Regionen Saba und Hadramaut in den Besitz der größten und wirtschaftlich rentabelsten Ölquellen gekommen, während die Zentralregierung sowie die bevölkerungsreichsten Gegenden vor allem im ohnehin schon unruhigen Nordwesten des Landes jeden Zugriff auf die Divisen aus dem Verkauf des Öls verloren hätten. Ein noch stärkeres wirtschaftliches Ungleichgewicht und damit weitere politische Instabilität wären die Folge gewesen: ein Einfallstor für Korruption und Profiteure aus Drittstaaten wie Saudi-Arabien und den Vereinigten Arabischen Emiraten. Darüber hinaus empfanden vor allem die Bewohner der geplanten Azal-Region die

Aufteilung als ungerecht, da ihre Region keinen Zugang zum Meer erhalten hätte und die lukrativen Einnahmen aus den Häfen des Landes damit hauptsächlich den anderen Regionen zugutegekommen wären. Nach welchem Schlüssel die Ressourcen des Landes im zukünftigen föderalen System aufgeteilt werden sollten, wurde indes nicht besprochen. Diese Frage wurde stattdessen auf eine Kommission übertragen, die sich mit dem Thema im Detail auseinandersetzen sollte. Für die Azal-Region bedeutete dieser Aufschub nichts anderes als die Vertröstung auf eine ungewisse Zukunft. Denn es bestand das Risiko, dass diese Kommission keine Einigung erzielen würde, die geographische Aufteilung des Landes jedoch schon de facto vollzogen gewesen wäre.

Vor diesem Hintergrund verwundert es nicht, dass alle Bemühungen des Übergangspräsidenten zur Beruhigung der Lage vergebens bleiben mussten. So verkündete er beispielsweise, dass hunderte der nach 1994 aus der Armee des Südens entlassenen (Stabs-)Offiziere wieder in die Armee eingegliedert werden sollten. Am 21. August 2013 erging zudem erstmals eine offizielle Entschuldigung der Nationalen Einheitsregierung für das im Sommerkrieg von 1994 gegen den Süden begangene Unrecht sowie für die weiteren Kriege gegen die Huthis in Saada. Angesichts der tiefen Narben, die diese Ereignisse in der jemenitischen Gesellschaft hinterlassen hatten, hätte diese Entschuldigung unter anderen Umständen von weitreichender Bedeutung sein können, zumal sie auch mit Rehabilitierungsversprechen und Entschädigungsleistungen für die Betroffenen verbunden war.

Doch bewegte sich der Jemen zu diesem Zeitpunkt bereits seit dem Ausbruch der Revolution im Februar 2011 in einer rapiden politischen, sozialen und vor allem wirtschaftlichen Abwärtsspirale, von der sich stetig verschlechternden Sicherheitslage ganz zu schweigen. Die Nationale Dialogkonferenz

zwischen März 2013 und Januar 2014 galt vielen als Hoffnungsschimmer, ihr Ausgang jedoch machte jegliche Hoffnung
zunichte.

Wer den Frieden will, bereite den Krieg vor

Gemäß dieser schon aus der Antike bekannten Losung versuchten die meisten Parteien noch während der Nationalen Dialogkonferenz, ihre Macht und ihren Einfluss im Lande auf Kosten
der anderen auszuweiten. Zu tief saß bei allen Beteiligten das
Misstrauen und zu unterschiedlich waren die Erwartungen. So
waren die Huthis mit ihrer Siegermentalität, die Vertreter des
Südens mit der Wut der Unterdrückten, die Jugend mit der
Frustration der Ausgegrenzten und die Vertreter der Islah-Partei mit der Euphorie der Saleh-Bezwinger in die Verhandlungen gegangen. Für ein Land wie den Jemen, in dem eine Kultur
des gesprochenen Wortes und der Symbolik herrscht, spielte
zudem noch eine weitere Weisheit eine bedeutende Rolle: Papier ist geduldig. Aus dieser Überzeugung heraus sahen es einige Gruppierungen als wichtig an, sich schon vor Ende der
Konferenz um die Sicherung der eigenen Ernte zu kümmern.

Viele Akteure versuchten daher die Schwäche des neuen Präsidenten für politische Einflussnahme in ihrem Sinne zu nutzen. Geblendet vom zivilen Auftreten der Huthis während der
Nationalen Dialogkonferenz gingen viele Beobachter etwa davon aus, dass sich die Gruppe aus Saada allmählich zu einem
ernsthaften politischen Akteur gewandelt hätte, der ohne Waffengewalt auskäme. Viele waren überrascht, wie rational die
Dialogführer der Huthis agierten, wie tolerant sie sich gegenüber anderen zeigten und welch freundliches Verhandlungs-
klima sie zu schaffen in der Lage waren. Jedoch zeigten die
Huthis schnell auch ein anderes – aus heutiger Sicht vielleicht

ihr wahres – Gesicht hinter der zivilen und konzilianten Fassade. Innerhalb weniger Monate zwischen November 2013 und Januar 2014, also zum Abschluss der Dialogkonferenz, wurden die Huthi-Wortführer auf der Dialog-Konferenz Abd al-Karim Jadban und Ahmad Sharaf Adin, ein geschätzter Professor für Verfassungsrecht von der Universität Sanaa, auf offener Straße ermordet. Ein Jahr später folgte die Ermordung von Abd al-Karim al-Khaywani. Die Huthis bezichtigten jeweils ihre Gegner, insbesondere die Islah-Partei und die von ihr unterstützten Terrorgruppen. Die Islah-Partei hingegen verwies ihrerseits auf den radikalen Zweig der Ansar Allah selbst. Interne Streitigkeiten zwischen den verschiedenen Flügeln der Ansar Allah seien für die Liquidierung dieser gemäßigten Stimmen innerhalb der Huthi-Bewegung verantwortlich gewesen. Die wirklichen Drahtzieher hinter diesen und allen folgenden politischen Morden sind bis heute unentdeckt geblieben. Doch noch eine weitere Rechnung galt es zu begleichen: Wie bereits ausgeführt, hatte Saleh den salafistischen Zweig der Muslimbruderschaft Anfang der 1980er dabei unterstützt, ein großes Lehrzentrum inmitten des Huthi-Gouvernements Saada zu errichten, gewissermaßen als Gegenpol zur hier ebenfalls beheimateten Lehrstätte der schiitischen Zaiditen. Diese Dar al-Hadith genannte salafistische Lehranstalt beherbergte zu diesem Zeitpunkt bis zu 7000 Studenten aus der ganzen Welt und wurde immer wieder mit dem Vorwurf konfrontiert, sie sei eine Brutstätte des internationalen Terrorismus. Nach zweimonatiger Belagerung der Einrichtung durch die Huthi-Kämpfer eskalierte die Situation im Oktober und November 2013. Es kam zu offenen bewaffneten Auseinandersetzungen, in deren Verlauf sich bald ein Sieg der Huthis abzuzeichnen begann. Die rasch herbeigerufene Unterstützung durch die Zentralregierung konnte den in der Region bestens vernetzten und ortskundigen Kämpfern der Huthis nicht lange Widerstand leisten. Um den Anschein zu wahren, selbst das Heft des Handelns in der Hand zu halten, blieb Übergangspräsident Hadi nur mehr die undankbare Aufgabe, die Stammesführer zusammenzubringen und einen fadenscheinigen Kompromiss aushandeln zu lassen, der für ein Ende der blutigen Auseinandersetzungen die Schließung der salafistischen Lehranstalt in Aussicht stellte. Es ging den Huthis dabei weniger darum, eine tatsächlich nicht ungefährliche salafistische Brutstätte zu neutralisieren. Vielmehr galt es aus ihrer Sicht, Saada wieder ganz in den Schoss der Schiiten zurückzuholen. Symbolisch wurde die Vertreibung der Salafisten durch die Sprengung des Bildungszentrums besiegelt. Damit hatten die Ansar Allah zunächst einmal vor der eigenen Haustür die Hoheit übernommen und den langjährigen Rivalen aus ihrer Region vertrieben. Ein Auftakt zu weiteren Feldzügen, wie sich bald zeigen sollte.

Reden ist eine Sache, Handeln eine andere

Der Sieg über die Salafisten in Dammaj war nur der erste Schritt der Huthis auf ihrem Weg zur Macht. Doch spätestens ab diesem Zeitpunkt haben innerhalb der Ansar Allah-Bewegung die politischen Wortführer in Sanaa ihre Macht und Autorität verloren. Alles verlagerte sich nun nach Saada. Von hier ergingen fortan die Befehle für den Feldzug, der bald den ganzen Jemen mit Krieg überziehen sollte. Auf ihrem Vormarsch gen Süden eroberten die Ansar Allah dabei zunächst die Regionen Huth und al-Khamri, welche bisher mächtigen Hasched-Stämmen wie dem Ahmar-Clan unterstellt gewesen waren. Nun stand ihnen nur mehr die Stadt Amran im Wege. Der Ort liegt lediglich 50 Kilometer nördlich von Sanaa und gilt als letzte größere militärische Festung vor der Hauptstadt. In diesem Vorposten Sanaas wurden die Huthis bereits von der

310. Panzerbrigade unter der Führung von Hamid al-Gushaibi erwartet, einem erfahrenen General, der Ali Mohsen und der Islah-Partei treu ergeben war und sich im Kampf gegen die Huthis bereits während der sechs vorangegangenen Bürgerkriege bewährt hatte. Bei der Belagerung von Amran wandten die Huthis daher eine andere Strategie an als in früheren Jahren. Sie instrumentalisierten die Bevölkerung und pochten auf das Recht der Stadtbewohner, gegen den korrupten Gouverneur der Stadt und die mit ihm unter einer Decke stehende militärische Führung der 310. Panzerbrigade zu demonstrieren. An den von Präsident Hadi genehmigten Protestzügen nahmen dabei auch viele bewaffnete Huthi-Anhänger mit der Auflage teil, dort «friedlich» zu demonstrieren. Bald kam es allerdings zu Auseinandersetzungen zwischen der Armee und den Demonstranten, die schnell ein kriegerisches Ausmaß annahmen und Opfer auf beiden Seiten forderten. Nach erfolglosen Vermittlungsversuchen durch eine von Hadi eingesetzte Kommission sollte schließlich ein Schiedsgericht, bestehend aus angesehenen Stammesvertretern das letzte Wort haben. Viele Beobachter deuteten dieses Vorgehen als Niederlage des Staates und seiner Regierung, die ihre Autorität nun endgültig an die Stämme verloren habe und bereit sei, den Huthis jegliches Zugeständnis zu machen. Tatsächlich entsprach der Präsident der Hauptforderung der Huthis und entließ den Gouverneur von Amran. Die zweite Forderung nach Absetzung des Brigadegenerals blieb dagegen unbehandelt. Im März 2014 kam es daher zur direkten militärischen Auseinandersetzung zwischen der 310. Panzerbrigade unter al-Gushaibi und den Huthis, in der die staatlichen Truppen schließlich unterlagen und der General getötet wurde. Das Interessante an dieser militärischen Eskalation ist dabei der Umstand, dass Präsident Hadi unmittelbar nach dem Sieg der Ansar Allah persönlich das Gouvernement besuchte. Dabei verlieh er seiner Freude darüber Aus-

druck, dass wieder Sicherheit und Ruhe im Gouvernement Amran eingekehrt sei, und erklärte: «Heute ist Amran wieder zurückgekehrt in den Schoß der Republik.» Aus diesen Worten wird deutlich, dass Hadi die Angriffe der Huthis auf die 310. Panzerbrigade bewusst in Kauf genommen, wenn nicht sogar unterstützt haben muss, um die alten Garden, die noch immer treu zu Saleh und Ali Mohsen al-Ahmar standen, aus dem Weg zu räumen.

Sanaa in den Händen der Huthis

Die Stadt Amran war gefallen, der Weg nach Sanaa frei. Doch hier bot sich den Huthis ein anderes Szenario: Nach Hadis Wahl zum Präsidenten war klar, dass nun eine neue Zeit im Jemen anbrechen musste. Alle Hoffnungen auf Besserung wurden jedoch bald enttäuscht. Die ökonomische Lage verschlechterte sich zusehends und mit ihr jegliche mit dem Machtwechsel verbundene positive Grundstimmung in der Bevölkerung. Hadi musste sich an die Golfstaaten wenden und bat dort um Unterstützung für sein Land. Vergeblich! Die letzte Option, die Hadi und seine Regierung in Erwägung zogen, um die Last des Haushaltsdefizits zu lindern, war eine Kürzung der Treibstoffubventionen Ende Juli 2014. Seit Beginn der Krise im Frühjahr 2011 lebten allerdings bereits Millionen Jemeniten zumindest zeitweise ohne Strom, ohne Wasser und ohne Gas, obwohl die Regierung im Jahr 2013 rund drei Milliarden Dollar, fast ein Drittel der Staatseinnahmen, für Subventionen ausgegeben hatte. Eine mit den Subventionskürzungen verbundene Erhöhung des Benzinpreises sowie der daraus resultierende allgemeine Preisanstieg war für viele Menschen der Tropfen, der das Fass zum Überlaufen brachte. Viele gingen auf die Straße, und die Ansar Allah wussten die allgemeine Wut für sich zu nutzen, so wie sie es bereits in Amran getan hatten. Sie schwangen sich zu Fürsprechern der Benachteiligten und Unterdrückten auf und mobilisierten ihre Anhänger in der Bevölkerung, um den Rücktritt der Regierung zu fordern. Einmal mehr schlugen sie ihre Zeltlager auf, unter anderem vor dem Innenministerium. Ihre Camps wuchsen schnell und verteilten sich bald über die gesamte Hauptstadt. Unter der Schirmherrschaft des UN-Gesandten kam es schließlich zu direkten Gesprächen zwischen dem Präsidialamt und den Wortführern der Huthis sowie einigen Stammesführern. Zur großen Überraschung der meisten Beobachter gelang es sogar, zu einer Übereinkunft zu finden, dem sogenannten Abkommen für Frieden und Partnerschaft vom 21. September 2014. Unter großem Beifall und Optimismus wurde es vom UN-Gesandten abgesegnet. Doch noch an dem Tag, an dem es unterzeichnet werden sollte, erreichten die Milizen der Huthis die Hauptstadt Sanaa und brachten in Windeseile die Schaltstellen der Macht unter ihre Kontrolle, darunter das Führungsquartier und das Lagezentrum des Militärs, die öffentliche Rundfunkanstalt, das Kabinetts- und Parlamentsgebäude sowie die jemenitische Zentralbank. Erstaunlicherweise hielt dem Ansturm der Rebellen selbst General Ali Mohsen al-Ahmar mit seiner berühmt-berüchtigten 1. Panzerdivision nur wenige Stunden stand.

Auch die Schaltstellen der Islah-Partei gerieten schnell ins Fadenkreuz der Ansar Allah. Diese belagerten die Iman-Universität und brachten alle Häuser und Anwesen der Familie al-Ahmar in ihre Gewalt. Es liegt dabei auf der Hand, dass die Huthis diesen Sieg nicht ohne erhebliche Hilfe hätten erringen können. Und tatsächlich konnte man bereits während der Demonstrationen der Huthis in Sanaa vereinzelt Anhänger des Allgemeinen Volkskongresses und des früheren Präsidenten Saleh unter den Protestierenden erspähen. Für viele – und insbesondere Präsident Hadi – kam diese Allianz der Huthis mit ihrem alten Rivalen Ali Abdullah Saleh völlig überraschend. Eine folgenschwere Fehleinschätzung seitens der neuen Regierung, wie sich zeigen sollte. Denn weite Teile des Militärs und der Machtzentren in und um Sanaa waren Saleh nach wie vor treu ergeben. So war auch die Republikanische Garde Teil der Huthi-Invasion in Sanaa oder – um es aus Salehs Sicht zu formulieren – Teil der Rückeroberung der Hauptstadt aus den Händen Hadis und der Islah-Partei. Ein weiterer Faktor für die schnellen Erfolge der Huthis war der Verrat von Hadi und seinem Verteidigungsminister an der Führung der Armee, insbesondere an Brigadegeneral Hamid al-Gushaibi in Amran und General Ali Mohsen in Sanaa. Die zunehmend demoralisierten Truppen beider Generäle erhielten keinerlei Unterstützung. Ihre Streitkräfte standen somit alleine da gegen die durch frühere Siege euphorisierten Kämpfer der neuen Huthi-Saleh-Koalition. Hinzu kam, dass viele Soldaten auch gar nicht mehr bereit waren zu kämpfen, sobald sich abzeichnete, dass es dem Gegner vor allem um die Beseitigung ihrer hochrangigen Offiziere ging.

Präsident Hadi versuchte in den Monaten vor dem Jahreswechsel 2015 vergeblich, mit den Huthis unter Vermittlung der internationalen Staatengemeinschaft sowie der Golfinitiative über eine neue Regierung zu verhandeln. Ein erster Vorschlag scheiterte dabei jedoch am Widerstand der Ansar Allah. Ein weiterer führte zwar zur Bildung einer neuen Regierung, diese trat allerdings bereits binnen weniger Wochen im Amt wieder zurück, kurz darauf gefolgt von Präsident Hadi selbst. Die Kämpfer der Huthis hatten trotz der parallel laufenden politischen Verhandlungen mit der neuen Regierung ihren militärischen Kampf um die Macht in der Hauptstadt fortgesetzt und unter heftigen Feuergefechten mit der Präsidentengarde den Präsidentenpalast unter ihre Kontrolle gebracht. Unter dem Druck der Huthis gab Hadi schließlich kurz nach dem

Rücktritt seiner Regierung am 22. Januar 2015 bekannt, dass auch er von seinem Amt als Präsident zurücktrete. Eine Entscheidung, die Hadi am 21. Februar zurücknahm, nachdem er seinem Hausarrest in Sanaa in einer Nacht-und-Nebel-Aktion entkommen und nach Aden geflohen war, das er kurzerhand zur neuen provisorischen Hauptstadt des Jemen erklärte. Das Land ist seither einmal mehr zweigeteilt, zwei Regierungen konkurrieren nun mehr um die Macht.

Die Huthi-Saleh-Koalition festigte derweil von Tag zu Tag ihre Macht in Sanaa und erweiterte ihren politischen wie militärischen Wirkungskreis. Ihr Einfluss auf die staatlichen und nicht-staatlichen Stellen wurde immer deutlicher. Beflügelt von ihren bisherigen Siegen entschieden sich die Kämpfer der Allianz, ihren Feldzug von Sanaa gen Süden fortzusetzen. Als sie Aden erreichten, zog sich Hadi nach Saudi-Arabien zurück, um zu jenen zu stoßen, die dort bereits seit Beginn des Konflikts Zuflucht gesucht hatten: hochrangige Mitglieder der al-Ahmar-Familie, die Führer der Islah-Partei und anderer Parteien, die sich gegen Saleh und die Huthis gestellt hatten. Die neuen Herren von Sanaa verabschiedeten indes das sogenannte Verfassungsmanifest, mit welchem die Gründung des Hohen Revolutionskomitees beschlossen wurde. Dieses Komitee unter der Leitung von Mohammed Ali al-Huthi sollte nach dem Willen der Huthis nun zum verbindlichen Regierungsorgan für den gesamten Jemen werden. Doch so sehr sie bei ihrem Marsch von Saada nach Sanaa auf die Unterstützung vieler Stämme hatten zählen können, so wenig konnten die Huthi-Saleh-Truppen bei ihrem Vorstoß in Richtung Süden nun auf die Loyalität und Unterstützung der lokalen Bevölkerung setzen. Denn in den südlicheren Regionen wussten die Stämme wenig mit der Huthi-Bewegung und der Saleh-Armee anzufangen. Ganz im Gegenteil: Bei vielen weckten die Ereignisse von 2015 Erinnerungen an den Krieg im Sommer 1994, als die nord-jemenitische Armee den Süden innerhalb weniger Wochen zu Fall gebracht hatte, für viele Südjemeniten der Auftakt zur seither andauernden Demütigung, Benachteiligung und Ausbeutung ihres Landesteils durch den Norden. Aus den Befürchtungen vor einer Wiederholung der Geschichte erwuchs ein zäher Widerstand gegen die Huthi-Saleh-Koalition, der gerade in Aden zu blutigen Kämpfen führte.

Doch als auch Aden unter die Kontrolle der Huthi-Saleh-Koalition zu fallen drohte, änderte sich die Situation am 26. März 2015 schlagartig. Saudi-Arabien rief eine Militäroperation aus, die unter dem Titel «Decisive Storm» dem Huthi-Vormarsch ein Ende setzen sollte. Unter der Führung des Königreichs schlossen sich der Operation auch die Vereinigten Arabischen Emirate (VAE), Ägypten, Jordanien, Marokko, Sudan, Katar, Bahrain, Kuwait, Pakistan und später der Senegal an. Das Kräfteverhältnis hatte sich damit von heute auf morgen umgekehrt. Ein Krieg der ungleichen Kräfte war entfesselt, ein Krieg, wie er verbissener und aggressiver nicht geführt werden könnte. Alles, wofür so viele Demonstranten auf den Plätzen und in den Straßen so lange friedlich gekämpft hatten, wurde in kurzer Zeit durch Gruppen zunichte gemacht, denen Zufall oder Schicksal genug Geld und Waffen in die Hände gespielt hatte, um ein ganzes Land ins Verderben zu stürzen. Anstatt die Souveränität über das politische Geschehen im eigenen Land wiederzuerlangen, wurde der Jemen jäh zur Spielwiese einiger Möchtegern-Regionalmächte, die getrieben von wirtschaftlichen Interessen, geopolitischem Kalkül oder gefährlichen Ideologien bereit sind, modernste Waffen zum Schaden der allgemeinen Bevölkerung einzusetzen. Binnen weniger Jahre seit 2011 war der revolutionäre Drang einer sich von der Politik benachteiligt fühlenden Jugend damit endgültig dem Machthunger neuer, nicht weniger eigennütziger Akteure zum Opfer gefallen. Anstelle von Versöhnung der Klassen und Regionen – wie in der Nationalen Dialogkonferenz vollmundig betont worden war – begannen im Jemen nun die Rachefeldzüge, anstelle eines Neubeginns kam nun die Katastrophe, anstelle der Zeit des Neuaufbaus wurde nun die Ära der völligen Zerstörung eingeläutet.

DER STURM BRICHT LOS:
DIE OPERATION «DECISIVE STORM» UND DAS VERSAGEN DER INTERNATIONALEN GEMEINSCHAFT

Als die arabische Allianz am 26. März 2015 ihre Intervention im Jemen begann, geschah dies unter Berufung auf einen Brief an den Golfkooperationsrat und die Arabische Liga, in welchem Präsident Hadi die arabischen Bruderstaaten bat, dem Jemen – d.h. ihm und seiner Regierung – im Kampf gegen die Huthis militärisch beizustehen. Dabei nahm er Bezug auf Artikel 51 der Charta der Vereinten Nationen, der jedem Mitgliedstaat das individuelle und kollektive Recht zur Selbstverteidigung zugesteht.

Dieser Brief von Präsident Hadi wurde dem damaligen UN-Generalsekretär Ban Ki-moon und dem Präsidenten des UN-Sicherheitsrats (damals François Delattre, französischer Botschafter bei den Vereinten Nationen) durch die UN-Botschafterin von Katar weitergeleitet mit der Notiz, dass die Regierungen von Kuwait, Katar, Bahrain, Saudi-Arabien und den VAE dem Hilferuf Hadis entsprechen würden und militärische Maßnahmen eingeleitet hätten. Die Weiterleitung des angeblich auf den 24. März datierten Briefs erfolgte dabei allerdings erst nachträglich am 26. März, also bereits am Tage der arabischen Intervention. Damit war klar, dass die von Saudi-Arabien angeführte Allianz eine Reaktion des UN-Sicherheitsrates nicht abwarten würde.

Noch am 24. März 2015 hatte Hadi den Sicherheitsrat der Vereinten Nationen jedoch angeblich in einem entsprechenden

Brief um die Autorisierung einer Allianz der Willigen zum Schutz des Jemen vor dem Angriff der Huthis ersucht. Einen Beweis für die Existenz dieses Briefes an den Sicherheitsrat gibt es jedoch nicht; alle Referenzen zu diesem Thema gehen letztlich auf einen einzigen Artikel der Nachrichtenagentur Reuters vom 24. März zurück.[6]

In einer Pressekonferenz der UN vom Nachmittag des 26. März verlas der Sprecher des UN-Generalsekretärs eine Stellungnahme Ban Ki-moons zu den Vorgängen im Jemen und stellte sich im Anschluss den Fragen der Journalisten.[7] Dem Protokoll der UN ist dabei zu entnehmen, dass dem Generalsekretär Hadis Brief mit dem genauen Wortlaut des jemenitischen Präsidenten zu diesem Zeitpunkt noch nicht vorlag, sehr wohl allerdings eine Mitteilung, dass Saudi-Arabien bereits interveniere.[8] Es ist also durchaus möglich, dass Hadis Brief erst nachträglich konstruiert wurde, veröffentlicht wurde er jedenfalls erst am 27. März, also einen Tag nach Beginn der Militäroperation.[9]

Dazu würde passen, dass Präsident Hadi selbst in einem Interview mit dem emiratischen Fernsehsender «Abu Dhabi» im Dezember 2015 bestritt, von dem Angriff der Saudis auf den Jemen gewusst zu haben. Denn die Amerikaner hätten ihm zuvor versichert, dass keine Intervention aus dem Ausland erfolgen würde. Unabhängig davon hat die Frage, ob Hadi trotz seines Rücktritts im Januar 2015 noch amtierender Präsident des Jemen und damit berechtigt war, andere Staaten um ein Eingreifen zu bitten, weitreichende Implikationen. Schließlich beziehen sich die Saudis bei ihrer Aggression gegen den Jemen bis heute auf die angebliche Bitte der Hadi-Regierung, das Land von den Milizen der Huthis zu befreien.

So oder so nahm sich die internationale Staatengemeinschaft jedenfalls erst sehr spät des Themas an. Noch im Februar 2015 hatte der UN-Sicherheitsrat zwei Resolutionen

(2201 und 2204) verabschiedet, die die Machtübernahme der Huthis sowie den Gebrauch von Kindersoldaten kritisierten, alle Beteiligten zum Festhalten an den Ergebnissen der Initiative des Golfkooperationsrates sowie der Dialogkonferenz von 2013/14 drängten und Hadis Legitimität als Präsident des Jemen unterstrichen. Am 22. März erfolgte eine Stellungnahme des Sicherheitsrates, in welcher das Bedauern der Institution zum Ausdruck kam, dass die Huthis der Forderung nach einem Rückzug all ihrer Kräfte aus den staatlichen Institutionen nicht nachgekommen seien. Zugleich wurde einmal mehr zu einer friedlichen Lösung des Konflikts auf dem Wege der Verhandlung aufgerufen.

Was auf die Ereignisse seit dem 26. März folgte, war abgesehen von der kurzen Stellungnahme des UN-Generalsekretärs jedoch zunächst Stille. Es dauerte nun bis zum 14. April, bis der Sicherheitsrat sich der inzwischen grundlegend veränderten Situation annahm und in Resolution 2216 unter Bezug auf Hadis Briefe ein Waffenembargo gegen einzelne Akteure im Jemen verhängte, darunter die Huthi-Saleh-Koalition. Erneut wurden dabei alle Beteiligten zur Wiederaufnahme des politischen Einigungsprozesses aufgerufen.

Doch der Ruf verhallte ungehört. Fakten waren längst geschaffen. Die Militäroperation bereits in vollem Gange. Die Resolution wurde gar zum Bumerang. Mehrfach nahm die arabische Allianz bei der Bombardierung essentieller Infrastruktur und bei der Blockade von Versorgungslieferungen an die Bevölkerung des Jemen Bezug auf das Dokument. Dabei verwies sie auf die Notwendigkeit, die Forderungen der Resolution 2216 effektiv durchzusetzen.

Der schwammigen Selbstverpflichtung der Staatengemeinschaft, derartig radikale Maßnahmen zu überprüfen, wurde dabei seither nur sehr unzureichend nachgekommen. Dem Vorgehen der arabischen Militärallianz verschaffte die inter-

nationale Gemeinschaft damit zumindest indirekt völkerrecht-
liche Legitimierung und politische Rückendeckung.

Unbeachtet bleibt dabei, dass Artikel 51 der UN-Charta,
auf den sich Hadi und in der Folge auch seine arabischen Verbündeten berufen, lediglich im Verteidigungsfall gegenüber
äußeren Angriffen und nicht bei internen Konflikten Anwen-
dung finden darf. Die Intervention des Bündnisses bewegt sich
somit auf völkerrechtlich mehr als fragwürdigem, wenn nicht
illegalem Terrain.

Staaten wie die USA, Großbritannien und Frankreich for-
mulierten ihr Wohlwollen für die Allianz dennoch ganz offen
und leisten in vielerlei Hinsicht Unterstützung, unter anderem
durch Bereitstellung von Logistik, Aufklärung und Waffen.

Die ersten Tage der Militäroperation waren verheerend.
Eine Vielzahl von Luftschlägen versetzte den ganzen Jemen in
Angst und Schrecken. Sie trafen das ganze Land, alle Gouvernements, überall dort, wo Huthi-Saleh-Kämpfer aktiv waren
oder vermutet wurden, überall dort, wo es Kasernen und militärische Einrichtungen gab. Auch grundlegende Infrastruktur
im ganzen Land – und insbesondere in der Hauptstadt Sanaa –
wurde angegriffen, darunter der Flughafen und die Region
rund um den Präsidentenpalast. Selbst Krankenhäuser, Wohn-
anlagen sowie von der UNESCO geschützte Kulturdenkmäler
wurden nicht verschont. Alles wurde bombardiert. Die Huthis
zeigten sich anfangs – wie der Rest der Bevölkerung – ziemlich
eingeschüchtert von der Wucht der Angriffe. Viele dachten zu
jenem Zeitpunkt, dass es sich schon aufgrund der ungleichen
Kräfteverteilung nur um einen kurz währenden Krieg handeln
würde. Auf der einen Seite eine mit modernster Waffentechnik
und Spezialkräften ausgestattete Militärallianz vieler Länder,
die zudem auf die «moralische», technische und logistische
Unterstützung der Amerikaner und Europäer – allen voran der
Franzosen und Briten – bauen kann. Auch die Orte, an denen

die größten Waffenmengen und Raketenarsenale des Gegners gelagert wurden, kannte die Kriegsallianz sehr gut. Schließlich saß mit dem bereits mehrfach erwähnten erfahrenen General Ali Mohsen al-Ahmar (Befehlshaber der 1. Panzerdivision) von Anfang an einer der besten Kenner der jemenitischen Armee und der jemenitischen Topographie mit im Lagezentrum des saudi-geführten Bündnisses. Auf der anderen Seite steht eine vorwiegend als Miliz organisierte, anfangs schlecht bewaffnete Gruppe ohne Flugzeuge und Aufklärungstechnik.

Angesichts dieses Ungleichgewichts war auch die arabische Koalition ziemlich überrascht, dass sie ihre auf wenige Tage oder Wochen ausgelegte Operation um Monate, ja sogar um Jahre verlängern musste. Zu gering waren die zu verzeichnenden Fortschritte. Während ihrer Bodenoffensive hatte die Allianz zudem teils erhebliche Verluste zu verzeichnen. Von der ursprünglichen Intention, den Krieg sehr schnell zu beenden und die sogenannte «rechtmäßige Regierung» wieder in Sanaa zu installieren, schien sich die Allianz spätestens nach der raschen Rückeroberung Adens aus den Händen der Huthis verabschiedet zu haben. Zwar verkündete die saudisch-geführte Militärallianz am 21. April 2015 die Einstellung der Luftangriffe und die Beendigung der Operation «Decisive Storm» für die Nacht auf den 22. April. Die militärischen Ziele seien alle erreicht worden, die Rebellen stellten keine Gefahr mehr für die Zivilisten dar, ihre militärischen Ressourcen seien zerstört und die Gefährdung für Saudi-Arabien und seine Nachbarstaaten sei erfolgreich abgewendet worden.[10] Doch schien im Jemen weit mehr möglich, als der rechtmäßigen Regierung wieder ihren Platz in Sanaa zuzuweisen. Nur einen Tag später, am 22. April 2015, wurden die Luftangriffe unter Beibehaltung der Seeblockade wieder aufgenommen, diesmal unter dem makabren Motto «Operation Restoring Hope». Diese Offensive ist bis heute in vollem Gang. Dass vor allem die größten Kriegstreiber, Saudi-Arabien und die Vereinigten Arabischen Emirate, den Krieg nicht stoppten, wo doch die Kriegsziele angeblich nach vier Wochen bereits erreicht worden seien, erklärt sich unter anderem durch folgenden Umstand: Beide Nationen und die sie unterstützenden westlichen Staaten verfolgen ganz eigene Interessen im Jemen und in der gesamten Region, die mit dem ursprünglichen Kriegsgrund wenig zu tun haben. Dazu aber später mehr.

Vor allem eines wurde jedoch schon bald sehr deutlich: Im Gegensatz zur offiziellen Darstellung waren die ursprünglichen Kriegsziele, nämlich die Wiedereinsetzung des aus Sicht der Allianz legitimen Präsidenten Hadi in Sanaa sowie die Vernichtung der Huthis als sogenannter schiitischer Rebellengruppe, keineswegs erreicht worden. Auch im inzwischen fünften Jahr des Krieges zeichnet sich kein Sieg für das arabische Bündnis ab. Wie komplex und undurchsichtig dieser Krieg geworden ist, zeigt im Folgenden ein knapper Blick auf die verschiedenen militärischen Akteure im Jemen.

Der Krieg der Worte: Propaganda und Gegenpropaganda

Das Huthi-Saleh-Bündnis hat es geschickt verstanden, mithilfe der von ihm kontrollierten Medien an den Nationalstolz der Jemeniten zu appellieren. Es gelang ihm, große Teile der jemenitischen Bevölkerung – insbesondere im Nordjemen – davon zu überzeugen, dass es sich bei der Intervention der Kriegsallianz um den Angriff äußerer Mächte auf den Jemen handle, wodurch die Souveränität des gesamten Landes auf dem Spiel stehe. Immer wieder wird dazu aufgerufen, durchzuhalten und sich dem Kampf gegen den kulturlosen Eindringling, verkörpert durch die beiden Staaten Saudi-Arabien und Vereinigte Arabische Emirate, anzuschließen. Diese und ähnliche Slogans und Parolen haben ihre Wirkung nicht verfehlt. Viele Jemeniten stellten sich hinter die Kämpfer der Huthi-Saleh-Koalition, um zu verhindern, dass die Saudis in den Jemen eindringen und das Land unter ihre Kontrolle bringen.

Die Kriegspropaganda fällt dabei auch deshalb auf fruchtbaren Boden, da für viele Menschen die verfassungsrechtliche Frage nach der legitimen Macht im Jemen nicht so klar zu beantworten ist, wie es die saudisch geführte Allianz mit Billigung der internationalen Gemeinschaft glauben machen will. So war Hadi ursprünglich nur als Übergangspräsident für zwei Jahre bis zu den für das Jahr 2014 veranschlagten Neuwahlen gewählt worden und hätte damit spätestens nach Ablauf der durch die jemenitischen Parteien genehmigten Verlängerung seiner Amtszeit im Jahr 2015 abtreten müssen. Doch obwohl Hadi im Januar 2015 zunächst seinen Rücktritt erklärt hatte, war er im Amt geblieben, für viele Jemeniten ein unrechtmäßiges Vorgehen. Umso kritischer blicken große Teile der Bevölkerung daher auf die geforderte Wiedereinsetzung eines Mannes, der seinem Land – wie sie meinen – in höchster Not den Rücken zukehrte und in Saudi-Arabien Zuflucht suchte. Dass er aus diesem selbstgewählten Exil in Riad weiter die Geschicke seines von ihm im Stich gelassenen Landes leiten will und gewissermaßen als erste Amtshandlung aus dem Ausland grünes Licht für die Bombardierung des Jemen gegeben hat, verärgert die Jemeniten sehr. Auch nimmt man Hadi und seiner Regierung übel, nichts gegen die zahlreichen Kriegsverbrechen unternommen zu haben, die im Kriegsverlauf zuhauf begangen und dokumentiert worden sind, wie etwa Luftschläge auf Wochenmärkte, Trauerfeiern sowie Wohnviertel und denkmalgeschützte Stätten. All diese Umstände lassen den jemenitischen Bürger am Patriotismus des Präsidenten zweifeln und machen Hadi zu einer der unbeliebtesten Figuren im Jemen. Auch jene, die zur arabischen Allianz halten, haben sich längst von Hadi distanziert. Die Legitimität seiner Macht existiert nur noch auf dem Papier und wird als Fassade aufrechterhalten, um die Intervention von außen weiter zu rechtfertigen. Die Jemeniten witzeln oft und gerne über diesen Umstand, indem sie behaupten, die Saudis würden Hadi in Fünf-Sterne-Hotelsuiten in Riad hegen und pflegen wie ein verwöhntes Haustier, das nicht zu Schaden kommen darf. Schließlich verkörpere er für die Kriegsallianz die legitime Regierung, die in Sanaa wieder eingesetzt werden soll. Ohne sein grünes Licht für das Bombardement seines eigenen Landes würde dieser Krieg noch unrechtmäßiger erscheinen, als er ohnehin schon ist. Hoch lebe Hadi, der Rechtfertigungsgrund für die Intervention.

Wie so oft im Krieg sind es also Propaganda und Gegenpropaganda, die das Kriegsgeschehen begleiten und häufig antreiben. Und so wird Hadi als Handlanger, Agent und Marionette der Saudis gezeichnet. Auf der Gegenseite arbeitet man mit den gleichen Mitteln. Laut Hadi sollen auch die Huthis nichts anderes als Handlanger und Marionetten der Iraner sein. Der Konflikt wird stilisiert zu einem Kampf zwischen einer arabischen und einer iranischen Koalition, einer mehrheitlich sunnitischen und einer mehrheitlich schiitischen Allianz. Die Huthis werden als paramilitärische Agenten im Stile einer zweiten Hisbollah präsentiert, die die iranische Revolution aus dem Jahr 1979 auf der Arabischen Halbinsel fortsetzen, und die Hadi-Regierung als Agenten, die den saudischen Wahabismus im Jemen heimisch machen wollen. In diesem Durcheinander der gegenseitigen Zuschreibungen und angesichts des Mangels an neutralen Informationen erstaunt es daher nicht, dass auch in Europa der Eindruck aufkommen muss, es handle sich tatsächlich um einen Stellvertreterkrieg zwischen Saudi-Arabien und Iran. Doch dieser Eindruck enstpricht nur teilweise der Realität.

Iran, Saudi-Arabien und die VAE – ein Stellvertreterkrieg?

Mit der Internationalisierung des Krieges im Jemen, die durch den Kriegseintritt der arabischen Koalition begonnen hat, kam es zu einem Bedeutungsverlust der nationalen Akteure. Dabei spielen neben der direkten Intervention anderer Staaten auch Finanzierung und Subventionierung in Form von Waffen und Geld eine Rolle. Die politische und mediale Unterstützung der Kriegsparteien aus dem Ausland darf ebenfalls nicht unterschätzt werden. Insofern ist es interessant, einen kurzen Blick auf die verschiedenen Koalitionen, Hintermänner und Unterstützer der jeweiligen Akteure dieses Krieges zu werfen. Dies hilft uns zu verstehen, wie wenig die These trägt, es ginge um einen sunnitisch-schiitischen bzw. saudisch-iranischen Stellvertreter-Krieg, wie wir beispielsweise den Vietnamkrieg (1955–1975) und den Afghanistankrieg (1979–1989) als Stellvertreterkriege zwischen den USA und der Sowjetunion bzw. als Kriege zweier Systeme und Weltanschauungen, nämlich des Kapitalismus und des Sozialismus, erlebt haben.

Die Huthis und der Iran

Es ist vor allem die rasante Entwicklung der Huthi-Bewegung, welche im Jemen und darüber hinaus große Bewunderung einerseits, und große Bestürzung anderseits ausgelöst hat. Die «Erfolgsstory» der Huthis begann mit ihren Aufständen gegen Saleh, es folgten insgesamt sechs Kriege gegen die nationale Armee bis hin zum Eintritt in den jetzigen Krieg gegen einen im direkten Vergleich zu den Huthis übermächtigen Gegner. Inzwischen ist es ihnen gelungen, ihre Waffensysteme so weit zu verbessern und ihre Raketen und Drohnen so zu modifizieren, dass sie den Krieg aus dem Jemen bis in saudische Gebiete, nach eigenen Angaben sogar bis in die Vereinigten Arabischen Emirate tragen können. Die Dynamik dieser Entwicklung wirft die Frage auf, woher die Huthis ihre Waffen, ihr Know-how und ihre finanziellen Mittel beziehen, um diesen material- und finanzintensiven Krieg so lange aufrechterhalten zu können. An dieser Stelle liegt der Verweis auf den Iran nahe. Die Vertreter der These, der Iran unterstütze die Huthi-Rebellen, führen dabei die Nähe der Huthis zum Iran als Beleg an. Auf der ideologischen bzw. intellektuellen Ebene gebe es beispielsweise Entsendungen junger Studenten in den Iran, etwa nach Qom, wo sich die größte Lehranstalt des Zwölferschiitentums befindet. Zu diesen Entsandten gehörten – wie bereits erwähnt – vor allem in 1990er Jahren unter anderen der Gründer der Huthis, Hussein al-Huthi, und auch der jetzige Führer der Bewegung, Abdul-Malik al-Huthi. Die Angaben über ihre Aufenthaltsdauer im Iran sind widersprüchlich und reichen von einigen Monaten bis hin zu mehreren Jahren. Als weiteres Indiz wird gerne die Tatsache angeführt, dass die Huthis inzwischen Festtage im Jemen eingeführt haben, die in der jüngeren jemenitischen Geschichte nicht oder nicht in dieser Form begangen wurden. So feierte die schiitische Bevölkerung im Jemen zwar die Tage Aschura oder Ghadir, allerdings nicht in diesem Ausmaß und mit solcher Öffentlichkeit, wie sie jetzt durch die Huthis in großen Zeremonien mit großer Ähnlichkeit zu jenen im Iran zelebriert werden. Auch auf politischer Ebene gibt es Überschneidungen: Im Iran skandieren seit Beginn der Islamischen Revolution von 1979 Anhänger des Regimes bei jedem Freitagsgebet und bei vielen Demonstrationen lautstark «Tod den USA, Tod Israel» – besonders prominent erst am 11. Februar 2019 im Rahmen des 40. Jahrestags der Islamischen Revolution. Im Jemen dominiert seit einiger Zeit ein ganz ähnlicher Propaganda-Slogan der Huthis. Er findet sich überall auf Plakaten oder wird von den Kämpfern als Schlachtruf verwendet. In vielen jemenitischen Moscheen werden die Menschen inzwischen sogar gezwungen, den Kriegsschrei im Nachgang des täglichen Gebets zu wiederholen. Er besagt in etwa: «Gott ist groß, Tod Amerika, Tod Israel, Verdammung den Juden, Sieg dem Islam!»

Diese internationale Komponente im regionalen Konflikt um den Jemen hat jedenfalls dazu beigetragen, dass die Huthis in der jüngeren Vergangenheit scheinbar an Bedeutung gewonnen haben. Allerdings sind es vor allem die ihnen zugeschriebenen Verbindungen zum Iran sowie die insbesondere in den westlichen Medien laufend wiederholte Bezeichnung als schiitische, pro-iranische Miliz, welche aus dieser Gruppierung ein Ungeheuer haben werden lassen.

Obwohl gerade von Seiten der amerikanischen Trump-Administration, des Saudischen Königshauses und der Emiratis immer wieder gegenteilige Nachrichten verbreitet werden, fehlt für jede unmittelbare Beteiligung der Iraner im Jemenkonflikt nach wie vor jeglicher Beweis. Der bisher stichhaltigste Hinweis stammt von UN-Generalsekretär António Guterres: Im Juni 2018 hielt er in seinem fünften Bericht zur Einhaltung der Resolution 2231 des UN-Sicherheitsrats über das Iranische Atomprogramm (Jahr 2015) fest, dass Teile von Raketen, die die Huthis in Richtung Saudi-Arabien geschossen hatten, aus iranischer Fabrikation stammten. Wann diese Waffenteile geliefert worden sein sollen, darüber lässt sich laut Guterres allerdings bisher keine Aussage treffen. Angesichts des durch die arabische Koalition errichteten Embargos, das alle in den Jemen führenden See-, Luft- und Landwege nahezu hermetisch abriegelt, ist dabei auch nur schwer vorstellbar, dass größere Mengen an Waffen unbemerkt aus dem Iran in den Jemen gelangen sollen, auch wenn die Grenzen gerade an ihren schwer passierbaren Stellen nicht in Gänze kontrolliert werden können.

Was jedoch nachgewiesen werden kann, ist in jedem Fall eine indirekte und moralische Unterstützung durch den Iran in den Aussagen einiger Politiker, Würdenträger und Geistlicher, die die Huthi-Bewegung öffentlich unterstützen. Bei jedem Freitagsgebet werden sie öffentlichwirksam mit Bittgebeten für den baldigen Sieg bedacht und in den höchsten Tönen gelobt.

Ebenfalls nicht auszuschließen ist zudem, dass die vom Iran unterstützte libanesische Hisbollah durch Trainings, Waffen sowie die Entsendung von Experten und Kämpfern am Krieg beteiligt ist und den Huthis auf diese Weise zu jener Professionalisierung verhalf, die ihnen ihren heutigen Ruf einbrachte. Für den Iran ist der Krieg im Jemen dabei ein sehr willkommener Krieg, der dem Regime nur zugutekommt. Durch die vorherrschende und ständig wiederholte Meinung, dass der Iran in diesem Krieg eine entscheidende Rolle spiele, wird die Position des Iran als Regionalmacht noch einmal gestärkt. Die Iraner selbst versuchen die Huthi-Bewegung dabei als eine zweite Hisbollah im Jemen darzustellen. Dies erlaubt dem Regime, seinen erbitterten Gegnern zu zeigen, dass es seine Einflusssphäre inzwischen bis an die südlichste Flanke der Arabischen Halbinsel ausdehnen konnte. Falls es den Huthis tatsächlich gelingen sollte, ihre Macht dauerhaft zu festigen und das politische Geschehen im Jemen langfristig zumindest mitzubestimmen, wird dies auch das internationale Gewicht des Iran erhöhen. Denn Unterstützer einer mächtigen Gruppierung in einem geostrategisch so bedeutenden Land wie dem Jemen zu sein – oder zumindest als solcher zu gelten –, verschafft Gehör am Verhandlungstisch der Großen.

Die Rolle Saudi-Arabiens

In einem der vorigen Kapitel konnte bereits gezeigt werden, wie die Entwicklung Saudi-Arabiens unmittelbar mit der des jemenitischen Staates zusammenhängt. Dabei wurde auch herausgestellt, dass von Seiten der Saudis immer wieder ein großer Einfluss auf Akteure im Jemen ausgeübt wurde. Was hier hinzugefügt werden sollte, sind die inzwischen fast zur Normalität gewordenen Einmischungen Saudi-Arabiens im Jemen. Diese umfassten in der Vergangenheit neben der kontinuierlichen Unterwanderung großer Teile des Verwaltungsapparates, neben medialer Stimmungs- und Meinungsbeeinflussung, neben der Bestechung wichtiger Entscheidungsträger etwa durch Gehaltszahlungen an Scheichs und Politiker auch direkte logistische, materielle und militärische Interventionen zu Gunsten jemenitischer Kriegsparteien. Dabei bleiben die Saudis ihrem Kurs treu. Denn ihre direkten Einmischungen im Jemen begannen bereits in einer Zeit, als das Land noch zweigeteilt war, und setzen sich bis heute ununterbrochen fort.

Die erste, militärische Intervention Saudi-Arabiens fand dabei bereits 1934 gegen das Mutawakkilitische Königreich im Jemen statt. Unter Führung des saudischen Prinzen Faisal ibn Abd al-Aziz wurden damals die jemenitischen Städte Hudeida und Haddscha besetzt, um im Grenzkonflikt um die Asir-Region eine bessere Verhandlungsbasis zu gewinnen. Die Provinz ging 1934 tatsächlich an die Saudis, der Grenzkonflikt selbst konnte in dieser Gegend allerdings erst im Jahr 2000 durch das Zweite Abkommen von Dschidda endgültig beigelegt werden. Die zweite große Intervention fand, wie bereits erwähnt, am 26. September 1962 statt, als die jemenitischen Republikaner in einer Revolution gegen den König (Imam) aufbegehrten und die Republik ausriefen. Das saudische Königreich unterstützte dabei die royalistischen und anti-republikanischen Kräfte im Jemen mit Geld, Waffen und Ausrüstung. Die dritte Intervention datiert auf den 30. November 1967 und richtete sich gegen den Süden des Jemen. Saudi-Arabien blockierte die Gründung des Südjemen durch Nichtzustimmung. Erst mehrere Jahre später folgte die Anerkennung als eigenständiger Staat. In der Zwischenzeit unterstützten die Saudis die herrschenden Fürsten, Sultane und Prinzen im Süden des Jemen maßgeblich, um den jungen Staat zu destabilisieren. Bei der vierten Intervention handelt es sich um einen weiteren Grenzkrieg zwischen Saudi-Arabien und dem Südjemen im Jahr 1969, in welchem die Saudis große Gebietsgewinne verzeichnen konnten und unter anderem die Städte Sharurah und al-Wadiah in ihre Gewalt brachten. Die fünfte Intervention Saudi-Arabiens steht im Zusammenhang mit der Wiedervereinigung des Jemen am 22. Mai 1990. Unter dem Vorwurf, die neue Regierung unter Saleh unterstütze Saddam Husseins Irak im Konflikt um Kuwait, verwies das saudische Königreich ca. 850000 jemenitische Migranten des Landes, die dort bereits seit Jahren gelebt und gearbeitet hatten. Zugleich wurden damals umgerechnet ca. 800 Millionen Mark Wirtschaftshilfe gestrichen. Diese Maßnahme sollte eine sozio-ökonomische Krise in dem noch mit den Folgen der Wiedervereinigung kämpfenden Staat heraufbeschwören und die gerade wiedervereinte Nation weiter destabilisieren. Im Sommerkrieg 1994 zwischen dem Norden und dem Süden des Landes schlug sich Saudi-Arabien in einer weiteren großen Intervention auf die Seite der Separatisten aus dem Süden und unterstützte diese mit Waffen und Geld.

Angesichts dieser langen Geschichte saudischer Einmischungen betrachten viele Analysten den Jemen als Hinterhof oder vielmehr als Spielwiese des saudischen Königshauses, auf der sich die jeweils in Amt und Würden befindlichen Prinzen nach Belieben vergnügen konnten.

Bis heute hat sich daran nichts verändert. Die Dreistigkeit und Skrupellosigkeit der saudischen Einmischungen hat gegenüber früheren Zeiten sogar noch zugenommen. So ist es geradezu bezeichnend, dass die Operation «Decisive Storm» gewissermaßen als erste außenpolitische Amtshandlung des damals neuen saudischen Königs gelten muss. Erst am 23. Januar 2015, dem Todestag seines Halbbruders Abdullah und damit nur wenige Wochen vor Beginn der arabischen Militärintervention im Jemen, hatte der selbst bereits alterskranke Salman ibn Abd al-Aziz Al Saud mit fast 80 Jahren den Königsthron der Golfmonarchie bestiegen. Noch am selben Tag ernannte er seinen 29-jährigen Sohn Mohammed bin Salman (MBS) zum Verteidigungsminister, Chef des Königshofes sowie zum Leiter des neu eingerichteten Rates für wirtschaftliche und entwicklungspolitische Angelegenheiten. Dem noch unerfahrenen Prinzen wurde damit einer der verantwortungsvollsten Posten übertragen, die der wahabitische Staat zu bieten hat. Schon bald sollte sich herausstellen, dass sich der junge Mann nicht lange bitten lassen würde, seinen Ehrgeiz und Tatendrang unter Beweis zu stellen. Mit der direkt unter seiner Verantwortung stehenden saudisch-geführten Militärintervention im Jemen brach er einen blutigen Konflikt vom Zaun, der das wahre Gesicht der Golfmonarchie einmal mehr und umso deutlicher enthüllen sollte. In einem Memo des deutschen Auslandsgeheimdienstes BND findet sich schon Ende 2015 die Befürchtung, dass durch das Vorgehen des Prinzen «die bisherige vorsichtige diplomatische Haltung der älteren Führungsmitglieder der Königsfamilie […] durch eine impulsive Interventionspolitik ersetzt» werde. Weiter heißt es dort, dass die wirtschafts- und außenpolitische Machtkonzentration auf MBS die latente Gefahr berge, dass dieser «bei dem Versuch, sich zu

Lebzeiten seines Vaters in der Thronfolge zu etablieren, über-
reizt».[11] Und tatsächlich hatte König Salman seinen Sohn bereits einen Monat nach Beginn der saudischen Militäroperation im Jemen zum Vize-Kronprinzen befördert, im Übrigen
damals noch unter großem Lob des durch seine Ermordung im
Auftrag des heutigen ersten Kronprinzen MBS zu tragischer
Berühmtheit gelangten Journalisten Jamal Khashoggi.

Diese Deutung des Geschehens als Profilierungskampagne
eines machthungrigen und skrupellosen saudischen Prinzen
widerspricht der offiziellen Version des Königshauses, wonach
die saudische Intervention im Jemenkonflikt lediglich die Wiedereinsetzung der angeblich legitimen Regierung zum Ziel
habe. Denn wenn es tatsächlich darum ginge, die legitime Regierung im Jemen wieder in Amt und Würden zu bringen, so
stellt sich die Frage, warum die Saudis das Gleiche nicht auch
im Irak, in Syrien oder in Libyen versucht haben? Stattdessen
spielten sie dort eine ganz andere Rolle. Man nutzte die Gunst
der Stunde, um diverse Milizen sowie teilweise terroristische
Gruppen zu unterstützen, die die legitime Regierung stürzen
wollten. Im Falle Syriens hoffte man dabei einen regionalen
Konkurrenten loszuwerden, dessen alawitische Führung überdies enge Verbindungen zum schiitischen Iran und zur Hisbollah pflegt. Auch im Jemen dürften solche Überlegungen eine
Rolle gespielt haben.

Dabei mag der rasante Aufstieg der für ihre Verbindungen
mit dem Iran verdächtigen Huthis dazu geführt haben, dass
die Saudis ihre Dominanz auf der Arabischen Halbinsel und
ihren Einfluss auf das Geschehen im Jemen in Gefahr geraten
sahen. Die Unberechenbarkeit und bedingungslose Kampf-
bereitschaft der Huthi-Kämpfer weckte Befürchtungen, dass
man in die Zange genommen werden könnte – auf der einen
Seite durch den Iran und seine vermeintlichen Vasallenstaaten,
auf der anderen Seite durch den dann «schiitisierten» und

vollkommen unter iranischem Einfluss stehenden Jemen. Als die Huthis schließlich die Hauptstadt Sanaa sowie große Teile des Südens unter ihre Kontrolle brachten und eine Herrschaft aufzubauen begannen, die einer Wiederauferstehung des vor 1962 bestehenden schiitischen Imamats gleichgekommen wäre, sah man sich zum Handeln gezwungen. Diese Paranoia in Kombination mit dem Profilierungsstreben des neuen, jungen saudischen Verteidigungsministers ergab eine im wahrsten Sinne des Wortes explosive Mischung. Aus dieser empfundenen, aber dennoch eingebildeten Bedrohungslage scheinen sich die Saudis offensiv und aktiv befreien zu wollen. Eine solche Sichtweise wird auch durch das bereits erwähnte Memo des Bundesnachrichtendiensts unterstützt, das das «abnehmende Vertrauen» des saudischen Königshauses in die USA «als strategische Schutz- und Ordnungsmacht in der Region» als einen der ausschlaggebenden Faktoren der jüngeren saudischen Außenpolitik bezeichnet. So hatte das saudisch-amerikanische Verhältnis bereits unter dem von der Obama-Administration 2011 nicht verhinderten Sturz des ägyptischen Staatschefs und Saudi-Freunds Hosni Mubarak stark gelitten. Durch die neuen Verhandlungen in dem seit Jahren schwelenden Streit um das iranische Atomprogramm erfuhr das Verhältnis zwischen der Golfmonarchie und den USA in den 2010er Jahren zudem einen weiteren heftigen Dämpfer: Nach Annäherungen zwischen US-Präsident Barack Obama und dem iranischen Präsidenten Hassan Rohani gelang 2014 mit der Verabschiedung des Joint Comprehensive Plan of Action ein erster vielversprechender Durchbruch. Wie die Beteiligung Saudi-Arabiens im Syrienkrieg muss folglich auch die saudische Kriegsintervention im Jemen vor dem Hintergrund der wachsenden Bedeutung des Irans gesehen werden. So formuliert auch der BND in seinem öffentlich gewordenen Memo die Einschätzung, dass durch die aggressive Maßnahme des Königreichs «als übergeordnete regionalpolitische Leitlinie [...] der Einfluss Irans und die Unterstützung Syriens für die Hisbollah zurückgedrängt werden» solle. Zu diesem Zweck scheine die neue saudische Führung bereit, «präzendenzlose militärische, finanzielle und politische Risiken einzugehen, um regionalpolitisch nicht ins Hintertreffen zu geraten».[12] Ihre Intervention im Jemen sollte im Übrigen zumindest mit Blick auf die wachsende Bedeutung Irans nichts nützen: Noch im Juli 2015 konnte nach jahrelangen, intensiven Gesprächen endlich das Atomabkommen zwischen den fünf ständigen Mitgliedern des UN-Sicherheitsrats, Deutschland und dem Iran geschlossen werden. Im Januar 2016 trat es schließlich in Kraft, woraufhin die strengen Wirtschaftssanktionen der USA und der EU gegen das Land am persischen Golf aufgehoben wurden. Mit dem Kriegseintritt der arabischen Koalition erfährt die Geschichte saudischer Interventionen im Jemen heute also eine Neuauflage, wobei es sich um die mit Abstand blutigste und skrupelloseste Einmischung der Golfmonarchie in ihrem südlichen Nachbarland handeln dürfte.

Ihre Art, Krieg zu führen, entspricht dabei ihrer Art, Politik zu machen – ohne jeden Sinn für die Realität, ohne jede Organisation und Planung. Jede Handlung scheint allein der Maxime «Ich zahle, also gewinne ich diesen Krieg», verpflichtet zu sein. Aber mit dieser Devise wird Saudi-Arabien den Krieg im Jemen niemals gewinnen können. Der Krieg war schlecht vorbereitet, seine Durchführung und seine Fortsetzung ein Irrsinn, den die Saudis allein aus eigenem Interesse niemals hätten beginnen dürfen. Ihr dilettantisches Vorgehen auf allen Ebenen lässt sich am besten im Vergleich zu ihrem Koalitionspartner, den VAE, bewerten. Während Letztere an zumindest zwei Kriegsschauplätzen im Jemen – Mukalla und Hudeida – bewiesen haben, dass sie militärische Bodenoperationen beherrschen, können die Saudis ähnliche Erfolge nicht vorweisen. Laut Schätzungen des amerikanischen Woodrow Wilson Forschungszentrums aus dem Jahr 2015 kostet die Golfmonarchie jeder Kriegstag im Jemen ca. 200 Millionen US-Dollar, allein für 2015 ergab sich dabei – auch bedingt durch den dauerhaft niedrigen Ölpreis – ein Haushaltsdefizit von etwa 98 Milliarden US-Dollar, Tendenz steigend.

Angesichts dieser finanziellen Belastung steigt der innenpolitische Druck umso stärker, aus dem kräftezehrenden Krieg im Nachbarland endlich auch wirtschaftlich Profit zu schlagen. Doch hierzu später mehr!

Die Rolle der Vereinigten Arabischen Emirate

So wie in Saudi-Arabien MBS seit 2015 zusehends die Geschicke seines Landes und zum Leid vieler Jemeniten auch die der ganzen Region lenkt, tritt spätestens seit 2014 in den Vereinigten Arabischen Emiraten ein anderer Mann zunehmend ins politische Rampenlicht: Mohammed bin Zayed (MBZ), der Sohn des Emirs von Abu Dhabi und ersten Präsidenten der VAE. Nachdem sein Halbbruder, der aktuelle Präsident Khalifa bin Zayed, 2014 einen Schlaganfall erlitten hat, übernimmt MBZ immer mehr Herrschaftsaufgaben und gilt inzwischen als mächtigster Mann in den VAE. 2015 suchte er den Schulterschluss mit Saudi-Arabien und ging eine strategische Allianz ein, die unter anderem auch den Krieg im Jemen umfasste. Es geht hierbei allerdings um ein Zweckbündnis und nicht um eine Partnerschaft. Die Vereinigten Arabischen Emirate scheinen größere Ziele ins Auge gefasst zu haben.

Je länger der Krieg im Jemen andauert, desto deutlicher wird der Einfluss, den die Emiratis insbesondere auf die Städte und Häfen entlang der jemenitischen Südküste ausüben.

Obwohl das Huthi-Saleh-Bündnis Aden Anfang 2015 eroberte, gelang es ihnen nie, die vollständige Kontrolle über die südjemenitische Hafenstadt zu erlangen. Zu groß war der Widerstand seitens der von Saudi-Arabien und den VAE unterstützten salafistischen, dschihadistischen, separatistischen und Hadi-treuen Militäreinheiten im Süden. Trotz gegensätzlicher Weltanschauung und unterschiedlicher Zielsetzung bekämpften diese Gruppierungen gemeinsam und mit Unterstützung der arabischen Koalition den Eindringling aus dem Norden. Widersprüche wurden vertagt, traten dann aber mit der Niederlage und dem Abzug der Huthi-Saleh-Kämpfer keine vier Monate später wieder umso deutlicher zutage. Insbesondere die VAE traten dabei als großzügige Finanziers und Ausrüster auf, solange sich die unterstützten Gruppen neben dem Kampf gegen die Huthis nur deutlich genug gegen islamistische Milizen und die Kämpfer der Islah-Partei stellten. Vor allem die südliche Unabhängigkeitsbewegung al-Hirak al-Janubi steht seither in enger Verbindung zu den Emiraten. Ihre Führer hatten sich nach dem Bürgerkrieg 1994 vor der Saleh-Regierung in Hisbollah-Gebiete im Libanon geflüchtet, wo sie sich einer durch den Iran finanzierten Ausbildung unterzogen. Mit dem Marsch der Huthis auf Aden erreichte sie dort das Angebot der VAE, ihre Heimat mit Geld und Ausrüstung des kleinen Golfstaates zu verteidigen. Die Gruppe willigte ein und kämpfte nun auf Seiten der saudi-geführten arabischen Allianz und der regierungstreuen Truppen. Die erhofften Vorteile aus dem neuen Bündnis blieben jedoch aus. Mehr und mehr begann die im Exil residierende offizielle jemenitische Regierung die Interessen der südlichen Separatisten zu missachten. Hadi selbst warf den Emiraten vor, eine eigene Regierung im Süden aufzubauen. Im Februar 2017 eskalierte die Lage schließlich, als der mit den Emiraten verbündete Sicherheitschef des Flughafens in Aden Hadi die Landung in seiner provisorischen Hauptstadt verweigerte, worauf dieser nach Sokotra auswei-

chen musste. Wenn Hadi – so die unmissverständliche Botschaft – von Zeit zu Zeit tatsächlich einmal geruhe, aus dem
fernen Riad nach Aden zu reisen, um der Weltöffentlichkeit zu
zeigen, dass er selbstverständlich in der Lage sei, den Jemen
auch von seiner provisorischen Hauptstadt aus zu führen, so
solle er sich dafür die Erlaubnis von den Emiraten einholen,
die in seiner Abwesenheit die Arbeit im Lande an seiner statt
erledigten. Das ließ sich Hadi nicht gefallen und entließ den
Sicherheitschef des Flughafens, während seine Anhänger versuchten, wieder Kontrolle über das Gelände zu erlangen.
Schwere Kämpfe zwischen den von Saudi-Arabien unterstützten Regierungstreuen und den separatistischen Vasallen der
Emiratis entflammten. Trotz der Vermittlungsbemühungen der
Saudis verschlechterte sich die Stimmung zwischen den einstigen Verbündeten weiter. Am 27. April 2017 wurde gar der
Gouverneur von Aden Aidarus al-Zubaidi durch den Präsi-
denten gefeuert. Nur wenige Tage später gründete dieser den
Südlichen Übergangsrat als politischen Arm der südlichen Un-
abhängigkeitsbewegung. Mit Segen und Unterstützung der
Emiratis lieferten sich die Truppen des Südlichen Übergangs-
rats teils heftige Kämpfe mit den Regierungstreuen, ohne jedoch die Allianz im Kampf gegen die Huthis aufzugeben. Als
der Übergangsrat am 21. Januar 2018 ankündigte, Hadis
Regierung zu stürzen, sofern dieser nicht binnen einer Woche
Premierminister Ahmed Obaid bin Dagher sowie einige seiner
Minister wegen Korruption entlasse, reagierte Hadi, indem er
jeden weiteren Protest in der Stadt untersagte. Das Ultimatum
verstrich unerfüllt und so kam es erneut zu schweren Kämpfen
zwischen den beiden Konfliktparteien. Die Schlacht um Aden
zwischen den saudi-nahen und den VAE-nahen Milizen hatte
begonnen. Binnen vier Tagen bis zum 31. Januar brachten die
selbsternannten Elitetruppen des Übergangsrates einige Regie-
rungsinstitutionen, Kasernen sowie bald auch ganz Aden und

große Teile des ehemaligen Südjemen unter ihre Kontrolle. Dabei erhielten sie sogar Luftunterstützung durch emiratische Kampfjets, was ihnen schließlich den entscheidenden Vorteil gebracht haben dürfte.

Letztlich handelte es sich bei dieser Auseinandersetzung zwischen Hadi und dem Südlichen Übergangsrat jedoch um nichts anderes als um ein Kräftemessen zwischen Saudi-Arabien und den Vereinigten Arabischen Emiraten in der Frage, welche der formell verbündeten Mächte im Südjemen die Oberhand gewinnt. Bisher zeigen sich die VAE mit ihrer faktischen Kontrolle des Südens um einige Nasenlängen voraus. Zwar sollen die emiratischen Truppen bis Ende des Sommers 2019 nahezu komplett aus dem Jemen abgezogen werden, doch stützen sich die VAE im Stile früherer Kolonialherren nun auf lokale Vasallen, um ihre Kriegsbeute zu sichern und die Drecksarbeit vor Ort zu erledigen. Seite an Seite mit gut bezahlten Söldnern sollen kampfgeschulte und bestens ausgerüstete jemenitische Milizen den Einfluss der Emiratis im Süden und teilweise im Osten des Jemen wahren und nach Möglichkeit ausweiten. Und so sind inzwischen fast alle bedeutenden Häfen und Flughäfen des Landes fest in emiratischer Hand oder unter der Kontrolle eines ihrer verbündeten Milizen- oder Stammesführer. Im August 2019 brachen erneut heftige Kämpfe aus. Nun steht Aden offiziell unter Kontrolle der Separatisten, was nun sogar eine erneute Teilung des Jemen wieder in den Bereich des Möglichen rückt – freilich mit dem Segen der VAE.

Die wesentlichen Stationen eines sinnlosen Krieges

Nach bald fünf Jahren Krieg im Jemen hat die Kriegsallianz bisher keines ihrer ursprünglichen Ziele erreicht, zumindest keines der öffentlich geäußerten. Weder konnte Hadi als Präsident in Sanaa wiedereingesetzt werden – er harrt weiter in seinem Exil in Riad aus – noch wurden die Huthis besiegt. Im Gegenteil: Den Ansar Allah ist es gelungen, sich noch fester im Norden des Landes einzunisten. Der vermeintliche Einfluss der Iraner im Jemen ist also erhalten geblieben.

Was hingegen erreicht wurde, sind eine Fragmentierung und Zerstörung des Jemen in politischer, infrastruktureller wie auch sozialer und ökonomischer Hinsicht.

Das jemenitische Volk hat sich inzwischen an die Luftschläge gewöhnt, die insbesondere die Städte und Dörfer im Norden mit großer Regelmäßigkeit treffen. An manchen Orten in und um Sanaa wie etwa Attan, Noqom oder dem Luftwaffenstützpunkt al-Dailami häufen sich die Angriffe derart, dass man sich bereits die Frage stellt, was eigentlich mit diesem Bombardement bezweckt werden soll, denn lohnenswerte Ziele gibt es dort schon lange nicht mehr. Der Jemen ist zum Truppenübungsplatz für die Möchtegern-Regionalmächte Saudi-Arabien und VAE geworden. Der saudische Kronprinz MBS – ein leidenschaftlicher Play-Station-Spieler – scheint seinen Spaß daran zu finden, die virtuelle Welt des Kriegsspielens im Jemen Realität werden zu lassen. Über die sinnlose Verschwendung teuren Waffenmaterials wird bereits vielerorts gespottet – die westliche Waffenindustrie lacht sich ins Fäustchen und kommt kaum hinterher, die Bestellungen der Golfstaaten zeitgerecht auszuliefern. Die Luftschläge verbreiten im Jemen inzwischen gelegentlich mehr Heiterkeit als Schrecken. Die Menschen stumpfen ab mit der Zeit, trotz all dem Leid, Elend und Horror. Im Verlaufe des Krieges gab es dennoch wichtige Stationen, die nicht unerwähnt bleiben sollten. Einige davon sollen nun kurz skizziert werden.

Der Biss der Schlange oder das
Ende Ali Abdullah Salehs

Seit dem Beginn des Krieges bildete das Huthi-Saleh-Bündnis zumindest im Norden des Jemen eine halbwegs stabile Front gegenüber der arabischen Kriegsallianz. Zusammengehalten wurde das Bündnis durch die militärischen Erfolge gegen den Feind, vor dessen Einmarsch man die Hauptstadt Sanaa und weitere Großstädte im Norden des Jemens bewahren konnte. Dennoch dürfte jedem Beobachter und auch den Akteuren selbst von Anfang an klar gewesen sein, dass es sich lediglich um ein Zweckbündnis, gewissermaßen eine Koalition auf Zeit zwischen ehemaligen Rivalen, handelte. Wie hätten die Huthis auch vergessen können, dass Ex-Präsident Saleh vor seinem Seitenwechsel bereits sechs Kriege gegen sie geführt hatte und dass letztlich er es war, der während der Huthi-Rebellion von 2004 den Befehl gegeben hatte, ihren damaligen Anführer Hussein Badr ad-Din al-Huthi, Bruder des heutigen Huthi-Führers Abdul-Malik al-Huthi, zu töten. Nichtsdestotrotz erschien es beiden Seiten opportun, diese strategische Allianz einzugehen. Die Huthis erhofften sich davon, dass ihre Gegner nun nicht mehr spöttisch über sie berichten würden, dass sie aus den Höhlen des Gebirges in Saada kämen und dementsprechend keine Ahnung von (Welt-)Politik hätten. Als im Jemen und weltweit gut vernetzter Politiker mit über 33 Jahren Regierungserfahrung verlieh Saleh den Huthis national und international Gewicht. Als de facto Befehlshaber der Nationalarmee stellte er ihnen überdies militärische Unterstützung in Form von Soldaten, Material und Waffen zur Verfügung. Salehs wichtigstes Kapital, das er mit in dieses Bündnis brachte, war allerdings wohl seine feste Verankerung und sein dichtes Netzwerk im gesamten Nordjemen, das auch nach seinem Rücktritt als Präsident größtenteils intakt geblieben ist. Die Koalition mit dem berühmten, inzwischen zum Führer (*za'iem*) ernannten Ex-Präsidenten verschaffte den Huthis einen enormen Zulauf. Viele Stämme des Nordens und darüber hinaus begannen mit der Gruppierung zu sympathisieren und schlossen sich ihr an. Die wohl wichtigste Grundlage für ihren Rückhalt in der Bevölkerung war geschaffen – was für eine «kleine Gruppe Aufständischer» aus der abgelegenen Gebirgsregion Saada gerade in Sanaa und Umgebung im Alleingang schier unmöglich gewesen wäre.

Saleh hingegen profitierte seinerseits von der mobilisierenden Dynamik der Huthis. Durch die Allianz mit ihnen bekam er Zugang zu einem «Heer» entschlossener Männer, die im Kampf gegen die Nationalarmee bereits geschult waren. Durch sie hoffte er, wieder Zugriff auf die Macht im Lande zu erhalten. Ihre Bereitschaft, ihre Interessen und Machtansprüche auch gegen die Übermacht der saudisch geführten Allianz zu verteidigen, machte sie als Partner dabei umso wertvoller. Wäre Saleh das Bündnis mit ihnen nicht eingegangen, wäre sein Verbleib im Jemen sinnlos gewesen. Nur so konnte er als Staatsmann jene Lücke füllen, die der schwache Präsident Hadi durch seine Flucht aus dem Land hinterlassen hatte.

Doch trug das Zweckbündnis von Anfang an den Keim seiner eigenen Zersetzung in sich. Die weltanschaulichen Divergenzen und die Unterschiede in den politischen Ambitionen der beiden Seiten waren zu groß und mussten über kurz oder lang zu Konflikten führen. Während Saleh über Jahre hinweg aus machtpolitischem Kalkül die Nähe zu den Muslimbrüdern und anderen sunnitischen Islamisten gesucht hatte, hatten die Huthis diese stets aufs Ärgste bekämpft. Zudem brannte in vielen Huthi-Anhängern der ersten Stunde noch immer der Wunsch nach Rache für den von Saleh in Auftrag gegebenen Mord an ihrem früheren Anführer. Auch war der Ehrgeiz der

Huthis zu groß, als dass sie die Macht langfristig mit Saleh hätten teilen wollen. Gleiches galt freilich auch für Saleh selbst, dessen treueste Anhänger auf ebenjenen Spitzenposten des Beamtenapparats in Behörden und Ministerien saßen, die die Huthis zusehends für sich beanspruchten und durch ihre Leute zu besetzen begannen. Junge Männer – genannt *mushrif* (Aufseher) – wurden an den wichtigsten Schaltstellen des Beamtenapparats platziert, um den Spitzenbeamten auf die Finger zu schauen. Viele von ihnen, die ich persönlich kenne, da sie mit meinem Vater eng befreundet waren, hielten diese permanente Kontrolle nicht aus und legten ihre Ämter nieder. Sie wurden durch die Huthis drangsaliert, in ihren Entscheidungsbefugnissen fortwährend beschnitten und konnten sich gegen die kompromisslosen Männer nicht durchsetzen. Viele dieser zur Aufgabe ihrer Ämter gezwungenen Staatsfunktionäre warten bis heute vergebens auf eine Entschädigungszahlung oder ihre monatliche Pension nach mehreren Jahrzehnten treuen Staatsdienstes.

Allmählich verfestigte sich bei Saleh der Eindruck, dass er bald gänzlich die Kontrolle über Sanaa verlieren würde, wenn er nicht handelte. Immer öfter kam es ab 2016 in den Straßen und Vierteln der Hauptstadt zu bewaffneten Auseinandersetzungen zwischen Huthi-Anhängern und Saleh-Sympathisanten.

Als der Druck der Huthis immer stärker und Salehs Spielraum immer kleiner wurde, suchte er – in seiner Ehre gekränkt – am 2. Dezember 2017 schließlich den Schulterschluss mit den Vereinigten Arabischen Emiraten. Zu ihnen hatte er stets ein gutes Verhältnis gepflegt, zumal sein Sohn Ahmed, ehemals Kommandeur der Republikanischen Garde, im Jahr 2013 zunächst von Präsident Hadi als jemenitischer Botschafter nach Abu Dhabi entsandt worden war, bevor ihm 2015 aufgrund des Seitenwechsels seines Vaters die Akkreditierung wieder entzogen wurde. An jenem Tag im Dezember 2017 vollzog Saleh nun also einmal mehr einen jener plötzlichen Seitenwechsel, für die er in Vergangenheit bereits berüchtigt war. In einer öffentlichen Fernsehansprache verkündete er, dass das jemenitische Volk nach zwei Jahren grausamen Kriegs nun genug unter den Huthis gelitten habe. Er sei zu Gesprächen mit der arabischen Allianz bereit. Die arabischen Nachbarstaaten sollten nun die Blockade des Jemen aufheben, und dann wolle man gemeinsam ein neues Kapitel aufschlagen. Diese neuen Töne mussten jedoch wie Hohn in den Ohren der Huthis klingen, an deren Seite Saleh zwei Jahre lang denselben Krieg gekämpft hatte. Die arabische Allianz dagegen reagierte mit Genugtuung und begann nun verstärkt, vermeintliche Huthistellungen in Sanaa unter Beschuss zu nehmen. Derweil entbrannten erneut schwere Kämpfe zwischen Saleh-Anhängern und den Huthis. Zwei Tage später, am 4. Dezember 2017, war es schließlich so weit. Die Koalition zwischen den beiden so verschiedenen Gruppierungen fand ihr längst überfälliges Ende. In den frühen Morgenstunden dieses Tages wurde Saleh nach heftigen Gefechten, die die ganze Nacht getobt hatten, aus dem Weg geräumt. Insbesondere in Reaktion auf das bald kursierende Propagandavideo von der angeblichen Flucht und Tötung Salehs sprachen viele von einem Racheakt für den 2004 getöteten Huthi-Führer. Andere sagten das Ende der Huthis voraus, weil die Anhänger Salehs – womöglich unter der Führung seines aus den VAE zurückkehrenden Sohnes Ahmed – nun den Aufstand gegen die unliebsamen Herrscher in Sanaa proben würden. Letzteres hat sich nicht bewahrheitet. Vielmehr sahen die kriegsmüden Stämme, die noch zu Saleh gehalten hatten, von einem Aufstand gegen die Huthis ab. Dies hängt mit der Natur der Stämme zusammen: In Konfliktsituationen und bei kriegerischen Auseinandersetzungen sind die Stämme bemüht, ihre Allianzen klar und deutlich zu formulieren. Bei ihrer Entscheidung werden die Clanführer dabei sowohl vom bloßen Überlebenskalkül als auch von wirtschaftlichen und hegemonialen Interessen gesteuert. Wie kann der Stamm diese kritische Phase am besten überstehen und am Ende auf der Siegerseite stehen? Und vor allem, wie schafft er es, sich den Vergeltungshass eines konkurrierenden Stammes vom Hals zu halten? Selbstverständlich gibt es auch strategische Allianzen, die nicht aufgrund kurzfristiger Opportunitäten aufs Spiel gesetzt werden dürfen. Und schließlich sind da ja noch die Finanzspritzen aus dem Ausland – vorwiegend aus Saudi-Arabien –, die man auch nicht verlieren will. Alle wichtigen Faktoren müssen sorgfältig abgewogen werden. Denn das Spiel mit dem Risiko ist nicht jedermanns Sache.

Als Saleh nun seine Allianz mit den Huthis aufgekündigt hatte, ließen ihn die ihm ursprünglich treu ergebenen Qabail el-Taouq (Stämme aus der unmittelbaren Peripherie um Sanaa) fallen: Keiner von ihnen griff ein, als Huthi-Kämpfer am 4. Dezember 2017 Salehs Palast stürmten und ihn sowie viele seiner engsten Vertrauten und Leibwächter töteten. Nach wie vor können die Huthis auf die Gefolgschaft vieler dieser Stämme zählen. Neben materiellen Gründen spielt dabei sicherlich auch die Ideologisierungskampagne eine Rolle, die die Huthis seit 2015 vehement betreiben. Ihre Anhänger wurden eingeschworen auf die religiöse Loyalität zum Anführer der Bewegung Abdul-Malik al-Huthi, auf das Vertrauen in die politische Führung durch die Noblen sowie auf die Aussicht, im neuen von den Huthi dominierten Jemen bald zum staatstragenden Stamm zu avancieren. Inmitten dieser Gemengelage dürfte jedoch auch der Faktor Angst eine bedeutende Rolle gespielt haben. So entschieden sich die kleineren Stämme entweder dazu, Neutralität zu wahren, oder diejenige Option zu wählen, die ihnen am wahrscheinlichsten das Überleben sichern würde. Denn die Huthi-Anhänger sind bekannt für ihren unbändigen Kampfeswillen, und die jemenitischen Stämme wissen, dass sie aus Saudi-Arabien und den Emiraten höchstens Luftunterstützung zu erwarten haben. An der Front müssten sie selbst kämpfen. Das Risiko, nach Salehs Tod gegen die Huthis aufzubegehren, war somit schlichtweg zu groß. Die arabische Allianz hingegen hatte auf ebendiese Karte gesetzt und nach der Ermordung Salehs auf einen Aufstand der traditionell saudi-treuen Stämme gegen die Huthis gehofft. Diese Hoffnung verpuffte jedoch bereits einige Stunden nach Salehs Tod. Denn auch das ist ein Stammesgesetz: Die Euphorie des Sieges macht aus schlechten Kriegern Helden. Mit der Beseitigung Salehs befanden sich die Huthis in einem Siegesrausch, der sie in jedem bevorstehenden Kampf gegen andere Stämme beflügelt hätte. So übten sich alle Saleh-treuen Stämme in Schweigen, Trauer und verblieben im Wartemodus. Keine starke, charismatische Persönlichkeit trat aus ihren Reihen hervor, um sie gegen die gefürchteten Huthi-Krieger zu vereinen. Die Jahre des Krieges hatten bei den Stämmen offenbar deutliche Spuren hinterlassen. So konnten die Huthis in der Folge als «alleinige Herrscher» ihre Macht in ganz Sanaa und nahezu den gesamten Nordjemen festigen. Mit mäßigem Erfolg gelang es ihnen sogar, die alten Eliten in ihre Reihen zu integrieren – darunter auch einige wenige, die zu Salehs Lebzeiten noch hohe Posten in Militär und Politik bekleidet hatten. Auf der anderen Seite gründete immerhin der Neffe von Saleh, Tarek Mohammed Saleh, nach dem Tod seines Onkels den sogenannten Nationalen Widerstand. Unterstützt von den Emiratis zog Tarek Saleh mit dieser neuen Miliz ein halbes Jahr später in die Schlacht um Hudeida, den letzten Hafen unter der Kontrolle der Huthis.

Die Schlacht um Hudeida

In einer konzertierten Aktion hatten sich die emiratischen Kräfte an der Seite des Neffen des ermordeten Präsidenten Saleh im Juni 2018 zu einer Offensive gegen die seit 2014 von den Huthis kontrollierte Hafenstadt Hudeida entschieden. Eine Entscheidung von verheerender Bedeutung für diese dicht besiedelte Millionenstadt. Hudeida ist ein Küstengouvernement, das direkt am Roten Meer liegt und ungefähr 270 Kilometer von Sanaa entfernt ist. Die Stadt selbst verfügt nach dem südjemenitischen Aden über den zweitgrößten Hafen im Jemen, was ihre immense strategische Bedeutung für die Huthis, aber auch für die arabische Militärallianz erklärt. Seit Beginn der See-, Luft- und Landblockade durch die arabische Kriegsallianz im Jahr 2015 war Hudeida einer der wenigen Häfen, über den noch Versorgungs- und Hilfslieferungen in den Nordjemen gelangen konnten. UN-Schätzungen von Juni 2018 zufolge werden ca. 90 Prozent der im Jemen verbrauchten Lebensmittel und Medikamente importiert. Über 70 Prozent dieser Importe kamen dabei stets über Hudeida ins Land. Der Angriff der Allianz auf den Hafen riskierte damit nicht nur die Sicherheit hunderttausender Einwohner in der Hafenstadt selbst, sondern auch das Überleben Millionen anderer Menschen im Rest des Landes. Die arabische Kriegsallianz wirft den Huthis jedoch vor, im Hafen auch einen eigenen Marinestützpunkt zu unterhalten und über den Hafen Waffen ins Land zu schmuggeln, was die Führung der Ansar Allah stets dementiert. So oder so darf Hudeida zu Recht als Brückenkopf der Huthis, als ihr Tor zur Welt, betrachtet werden. Dementsprechend war die Verteidigung dieses strategischen Ortes für sie von höchster Priorität. Die alliierten Kräfte hingegen machten vor und während ihrer großen Offensive immer wieder deutlich, dass es sich nur um eine Frage der Zeit handele, bis sie ganz Hudeida und somit auch den Hafen unter ihre Kontrolle gebracht hätten. Der Sturm auf die Stadt begann am 13. Juni 2018. Insbesondere um den Flughafen am Rande der Stadt wurde anfangs heftig gekämpft. Regierungstreue Truppen unter Kommando von Tarek Saleh im Verbund mit Kämpfern der VAE und des Sudan übernahmen die Bodenoffensive, flankiert durch gezielte Luftangriffe der emiratischen Luftwaffe. Wie die französische Tageszeitung *Le Figaro* am 16. Juni 2018 unter Berufung auf zwei anonyme Militärquellen berichtete, wurden sie dabei auch von französischen Spezialkräften unterstützt, die die Straßen von Minen befreien sollten.[13] Von offizieller Seite wurde die Entsendung französischer Spezialkräfte zwar dementiert, aber gänzlich vom Tisch ist die Sache bis heute nicht, zumal das zuständige französische Armeeministerium einräumte, über eine Minenräumaktion im Nachgang der Militäroffensive auf die Hafenstadt nachzudenken, um einen reibungslosen Ablauf humanitärer Hilfsaktionen zu gewährleisten.

Die im Zuge der Rückeroberung der Hafenstadt durch Koalitionskräfte abgeworfenen Bomben trafen dann allerdings nicht nur militärische Stellungen der Huthis, sondern richteten sich auch gegen belebte Wochenmärkte, selbst Krankenhäuser und andere humanitäre Einrichtungen gerieten ins Visier. Viele Zivilisten ließen ihr Leben. Doch auch die Ansar Allah selbst hatten schwere Verluste zu beklagen. Mit ihrer Verteidigungsstratgie brachen sie zudem ihrerseits alle Tabus. Mit versteckten Bomben und Tretminen entlang der Einfallsstraßen nach Hudeida richteten sie großen Schaden unter Gegnern und Zivilisten an. Und wer in den wochenlangen, erbitterten Kämpfen nicht durch Kugeln, Granaten oder Bomben getötet wurde, auf den warteten Cholera und andere Seuchen sowie Hunger und Durst. Über Tage hinweg gab es weder Strom noch Wasser, die Leitungen waren unterbrochen, die Versorgungslage mit Lebensmitteln war verheerend – spätestens seit die arabische Kriegsallianz die Stadt umzingelt und den Flughafen unter ihre Kontrolle gebracht hatte.

An dieser Stelle griffen die Vereinten Nationen ein. Am 23. Juni wurde eine Waffenruhe vereinbart, um unter Vermittlung des UN-Sondergesandten Martin Griffiths Friedensgespräche zu initiieren. Der Beginn der Verhandlungen wurde auf den 6. September in Genf festgelegt. Die Gespräche selbst scheiterten jedoch, nachdem die Delegation der Huthis auch drei Tage nach dem angesetzten Termin nicht erschienen war. Angeblich war sie von der Allianz an der Ausreise gehindert worden. So wurden die Kämpfe wieder aufgenommen, neben dem Flughafen waren vor allem die Universität und weitere Krankenhäuser betroffen. Hunger und eine Choleraepidemie breiteten sich rasend aus. Dennoch lehnte der UN-Sicherheitsrat mehrere Vorstöße der schwedischen Regierung ab, neue Friedensgespräche anzuberaumen, und wiederholte mantraartig seine Aufforderungen an beide Seiten, sich doch an internationales Recht zu halten. Die Mahnungen verklangen ungehört. Erst am 6. Dezember 2018 kam es nach Vermittlung durch den UN-Sondergesandten Martin Griffiths erstmals nach über zwei Jahren wieder zu Verhandlungen. Ein wichtiges Ergebnis der einwöchigen Gespräche in Stockholm war dabei etwa die Vereinbarung über einen Gefangenenaustausch und Deeskalierungsmaßnahmen in der Stadt Taiz. Den größten Erfolg stellt allerdings die Einigung auf einen Waffenstillstand dar, verbunden mit einem von den Vereinten Nationen begleiteten Abzug der Truppen beider Seiten aus Hudeida sowie den benachbarten Hafenstädten Salif und Ras Isa. Dass die Kontrahenten sich in Schweden zusammensetzten, wurde von vielen Seiten begrüßt und sorgte für großen Optimismus im Jemen. Es hätte der Auftakt für weitere, groß angelegte

Kompromisse sein können. Der am 18. Dezember 2018 in Kraft getretene Waffenstillstand wurde jedoch von beiden Seiten immer wieder gebrochen und der geplante Gefangenenaustausch verzögerte sich immer mehr. Bereits im Januar 2019 kam es wieder zu heftigen Kämpfen in und um Hudeida. Einmal mehr schienen tief sitzendes, gegenseitiges Misstrauen und über Jahre erlernte Feindseligkeit alle Hoffnungen zunichtezumachen. Auch eine Neuauflage der Verhandlungen auf einem durch die UN gecharterten Schiff im Roten Meer im Februar 2019 brachte zunächst nur wenig Fortschritte. Im Mai 2019 begannen die Huthis jedoch schließlich mit dem unilateralen Abzug ihrer Streitkräfte aus den Häfen von Hudeida, Salif und Ras Isa, was durch die Beobachterkommission der Vereinten Nationen bestätigt wurde. Im Juli nahmen die Kriegsparteien die Verhandlungen auf einem Schiff 30 Kilometer vor Hudeida wieder auf, um die Details der Verwaltung des Hafens und seine wirtschaftliche Nutzung zu klären. Dem folgte noch im selben Monat die Bestätigung der VAE über den Abzug ihrer eigenen Truppen aus Hudeida. Trotz seiner zaghaften Umsetzung bildet das Stockholmer Abkommen über Hudeida damit die Grundlage für jede weitere politische Lösung des Konflikts im Jemen.

WIRTSCHAFTSKRIEG UND
KRIEGSWIRTSCHAFT IM JEMEN

Die «überwältigend wichtigste Priorität» im Jemen sei die Linderung wirtschaftlicher Probleme, so ließ der UN-Sondergesandte für den Jemen, Martin Griffiths, im Oktober 2018 gegenüber der Nachrichtenagentur Reuters verlauten. Diese These ist nicht besonders gewagt, betrachtet man die Bilanz dieses grausamen Krieges. So dürfte die Zahl der Opfer der durch den Bürgerkrieg ausgelösten Unterernährung und Mangelversorgung deutlich über den ca. 10000 zivilen Todesopfern liegen, die oft durch die Medien geistern.[14] Schätzungen des Kinderhilfswerks *Safe The Children* zufolge sollen zwischen Konfliktbeginn und Oktober 2018 allein 85000 Kinder durch Hunger und Krankheit gestorben sein. Die direkte Ursache für die «größte humanitäre Katastrophe der Gegenwart» liegt folglich mehr in wirtschaftlicher Not als in militärischer Brutalität. Die ökonomische Dimension, die es im Folgenden zu beleuchten gilt, ist dabei zentraler Bestandteil dieser menschengemachten und gewollten Katastrophe.

«Armenhaus der arabischen Welt» – diesen unrühmlichen Titel trug der Jemen bereits vor Ausbruch des Konflikts. Fast die komplette Wirtschaft des Landes beruhte auf Einnahmen aus dem Export von Öl und Gas. Noch 2014 wurden 90 Prozent der Exporterlöse und 60 Prozent der Staatseinnahmen durch den Verkauf von Öl und Gas erwirtschaftet. Was sich zunächst nach einer sprudelnden Einnahmequelle anhört, muss jedoch in Relation gesetzt werden. Das Land verfügt nur über 0,2 Prozent der weltweiten Ölreserven und 0,3 Prozent der Gasvorkommen – kein Vergleich also zu den Rohstoffvorkommen der Nachbarn am Golf. Mangels Raffineriekapazitäten war der Jemen sogar gezwungen, aufbereiteten Treibstoff zur Deckung des eigenen Energiebedarfs zu importieren. Andere Ressourcen sind nur in geringen Mengen zu finden. Nennenswert sind allenfalls noch die kleinen Goldvorkommen in den südlichen Gouvernements.

Zwar verdienten viele Jemeniten ihr Geld mit Landwirtschaft und Fischerei – diese deckten 54 Prozent der Arbeitskraft der Landbevölkerung ab und stellten für 73 Prozent der Jemeniten sogar die Haupteinnahmequelle dar. Doch musste das Land bis zu 90 Prozent seiner Lebensmittel einführen. Denn neben Dürren und Erosionsschäden leidet die Produktivität der Landwirtschaft seit Jahrzehnten vor allem unter menschlichem Versagen. So wird auf den Feldern vor allem die Volksdroge Qat angebaut, die wesentlich höhere Erträge abwirft als Nahrungsmittelpflanzen und zudem viel teurer verkauft werden kann. Die Produktion der Droge verschlingt dabei Unmengen an Wasser und landwirtschaftlicher Fläche, die eigentlich für den Anbau von Nahrungsmittelpflanzen wie Gemüse und Getreide benötigt würden. Diese müssen dagegen oft teuer aus dem Ausland importiert werden. Der Grundwasserspiegel ist dabei vielerorts bereits bedenklich tief gesunken. Je nach Qualität der Qat-Keime bezahlt man im Jemen umgerechnet zwischen einem und 50 Dollar pro Tagesration, was angesichts des einem Jemeniten zur Verfügung stehenden Betrags von durchschnittlich unter zwei Dollar täglich enorm ist. Ein lukratives Geschäft für Qat-Bauern und Händler – die Anreize zum Anbau anderer Nutzpflanzen sind gemessen daran sehr gering. Denn Schätzungen der Weltbank zufolge wird die Volksdroge in der Hauptstadt Sanaa von 90 Prozent aller Männer gekaut, im Rest des Landes sind es drei Viertel. Auch der Anteil an Frauen und Jugendlichen unter den Konsumenten steigt stetig. Der Markt ist folglich gigantisch. Neben den ökologischen Folgen und den geschätzt über 20 Millionen Arbeitsstunden, die pro Tag durch den Konsum verloren gehen, hat das tägliche gesellige Kauen der Pflanze auch erhebliche gesundheitliche Konsequenzen. Die zu einem grünen Klumpen zusammengeballten jungen Blätter der Droge werden oft über Stunden in der Backentasche getragen, wo der Speichel den leicht narkotisierenden und hungerstillenden Saft der Pflanze löst. Mit dem Saft gelangen aber auch die zur Schädlingsbekämpfung tonnenweise auf den Plantagen ausgebrachten, hochgiftigen Pestizide in den Mund der Konsumenten. Kein Wunder also, dass der Jemen schon vor dem Krieg die höchste Rate an Mund-, Speiseröhren- und Zungenkrebs weltweit aufwies. Bereits damals konnten diese Volkskrankheiten im Jemen kaum behandelt werden, in Kriegszeiten umso weniger. Alle mehr oder weniger halbherzigen Versuche der Regierung, den Qat-Anbau zu reduzieren oder gar zu beenden, sind bisher gescheitert. Und so ist der Qat-Anbau und Qat-Handel auch jetzt im Krieg der wohl einzige noch florierende Wirtschaftszweig im Jemen, neben dem Geschäft mit Waffen versteht sich.

Neben der Qat-dominierten Landwirtschaft gab es aufgrund der fehlenden Diversifizierung der Wirtschaft in den letzten Dekaden kaum andere Arbeitsmöglichkeiten. Hauptarbeitgeber war dementsprechend der Staat. Ende 2014 sollen 1,25 Millionen Bedienstete im völlig aufgeblähten Staatsapparat, davon rund 650000 Militär- und Sicherheitskräfte, von der öffentlichen Hand beschäftigt worden sein.

Korruption und Vetternwirtschaft taten ihr Übriges. Der ehemalige Präsident Ali Abdullah Saleh bereicherte sich nicht nur selbst, sondern setzte zur Absicherung seiner Macht auch auf die Beteiligung wichtiger Militärs und Stammesführer an den Gewinnen aus Produktion und Handel. Jemens Wirtschaft wurde folglich dominiert von einem korrupten Eliten-Netzwerk, das weniger das Gemeinwohl, als vielmehr den eigenen Profit im Auge hatte. Nicht umsonst rangiert der Jemen seit vielen Jahren am Ende der Liste des Korruptionswahrnehmungsindex, im Jahr 2017 auf Rang 175 von insgesamt 180 Staaten. Das Ergebnis des korrupten Systems war eine bereits vor dem Krieg bestehende ökonomische Misere. Schon 2013 lebten wirtschaftswissenschaftlichen Schätzungen zufolge ca. 13 Millionen Jemeniten unter der Armutsgrenze, konnten also mit den ihnen zur Verfügung stehenden Einnahmen nicht alle lebensnotwendigen Ressourcen erwerben.

Der seit 2015 andauernde Krieg, initiiert durch die Operation «Decisive Storm», hat der nationalen Wirtschaft den Rest gegeben. Von 2015 bis 2018 reduzierte sich das Bruttoinlandsprodukt (BIP) laut Angaben der Weltbank um über 40 Prozent von 45,5 Milliarden auf 26,9 Milliarden US-Dollar. Pro Kopf lag es demnach im Jahr 2018 bei 929 US-Dollar im Jahr. Auch mittelfristig ist angesichts der politischen Situation des Landes kaum mit einer Entspannung der wirtschaftlichen Lage zu rechnen. Im Gegenteil: Die Staatskassen sind vollkommen klamm. Ende 2017 waren die 1,25 Millionen Staatsbediensteten seit mindestens zwölf Monaten nicht mehr oder nur unregelmäßig bezahlt worden. Dies wirkte sich gerade in Zeiten steigender Preise unmittelbar negativ auf den Lebensunterhalt eines Viertels der Bevölkerung aus. Nicht zuletzt das ohnehin desolate Bildungswesen ist hiervon stark betroffen. In 13 der 22 Gouvernements war Lehrkräften zum selben Zeitpunkt seit Oktober 2016 kein Gehalt mehr ausbezahlt worden – zwei Drittel der Pädagogen waren hiervon betroffen. 4,5 Millionen Kinder konnten folglich die Schule nicht besuchen, dem jemenitischen Bildungsminister zufolge eine Million mehr als vor Kriegsbeginn. Bis heute ist die Gehaltssituation der Lehrer und im öffentlichen Sektor allgemein kaum besser geworden. Es liegt auf der Hand, dass diese Entbehrungen sehr langfristige negative Folgen für Wirtschaft und Gesellschaft des Landes bedeuten werden.

Private Akteure, allen voran internationale Hilfsorganisationen, vermögen die Lücke, welche der erodierte Staat hinterlässt, in Anbetracht der höchst volatilen Sicherheitslage und des Mangels an Spendengeldern nur bedingt zu füllen. Auch die Überweisungen der vor allem in Saudi-Arabien lebenden Exil-Jemeniten sind bestenfalls ein Tropfen auf den heißen Stein, zumal viele Transaktionen wegen der weit fortgeschrittenen Isolation jemenitischer Banken vom internationalen Finanzmarkt das Land gar nicht erst erreichen.

Es wäre jedoch weit verfehlt zu glauben, dass die wirtschaftliche Katastrophe eine simple Folge oder ein Kollateralschaden des brutalen Krieges im Jemen ist. Denn wenngleich sämtliche Kriegsparteien ihr Vorgehen vordergründig vor allem mit ideellen und politischen Motiven begründen, zeigt sich in der Art ihrer Kriegsführung, dass wirtschaftliche Interessen eine elementare Rolle spielen. Eine Vielzahl von Personen profitiert mit dubiosen Geschäften sogar enorm vom Fortgang des Krieges. Das Verständnis der größtenteils verborgenen ökonomischen Dimensionen des Jemenkonflikts ist von zentraler Bedeutung, nicht zuletzt um ihm ein Ende bereiten zu können. Im Folgenden gilt es also, die wirtschaftlichen Interessen und Methoden der verschiedenen unmittelbar und mittelbar am Krieg beteiligten Parteien zu durchleuchten.

Zwischen Kalkül und Versagen: Der Wettstreit um Profit

Mit ihrer wenig fruchtbaren Wirtschaftspolitik versuchen die lokalen Machthaber – die Regierung um Präsident Hadi und der Übergangsrat im Süden und Osten des Landes sowie die Ansar Allah im Norden und Westen – die jeweils andere Seite zu übertrumpfen. Hiervon erhofft sich jede Partei, die Oberhand auch durch wirtschaftliche Argumente zu gewinnen oder zumindest eine gewisse finanzielle Unabhängigkeit zu erlangen, um im Krieg auch noch auf unbestimmte Zeit bestehen zu können.

Die unbeholfene Wirtschaftspolitik der Hadi-Regierung

Auf Seiten der Anti-Huthi-Allianz kämpft zunächst die international anerkannte Regierung um Präsident Abd Rabbo Mansur Hadi um ihre politische und wirtschaftliche Vormacht. Man kann ihr ein gewisses Bemühen um die Besserung der Lebensverhältnisse im Land zwar nicht absprechen, jedoch äußert sich die Mühe zumeist in einer glücklosen Wirtschaftspolitik. Vor allem aber konzentrieren sich die Bestrebungen der offiziellen Regierung nahezu ausschließlich auf die von ihr kontrollierten Gebiete. Das Ziel eines solchen Vorgehens liegt auf der Hand. Die Huthi-Gebiete sollen wirtschaftlich in die Knie gezwungen und die dort lebende Bevölkerung in Anbetracht ihres unerträglichen Leids vollends gegen die Huthis aufgebracht werden. So kommt die von der Regierung seit August 2016 ausgesetzte Bezahlung von Staatsbediensteten in den Huthi-Gebieten bis heute nicht wieder richtig in Gang. Im November 2018 beschloss die Hadi-Regierung zwar, die Gehälter für Staatsbedienstete beider Landesteile wieder auszubezahlen. Faktisch erhalten die Angestellten im öffentlichen Sektor allerdings nur einen Bruchteil dessen, was sie zuvor verdient hatten – und selbst dies nur in unregelmäßigen Abständen. Aus eigener Erfahrung kann ich Folgendes berichten: In dem Schulprojekt etwa, das ich Ende 2017 mit einigen Freunden unter dem Motto «Für eine Fortsetzung des Lehrbetriebs an jemenitischen Schulen» gestartet hatte, sind im Jahr 2018 von Seiten der Regierung lediglich zwei Einmalzahlungen an das Lehrpersonal in Sanaa geflossen. Die Folgen dieser politischen Strategie sind verheerend, wohnt doch die Mehrheit der jemenitischen Bevölkerung in den von den Huthis kontrollierten Gebieten. Überdies ist der Staat, wie bereits erwähnt, landesweit der größte Arbeitgeber. Das Ziel, die wirtschaftliche Dominanz über den Norden zu erlangen oder die Menschen dazu zu bringen, mit den Füßen abzustimmen und in den Süden abzuwandern, hat die Regierung aber dennoch deutlich verfehlt. So hatte der jemenitische Rial zu Zeiten der Rekordinflation im Herbst 2018 in den Huthi-Regionen stets einen höheren Wert, wenngleich die Unterschiede aus eigener Erfahrung nie mehr als 2 Prozent betrugen. Grund hierfür ist, neben der recht rabiaten Wirtschaftspolitik der Huthis, vor allem das Ungeschick der Regierung Hadis.

So erhöhte sie beispielsweise Anfang September 2018 als Reaktion auf den wachsenden Widerstand in den von ihr kontrollierten Gebieten den Lohn der dort ansässigen Staatsbediensteten um 30 Prozent. Nun dürfte selbst ökonomischen Laien bekannt sein, dass eine Erhöhung von Gehältern selten ein geeignetes Instrument ist, um gegen eine Rekordinflation anzukämpfen. Vielmehr kam, was kommen musste: Wohl wissend, dass die hochverschuldete Regierung die Mittel für diese massive Gehaltserhöhung der zahlreichen Staatsbediensteten nicht aus den leeren Staatskassen würde beziehen können, antizipierten Anleger einen massiven Gelddruck seitens der Zentralbank und verkauften ihre Währungsreserven. Dies mündete in einer dramatischen Verschärfung der ohnehin gravierenden Inflation, mit einem Wertverfall des Rials um nahezu 55 Prozent zwischen Juli und Ende September 2018. Präsident Hadi war in der Folge bemüht, die Verantwortung für dieses Fiasko von sich zu weisen. Mitte Oktober, wohl auch auf großen Druck der Saudis hin, tauschte er den seit 2016 amtierenden Premierminister Ahmed Obaid bin Dagher, der ihm auch den Vorsitz der Regierungspartei streitig zu machen drohte, durch Maeen Abdulmalik Saeed aus. Bei Letzterem handelt es sich um einen recht prominenten Technokraten, der sich seine politischen Meriten insbesondere im Rahmen der Nationalen Dialogkonferenz und im Verfassungsprozess erworben hatte. Seine Kompetenzen dürften ihn aber in den Augen Hadis wohl weniger für das Amt des Regierungschefs qualifiziert haben als seine neoliberale Geisteshaltung und vor allem seine gute Vernetzung im Ausland. Ob dieser Premier das Land wirtschaftlich aus der Misere führen kann, ist angesichts der widrigen Umstände jedoch höchst fraglich.

Tatsächlich versucht die neue Regierung seit Herbst 2018, die monetäre Katastrophe mit aller Kraft einzudämmen. Hierfür bemüht sie sich vor allem um die Reglementierung von Importen, die insofern problematisch sind, als damit Devisenabflüsse ins Ausland verbunden sind. Hierdurch gewinnen die im Jemen verbleibenden ausländischen Geldwerte aufgrund des niedrigen Angebots an Wert, der Rial sackt im Vergleich ab. Diese neue Herangehensweise ist also nicht unvernünftig, da der grundlegende Faktor für die Unterversorgung der Bevölkerung nicht die Knappheit an Gütern im Lande, sondern vor allem deren Unbezahlbarkeit aufgrund der geringen Kaufkraft des jemenitischen Rial ist. Die Zentralbank, welche seit 2015 neben ihrem Huthi-Pendant in Sanaa von Aden aus operiert, untersagte im September 2018 den Import von Luxusgütern wie beispielsweise Autos. Dies vermochte den Wert des Rials jedoch kaum zu beeinflussen, schließlich werden solche Waren im Jemen ohnehin kaum mehr gehandelt. Dessen waren sich auch die Zentralbanker bewusst – sie versuchten auch die Importe der wichtigsten Lebensmittel zu drosseln und zu kontrollieren. Seit September 2018 dürfen daher nur mehr jene Händler Lebensmittel ins Land holen, die über eine nach strengen Regeln erteilte Lizenz verfügen. Die Inflationsbekämpfung weiter im Auge, sicherte die Zentralbank in Aden den autorisierten Importeuren dann auch feste, vorteilhafte Wechselkurse für ihre Transaktionen zu, welche aus einem von Saudi-Arabien zur Verfügung gestellten Fonds in Höhe von zwei Milliarden US-Dollar finanziert werden. Aus diesem genehmigte die Adener Zentralbank im Juli 2018 erstmalig Zahlungen von 20 Millionen US-Dollar, im September dann 85 Millionen und im November gar 170 Millionen.

Die Importpolitik der Regierung wird nicht zuletzt wegen solcher Inkohärenzen scharf kritisiert. Der humanitäre Koordinator der UN, Mark Lowcock, prognostizierte gar eine Verschlimmerung des Versorgungsnotstands durch die beschriebenen Maßnahmen.[15] Weiterhin gehen Analysten davon aus, dass die Reglementierung offizieller Importe lediglich eine Stärkung illegaler Schmuggelgeschäfte zur Folge habe.

Doch die Regierung beschränkt sich bei der Inflationsbekämpfung nicht auf Maßnahmen der Importbeschränkung. Sie versucht zugleich den seit dem Krieg international recht isolierten jemenitischen Geldhäusern den Zugriff auf ihre Auslandskonten zu vereinfachen, damit wieder mehr fremdes Geld ins Land kommt. So erreichte sie im November eine Vereinbarung mit der saudischen Regierung, die sich zu einer Mitwirkung an solchen Geldtransfers verpflichtete. Darüber hinaus ist die Zentralbank bemüht, die Staatskassen durch Staatsanleihen zu füllen, für die sie die Renditen auf 17 Prozent erhöhte. So gelang im November 2018 der Verkauf staatlicher Schuldscheine in Wert von 100 Milliarden Rial (ca. 400 Millionen US-Dollar), was sich in Anbetracht des desolaten Zustands der jemenitischen Staatskassen kaum jemand hätte erträumen mögen.

Insgesamt hatte das Maßnahmenpaket der international anerkannten Regierung einen überraschend positiven Effekt auf die Landeswährung. Schon im Oktober 2018 kam es zu einer starken, wenn auch wechselhaften Aufwertung der Landeswährung. Ende November 2018 wurde der Dollar für 380 Rial gehandelt, im Vergleich zu den 750 Rial zu Beginn des Monats ein sagenhafter Wertgewinn. Im Mai 2019 sank der Wert des Rials wieder ab, auf umgerechnet 530 Rial pro US-Dollar. Neben dem staatlichen Maßnahmenpaket trugen wohl auch ausländische Mittel zur Entspannung der monetären Lage bei. So stellte das saudische Königshaus im Oktober und November 2018 Energiekraftwerken in den Regierungsgebieten Öl im Wert von 60 Millionen US-Dollar zur Verfügung, was eine Senkung des Ölpreises mit sich brachte.

Sofern eine entsprechende Aussage angesichts des maroden Vorkriegszustands der jemenitischen Wirtschaft überhaupt zulässig ist, gibt es also Anlass zu vorsichtiger Hoffnung auf eine «Normalisierung» der Wirtschaftslage im Jemen – zumindest in den von Saudis und Emiratis sowie ihren jemenitischen Vasallen und Stellvertretern kontrollierten Gebieten. So läuft der einst so wichtige Ölexport wieder an, wenn auch sehr zaghaft. Im Juli 2018 wurden aus dem Gouvernement Schabwa im Süden des Jemen erstmalig seit Kriegsbeginn wieder Treibstoff exportiert. Immerhin 500 000 Barrel wurden durch den österreichischen Konzern OMV in Richtung China verschifft, wobei das Gouvernement einen Anteil von 20 Prozent am Gewinn erhalten sollte.

Die leichte ökonomische Entspannung ist jedoch noch kein Grund zur Euphorie. Die einfache Bevölkerung profitiert bis dato kaum von der zaghaften wirtschaftlichen Normalisierung. So sanken im November 2018 die Lebensmittelpreise trotz der Deflation von 40 Prozent vielerorts gar nicht, mancherorts um lediglich 10 Prozent. Zwar schrieb die Exil-Regierung, wie auch die Ansar-Allah-Führung, den Händlern strenge Preismaxima für Lebensmittelverkäufe vor, diese wurden jedoch kaum eingehalten. Vordergründig gaben die Händler an, dass sie auf die gleichbleibenden Preise für ihr wirtschaftliches Überleben angewiesen seien – schließlich hätten sie ja die importierten Lebensmittel in den Vormonaten zu deutlich nachteiligeren Wechselkursen erworben. Ein weiterer Grund dafür ist, dass der Schwarzmarkt für dieselben Produkte wesentlich höhere Gewinne verspricht als der legale Vertriebsweg. Es ist jedoch auch zu vermuten, dass die Händler Preisabsprachen getroffen hatten, um die Besserung der Wirtschaftslage für ihren eigenen Profit ausschlachten zu können.

Hadis Exil-Regierung hat ein großes Interesse daran, dass sich die wirtschaftliche Lage in ihren Gebieten rasch bessert – schließlich stößt sie hier bereits auf vehementen Widerstand. In Hadramaut, das vor Kriegsausbruch Ausgangspunkt für über die Hälfte der landesweiten Ölexporte war, drohte der Gouverneur mit der Aussetzung der Rohstofflieferungen, sollte die Exil-Regierung die Rezession nicht bald in den Griff bekommen. Auch in der Interimshauptstadt Aden gerät Präsident Hadi in Bedrängnis. Wie bereits erwähnt hatte ihn der dort sehr mächtige Südliche Übergangsrat (Southern Transitional Council, STC) Anfang des Jahres 2018 samt seiner Minister ins saudische Exil gezwungen und den wichtigen Hafen unter Kontrolle gebracht. Zwar ist die Gegenwart einiger Exil-Minister inzwischen wieder geduldet, jedoch formierte sich bereits im Oktober 2018 erneut Widerstand gegen deren Politik, worauf der Übergangsrat abermals zum Aufstand gegen die aus Riad agierende Regierung aufrief. Nur durch Vermittlungen des UN-Sondergesandten Martin Griffiths konnte ein erneuter Eklat in letzter Minute verhindert werden. Im August 2019 eskaliert die Situation zwischen beiden Lagern vollends: Der von den VAE unterstützte STC hat den Kampf um Aden dabei zunächst für sich entschieden und droht mit der langfristigen Übernahme des Südens.

Die unkonventionelle Wirtschaftspolitik der Huthis

Die Ansar Allah mobilisierten ihre Gefolgschaft einst durch die Anprangerung der wirtschaftlichen Marginalisierung der Bevölkerung im äußersten Norden des Jemen. Seitdem sie jedoch im Zuge der Einnahme der Hauptstadt Sanaa einen Pakt mit ihrem ehemaligen Gegner Saleh schlossen, profitieren sie selbst von dem vormals beanstandeten vetternwirtschaftlichen Reichtum des langjährigen Präsidenten. Weitere Mittel beziehen sie aus verschiedenen Einnahmequellen auf ihrem Territorium, darunter vor allem dem wichtigsten Hafen der Region in Hudeida am Roten Meer. Vor allem die exorbitante Erhöhung der Zölle spült der Huthi-Führung viel Geld in die Kassen. Die von der Allianz im November 2017 verhängte Seeblockade unterband jedoch sämtliche Importe in den Nordjemen, wodurch der Hafen für die Huthis immer weniger lukrativ wurde. Doch nicht zuletzt wegen der andauernden Belagerung der Hafenstadt gelangen auch seit dem Ende der Blockade im Schnitt 55 000 Tonnen Lebensmittel pro Monat weniger nach Hudeida als zuvor.

Ebenso hat die Liquidierung ihres besten Feindes Saleh den Huthis politisch und wirtschaftlich schwer geschadet. Zwar besetzten sie seit seiner Tötung einen Großteil der Posten an den wichtigsten Schaltstellen von Staat und Wirtschaft mit ihren Leuten und ersetzten damit die hohen Beamten der Saleh-Administration. Jedoch sind die neuen, Huthi-loyalen Beamten entweder schlecht oder gar nicht ausgebildet und verfügen über kaum Erfahrung im Staats- und Verwaltungsdienst. Diese Unterwanderung der Staatsorgane in den Huthi-kontrollierten Gebieten wird von der breiten Bevölkerung sehr kritisch beäugt. Durch den Bruch mit dem ehemaligen Präsidenten sagte sich auch ein Großteil der Funktionäre des alten Regimes von den Huthis los. Dies bescherte ihnen gewaltige Probleme, schließlich hatten Salehs Leute über ein exzellentes Netzwerk verfügt. In der Folge konnten die Huthis beispielsweise auch auf wichtige geheimdienstliche Strukturen nicht mehr zurückgreifen. Die vormals dank Saleh noch engen Beziehungen zu den wichtigsten europäischen und US-amerikanischen Geheimdiensten wurden brüchig. Vor allem von Kontakten zu Letzteren hatte das Huthi-Saleh-Bündnis zuvor wirtschaftlich stark profitiert, konnten sie so doch nicht zu unterschätzende wirtschaftliche Mittel aus dem Ausland beziehen. Freilich mussten solche Transaktionen stets unter dem Radar der Weltöffentlichkeit geschehen, vor allem seit die Resolution 2140 des UN-Sicherheitsrates aus dem Jahr 2014 all jene zu sanktionieren droht, die «Frieden und Sicherheit im Jemen» gefährden. Durch den Beschluss wurden die Konten des ehemaligen Präsidenten eingefroren und Geschäfte mit ihm verboten.

In existentieller Not befinden sich die Huthis wohl trotz des Bruchs mit Saleh nicht: Sie erheben Steuern und führen Mehrfachzölle ein, bereichern sich durch Gelddruck und manipulieren Treibstoffmärkte. Darüber hinaus nutzen sie die hohen Wechselkursschwankungen im Land, um lukrative Geschäfte mit Währungsumtausch zu betreiben. Auf diese Weise gelangen die Huthis an genügend materielle Ressourcen, um zumindest die verschiedenen Kriegsfronten ausreichend zu versorgen und das militärische Kriegsgerät auf den neuesten Stand zu bringen. Die Hadi-Regierung wirft ihnen daher vor, vier Milliarden US-Dollar für Militärzwecke zu horten. Unter dem Vorwand, die Männer an vorderster Front zu unterstützen, verlangen die Huthis zudem eine sogenannte Kriegsabgabe (*al-majhoud al-harbi*). Ihre Höhe variiert erheblich und trifft insbesondere wohlhabende Händler und private Investoren im Land. Es gibt überdies Hinweise darauf, dass durch iranische Treibstoffspenden monatlich schätzungsweise 30 Millionen

Dollar in die Kassen bzw. Taschen der Huthi-Führung gespült werden. Zwar gibt es keine gesicherten Erkenntnisse hinsichtlich des Ausmaßes der materiellen Beteiligung des Iran und der Hisbollah am Jemenkonflikt. Es besteht jedoch unter Beobachtern kein Zweifel daran, dass Hilfe aus dem Iran und dem Libanon über Banken in den Golfstaaten selbst den Weg in den Jemen finden. Realistische Schätzungen gehen davon aus, dass die Hisbollah und der Iran jährlich nicht mehr als einen niedrigen neunstelligen Betrag beisteuern, während allein Saudi-Arabien vermutlich bis zu sechs Milliarden Dollar monatlich für diesen Krieg ausgibt.

Zur Wirtschaftspolitik der Huthis ist allgemein wenig bekannt. Dies liegt daran, dass sich nur noch sehr wenige Berichterstatter in ihren Gebieten aufhalten – die Sicherheitslage ist zu volatil; außerdem sind freie Journalisten Verfolgung ausgesetzt. Von einer halbwegs kohärenten und transparenten Wirtschaftspolitik kann auf ihrem Territorium dennoch kaum die Rede sein. Auch vier Jahre nach der Einnahme Sanaas handelt es sich bei den Ansar Allah immer noch um para-militärische Einheiten, die ihren öffentlichen Aufgaben in vielerlei Hinsicht dilettantisch nachgehen.

Bekannt ist, dass die Huthi-Führung ihr Gebiet auch in Wirtschaftsfragen mit eiserner Hand führt. So hat sie sich die staatliche Ölfirma Yemen Petroleum Company (YPC) einverleibt und dieser ein Monopol auf den Ölverkauf in den von ihr kontrollierten Gebieten verschafft. Die YPC ordnete im November des Jahres 2018 eine signifikante Reduzierung der Spritpreise an. Außerdem üben die Huthis großen Druck auf zahlreiche Geldinstitute des Nordjemens aus. Während der Rekordinflation im Herbst 2018 untersagten sie zeitweise sämtliche Geldwechselgeschäfte, inzwischen sind diese unter strengen Auflagen wieder möglich. So dürfen Wechselagenturen nicht mehr Fremdwährungen handeln oder außerhalb der von den Huthis kontrollierten Gebiete operieren, da dadurch Geld in die feindlichen Regionen gelangen würde. Wer allerdings seine Steuern und Kriegsabgaben brav zahlt, darf weiterhin seine Wechselstube betreiben. Diese rabiaten wirtschaftspolitischen Maßnahmen haben zwar dazu geführt, dass die Huthi-Gebiete punktuell in wirtschaftlichen Belangen im Vergleich zum Restjemen die Nase marginal vorne haben, was sich beispielsweise im höheren Wert des Rials in ihren Gebieten widerspiegelt. Jedoch profitiert auch hier die Bevölkerung nur in geringem Maße von den wenigen positiven wirtschaftlichen Entwicklungen. Vielmehr hat sich besonders im Norden des Landes eine Schattenwirtschaft gebildet, welche durch die Huthi-Führung zumindest geduldet wird. Schließlich ist diese neue Huthi-Elite selbst einer der größten Profiteure dieser Kriegswirtschaft.

Die Schattenwirtschaft floriert dank dem Krieg

Bereits vor Kriegsbeginn befand sich der Großteil der Privatwirtschaft außerhalb des legalen Bereichs – Schätzungen zufolge waren knapp drei Viertel der 4,2 Millionen Angestellten landesweit schwarz beschäftigt. Der Konflikt sorgte dann dafür, dass außerhalb des Militärs kaum noch offizielle Arbeitsplätze fortbestanden. Die ohnehin marode Wirtschaft ist implodiert, der schwache Staat endgültig zerfallen. Was bleibt, ist Chaos, welches wie so oft von einigen besonders skrupellosen Akteuren ausgenutzt wird, auch in wirtschaftlicher Hinsicht. Diese neu erschaffene Kriegswirtschaft erhält Auftrieb durch die Beteiligung der einfachen Bevölkerung, die sich angesichts des Elends kaum anders zu helfen weiß. Gefördert wird sie aber auch von der nationalen und regionalen Politik, die an den florierenden Geschäften großen Anteil besitzt. Die aufgeblähte Schattenwirtschaft lässt der legalen Wirtschaft kaum mehr Platz zur Entwicklung. Noch problematischer ist, dass sie bei vielen Akteuren ein aktives Interesse an der Perpetuierung des Krieges schafft und somit dem ersehnten Frieden im Wege steht.

So schießen seit Kriegsbeginn vor allem in den Huthi-Gebieten inoffizielle Wechselagenturen wie Pilze aus dem Boden. Stand August 2018 agierte landesweit circa die Hälfte der Wechselstuben auf dem Schwarzmarkt. Ihre Zahl dürfte inzwischen jedoch zurückgegangen sein – zumindest im Süden, wo ihnen die Exil-Regierung den Kampf angesagt hat und Wechselstuben massenhaft schließen ließ. Viele Stuben haben zudem die dramatischen Kursschwankungen des Herbstes 2018 nicht überlebt, was insofern ironisch ist, als sie diese durch ihre Aktivitäten zuvor stark gefördert hatten. So boten sie ihren Kunden, die in Anbetracht der Aufwertung der Landeswährung massenhaft Fremdwährungen einzutauschen versuchten, sehr vorteilhafte Wechselkurse an und trieben dadurch den Wert des Rials künstlich in die Höhe. Genauso hatten sie zur Inflation beigetragen, indem sie Treibstoffimporteuren, die für ihre Geschäfte um jeden Preis Fremdwährungen benötigten, in Kartellabsprachen wucherhafte Wechselkurse abverlangten.

Doch auch die Treibstoffhändler haben in diesem dreckigen Spiel keine weiße Weste. Wie die Nahrungsmittelimporteure sollen auch sie in Kartellen organisiert sein. So versorgen sie die offiziellen Tankstellen regelmäßig mit nur einem Teil der ihnen zustehenden Treibstoffmengen. Hierdurch schießen die Preise in die Höhe, was es den Händlern erlaubt, den restlichen Treibstoff zu einem großen Aufpreis an Tankstellen des Schwarzmarktes zu verkaufen. Und die Verstrickungen gehen weiter. So gibt es Belege für dubiose Ölgeschäfte mit dem Iran. Über den Oman liefert dieser vor allem in die Huthi-Gebiete minderwertiges Öl zu billigen Preisen. Abnehmer sind dann Huthi-nahe Ölfirmen, allen voran die YPC, welche den Treibstoff mit großem Preisaufschlag an die Bevölkerung weiterverkaufen. Besonders brisant ist hierbei, dass solche Lieferungen ohne Wissen der Exil-Regierung wohl kaum möglich wären – schließlich sind sowohl die Seewege als auch die Grenze zum Oman unter der Kontrolle der Kriegsallianz. Es wird daher vermutet, dass die Huthi-Geschäftsleute Absprachen mit Jalal Hadi, dem korrupten Sohn des jemenitischen Präsidenten, bezüglich der Passage des iranischen Öls treffen. Zudem gibt es Berichte, nach welchen die Erträge eines Ölfeldes in der Hadramaut-Region direkt auf ein Privatkonto des Präsidenten in Saudi-Arabien geflossen sind.

Auch auf niedrigerer staatlicher Ebene werden Schmiergelder verlangt und gezahlt. Der Jemen hatte auch vor Kriegsbeginn schon ein riesiges Problem mit Korruption, wie wir bereits gelernt haben. Nunmehr ist es jedoch nahezu unmöglich, irgendeine öffentliche Leistung ohne inoffizielle Gegenleistung zu erhalten.

Besonders hoch sind die Bestechungsgelder, wenn es um sensible Geschäfte wie den Waffenhandel geht. Ein Marktsegment, das täglich expandiert und sich wenig um Freund-Feind-Zuschreibungen kümmert.

Ein Land unter Waffen

Wir haben bereits im ersten Kapitel erfahren, dass der Jemen lange für seine feine Schmiedekunst berühmt war. Kostbar verzierte Dolche und Schwerter gehören seit jeher zum Erscheinungsbild des männlichen Jemeniten und kennzeichnen ihn als stolzes und tapferes Mitglied seines Stammes. Seit langem sind auch der Besitz und das öffentliche Mitführen von Handfeuerwaffen jeglicher Art sowie der Handel mit ihnen im Jemen üblich und normal. Zwar intervenierte der Staat in der Vergangenheit von Zeit zu Zeit, um das Waffentragen insbesondere in der Hauptstadt Sanaa zu untersagen, doch war diesen Verboten selten eine längere Gültigkeit beschieden. Zu stark war die Macht der Tradition und zu schwach die Macht des Staates.

Es dürfte für europäische Ohren äußerst befremdlich klingen, dass ein Land von knapp 30 Millionen Einwohnern Schätzungen zufolge über 40 bis 60 Millionen Waffen in Privatbesitz verfügt, die sich auf alle möglichen Gruppierungen verteilen und regelmäßig den Besitzer wechseln. Zum Vergleich: In Deutschland kommen auf über 80 Millionen Einwohner nur etwa 5 800 000 registrierte Waffen. Schätzungsweise gibt es ca. 20 Waffenmärkte im Jemen. Die berühmtesten unter ihnen sind der Souk Jihana (der Markt von Jihana) im Osten der Hauptstadt Sanaa, der Souk al-Talh in Saada sowie der Souk Raidah in Amran. Auf diesen Märkten können alle Arten von leichten und mittelschweren Waffen frei gehandelt werden. Wer über die richtigen Kontakte verfügt, kann hier auch große Kaliber erwerben. Seit die Kriegsallianz im Jahr 2015 die Kontrolle über Aden erlangte, entwickelten sich im Süden überdies viele neue Umschlagplätze für Waffen aller Art. Auf den meisten von ihnen wird neuestes Waffengut verkauft, das die Saudis und Emiratis den von ihnen unterstützten Milizen und Stämmen ursprünglich zur Bewaffnung ihrer Getreuen kostenlos zur Verfügung gestellt hatten. Die Milizenführer sind heute die größten Waffenhändler der Stadt Aden. Sie arbeiten mit Agenten zusammen, denen sie die Waffen unter der Hand verkaufen und damit das Geschäft ihres Lebens machen. Gegenüber den Saudis und Emiratis melden diese Milizenführer dann, dass ihre Waffenlager geplündert worden seien oder einige ihrer Anhänger Waffen zwar entgegengenommen hätten, damit jedoch geflüchtet seien. Ausreden finden sich in einem chaotischen und unüberschaubaren Land wie dem heutigen Jemen genug. Und für Saudis und Emiratis handelt es sich ohnehin nur um Peanuts, wenn sie ständig Handfeuerwaffen jeglicher Art neu kaufen und verteilen. An Geld mangelt es wahrlich nicht.

Doch nicht nur der Besitz, sondern auch der Gebrauch von Waffen ist im Jemen seit jeher normal. Jungen werden oft schon ab einem frühen Alter im Umgang mit der Waffe trainiert, gewissermaßen als Initiationsritus, um sie auf das Leben als Mann innerhalb der Stammesgemeinschaft vorzubereiten. Durch solche Traditionen und die riesigen Waffenbestände in Stammesbesitz wird deutlich, weshalb sich mancher Clan dem Staat überlegen fühlt oder zumindest den Kampf mit diesem ohne Scheu aufzunehmen bereit ist.

Der Waffenhandel ist in Zeiten des Krieges in jedem Fall lukrativer geworden. Das Geschäft mit dem Tod floriert über die Konfliktlinien hinweg in kaum vorstellbarem Ausmaß. Bei den kriegswirtschaftlichen Verkäufen im engeren Sinne sind selbst führende Köpfe der Konfliktparteien involviert. So geben ranghohe Militärs ihren Vorgesetzten bzw. ausländischen Sponsoren gegenüber eine zu hohe Anzahl an Truppen an. Den Sold der Geistersoldaten behalten sie selbst ein, ihre Waffen verkaufen sie an andere Konfliktparteien. Oftmals ist der letzte Abnehmer dieser Waffen der Feind auf der anderen Seite – die Huthis. Für das operative Geschäft setzen sie dann auf die zivile Bevölkerung, die für den Schmuggel über unbewachte Landwege und ihr Schweigen ordentlich bezahlt wird.

Das Problem der Geistersoldaten gab es auch schon zu Zeiten Salehs. Während der Saada-Kriege von 2004 bis 2010 trugen sich viele Männer als Kämpfer in dessen Armee ein, verkauften aber über Mittelsmänner ihre Waffen an die verfeindeten Huthis weiter und kassierten den Sold, ohne tatsächlich an der Front zu erscheinen. Im Unterschied zu damals sind es diesmal jedoch führende Köpfe der Hadi-Armee, die das schmutzige Geschäft maßgeblich betreiben. Und es geht hier um Milliardensummen, die seit Kriegsbeginn überwiesen wurden. Entsprechende Schreiben, in denen die Kommandeure von Einsatzbrigaden ihre Vorgesetzten in Riad um Bargeldunterstützung bitten, liegen mir vor. Eine Depesche an den zuständigen Emir im saudischen Innenministerium seitens eines Ministers der Exil-Regierung reicht in den meisten Fällen schon völlig aus, um Geld regnen zu lassen.

Spätestens seit Beginn der Operation «Decisive Storm» werden atemberaubende Beträge in Waffen und Ausrüstung investiert. Saudi-Arabien alleine soll sich die Intervention bis zu sechs Milliarden Dollar kosten lassen – pro Monat! Diese Mächte dulden die genannten schattenwirtschaftlichen Vorgänge, schließlich sind sie vor Ort kaum zu übersehen. Zum Teil gestalten sie die Kriegswirtschaft ganz aktiv mit. Anscheinend bedienen sich die VAE bei ihrer Kriegsführung ausländischer Söldner, wobei sie vor allem Pakistanis in niederen, Venezolaner und Kolumbianer in höheren Rängen verwenden sollen. Für die Ermordung von Vertretern der Islah-Partei, welche von den VAE als verbotswürdige Terrororganisation eingestuft wird, soll das Königshaus gar auf ehemalige amerikanische und französische Soldaten zurückgegriffen haben. Das Aussetzen von Kopfgeld auf besonders gesuchte Personen ist gängige Praxis. Das gilt ganz besonders für die Anführer der Huthis im Norden des Landes. Auf den im April 2018 getöteten Präsidenten der Huthi-Regierung, Saleh al-Sammad, war beispielsweise ein Kopfgeld von 20 Millionen US-Dollar ausgesetzt. Die Liste mit Namen und Bildern sowie dem zu erwartenden Kopfgeld wurde von der saudischen Regierung offiziell herausgegeben und ist bis heute weiterhin gültig.

Im Gegensatz zu den lokalen Eliten – den tatsächlichen Kriegstreibern vor Ort – haben die Saudis und die Emiratis jedoch kein größeres Interesse an der Kriegswirtschaft selbst. Denn im Vordergrund steht für beide die Durchsetzung langfristiger wirtschaftlicher und geostrategischer Interessen, die erst nach dem Krieg richtig zum Tragen kommen werden.

DIE GROSSEN PLAYER IM KRIEG –
EINE ALLIANZ AUF ZEIT?

Die für den Jemenkonflikt oft verwendete Bezeichnung «Bürgerkrieg» ist streng genommen fehl am Platz. Zwar unterstützt die Allianz der neun, vorwiegend arabischen Staaten, offiziell nur den Kampf der lokalen Kräfte gegen die Huthis. Es ist jedoch kein Geheimnis, dass sie inzwischen selbst zum zentralen militärischen Akteur geworden ist und damit erheblichen Einfluss auf die langfristige Entwicklung des Jemen nimmt. Die Koalitionsstaaten geben vor, durch ihren Einsatz in erster Linie die Sicherheit auf der Arabischen Halbinsel gewährleisten zu wollen. Diese Motivation ist zwar sicherlich ehrlich, aber nur ein Teil der Wahrheit. Wie für Kriege der Gegenwart üblich, geht es der Allianz auch, und wohl gar primär, um geostrategische und wirtschaftliche Interessen. Zudem bedient sie sich Mittel, auf die in modernen Konflikten wider alle völkerrechtlichen Bestimmungen immer öfter zurückgegriffen wird: Um ohne größere eigene Verluste rasch zu einem militärischen Sieg zu gelangen, setzen die Koalitionsstaaten auf das Leid der Zivilbevölkerung. Zur Demoralisierung berauben sie sie hierfür ihrer zentralen Lebensgrundlage – der Versorgung mit Lebensmitteln und Medizin.

Das gestiegene Interesse am Tor der Tränen

Bislang verfolgten die beiden Führungen in Saudi-Arabien und den VAE ihre wirtschaftlichen Ziele noch halbwegs gemeinschaftlich. Ihre größten Sorgen dürften dabei in erster Linie geopolitischer Natur sein, verläuft doch die Seestraße vom Indischen Ozean über das Rote Meer zum Suezkanal entlang der Küste des kriegsgebeutelten Landes. Da sich die Ölraffinerien der VAE und Saudi-Arabiens im Osten der Arabischen Halbinsel befinden und sie den Rohstofftransport auf dem Landwege bisher nicht ausreichend gewährleisten können, sind die Scheichs zur Absicherung ihrer Haupteinnahmequelle auf den Schiffstransport durch das sogenannte Tor der Tränen (Bab al-Mandab) zwischen dem Südwest-Kap des Jemen und dem Horn von Afrika angewiesen. Eine Kontrolle dieser Passage durch die schiitischen, iranfreundlichen Huthis, wie sie sich gerade zu Beginn des Krieges abzeichnete, ist dabei wohl kaum im Interesse der sunnitischen Königshäuser. Eine potenzielle Blockade des Bab al-Mandab durch die Huthis dient der Kriegsallianz seither als zentrales rhetorisches Schreckgespenst und somit als ein Teil der Legitimation des Krieges vor der Weltöffentlichkeit. Die westlichen Mächte, die einen Gutteil ihres Öls von den Golfstaaten über den Suezkanal geliefert bekommen, wären von einer Blockade unmittelbar betroffen. Und so werfen sie sich nicht zuletzt deswegen mit ihrem vollen Gewicht hinter die Saudis. Im Kriegszustand ist eine tatsächliche Gefährdung der Passage durch die Huthis, welche einen Großteil der jemenitischen Küste am Roten Meer besetzt halten, nicht komplett an den Haaren herbeigezogen. Im Juli 2018 kam es zum Beschuss zweier saudischer Öltanker durch vermeintliche Huthi-Rebellen, die Golfmonarchie setzte daraufhin den Transport über das Bab al-Mandab eine Woche lang aus. Der Schaden an den Booten war zwar sehr geringfügig, es mussten lediglich Einschusslöcher beseitigt werden. Das Kriegsbündnis konnte sich dennoch des Mitgefühls der Weltöffentlichkeit sicher sein. So drohte Israels Premier Benjamin Netanjahu erstmalig mit einem Eingreifen im Jemen, falls «der Iran versuchen sollte, die Meeresenge des Bab el-Mandab zu blockieren».[16] Diese Aussage ist nicht zuletzt beispielhaft dafür, wie effektiv sich das saudische Narrativ eines drohenden iranischen Satellitenstaats im Jemen verbreitet. Auch deutsche Medien sprangen auf den Zug der Hysterie auf: Der private Nachrichtensender n-tv titelte «Der Krieg im Jemen bedroht die europäische Energieversorgung», und das aufgrund der Machenschaften «pro-iranischer Huthi-Rebellen».[17] Im April 2018 war die arabische Allianz gar so weit gegangen, die Beschlagnahmung von 19 Öltankern durch die Huthis vorzutäuschen. Dies sollte als Vorwand dienen, eine Resolution des UN-Sicherheitsrates hinsichtlich der Befreiung des Hafens von Hudeida zu erreichen. Peinlicherweise brach das Kartenhaus bereits nach wenigen Tagen zusammen. Eine schwedische NGO, die auf das Tracken von Schiffen spezialisiert ist, deckte auf, dass die Tanker völlig unbehelligt in einigem Abstand vor der jemenitischen Hafenstadt Hudeida vor Anker lagen.

Die notdürftig aufgebaute Gefahrenkulisse nutzen die Koalitionsmächte aus, um sich verstärkt im und um das Bab al-Mandab breitzumachen. Bereits 2015 verdrängten sie die Huthis von den Hanisch-Inseln, knapp 70 Kilometer nördlich der Einfahrt in die Meerenge.

Dabei wird immer deutlicher, dass es den Golfstaaten nicht nur um die Seepassage, sondern vielmehr um die Vorherrschaft in der gesamten Region geht. Um dies nachvollziehen zu können, muss man sich die geographischen Besonderheiten des Jemen vor Augen führen. Das Land liegt im äußersten Südwesten der Arabischen Halbinsel gegenüber dem Horn von Afrika und ist damit an der engsten Stelle des Bab al-Mandab gerade einmal 20 Kilometer von Dschibuti entfernt. Eine Kontrolle des Landes würde es den Golfmächten erlauben, ihren Einflussbereich auf das wichtige Verbindungsstück zwischen dem asiatischen und dem afrikanischen Kontinent auszuweiten. Schon

2008 lancierte eine Gesellschaft aus Dubai unter Führung von Tarek Bin Laden, einem Halbbruder des ehemaligen al-Qaida-Anführers Osama Bin Laden, gemeinsam mit anderen mächtigen saudischen Investoren ein Projekt namens «Bridge of the Horns». Die namensgebende Brücke soll die jemenitische Insel Perim am Eingang ins Bab al-Mandab mit dem dschibutischen Festland verbinden, 29 Kilometer lang sein und täglich die Passage von 100 000 Autos sowie 50 000 Zugpassagieren ermöglichen. Doch bei der ca. 200 Milliarden US-Dollar teuren Brücke wollen die arabischen Großinvestoren es nicht belassen. An den beiden Enden der Brücke sollen je eine jemenitische und eine dschibutische Zwillingsstadt entstehen, beide namens «Al Noor City», wobei die jemenitische Stadt mit ihren bis 2025 vorgesehenen 4,5 Millionen Einwohnern fast doppelt so groß sein soll wie ihr afrikanisches Pendant. Auf arabischer Seite soll dann eine Autobahn Al Noor City mit Dubai verbinden. Das Projekt liegt freilich inzwischen wegen des Krieges auf Eis. Es ist jedoch anzunehmen, dass sich das Interesse der Golfstaaten an dem Projekt durch ihren kostspieligen Einsatz im Jemen eher vergrößert als verkleinert hat bzw. dass der Krieg im Jemen von langer Hand geplant war und weniger mit den internen Auseinandersetzungen zwischen Hadi und den Huthis zu tun hat als mit den Zukunftsträumen von MBS und MBZ. Dass sich auch viele Industriezweige im Westen inzwischen angesichts der gigantischen Pläne Saudi-Arabiens und der VAE die Hände reiben, braucht nicht weiter ausgeführt werden. Bereits jetzt boomt die Bau- und Technikbranche. Denn ganze Städte und Häfen werden aus dem Boden gestampft, um den Möchtegern-Regionalmächten das dafür notwendige Prestige zu verleihen. US-Präsident Donald Trump und die anderen wenigen wirklichen Freunde der beiden Golfstaaten haben sich die Filet-Stücke bei diesen Milliarden-Investitionen bereits gesichert. Wohl auch daraus erklärt sich

Trumps Veto gegen den Beschluss des US-Kongresses, die logistische Unterstützung für die Saudis in diesem fürchterlichen Krieg einzustellen.

Diese Vermutung wird nicht zuletzt durch die wachsenden Aktivitäten der Königshäuser am Horn von Afrika gestützt. Bei den erfolgreichen Friedensverhandlungen zwischen Äthiopien und Eritrea traten Vertreter beider Golfstaaten als Mediatoren auf. Wenngleich die beiden Königshäuser insbesondere in Anbetracht der wachsenden Präsenz konkurrierender Mächte wie Katar, Türkei und China zusammen um die Hegemonie am Horn von Afrika kämpfen, werden bereits Brüche im gemeinsamen geopolitischen Großprojekt offenbar. Vor allem die Emirate üben sich in Alleingängen, die in Saudi-Arabien für große Verstimmungen sorgen.

MBZ träumt vom «Little Sparta»: Die Emirate als Regionalmacht?

Der kleine Golfstaat hat sich in den vergangenen Jahrzehnten nicht nur wirtschaftlich zu einem zentralen Akteur auf der Arabischen Halbinsel entwickelt, auch politisch tritt er immer mehr aus dem Windschatten Riads. So kooperiert er seit 2015 auch mit China bei dessen Hegemoniebestrebungen am Horn von Afrika, das Teil des globalen Großprojekts der «Neuen Seidenstraße» ist. Hiervon dürfte weder Saudi-Arabien begeistert sein, welches in der Großregion wenig Konkurrenz um wirtschaftlichen und politischen Einfluss duldet, noch dessen Freunde in Washington und anderen westlichen Hauptstädten, die mit Sorge auf den kometenhaften Aufstieg des Reichs der Mitte blicken. Es wäre jedoch verfehlt zu glauben, die Emirate würden sich lediglich als Steigbügelhalter verschiedener Großmächte verstehen. Vielmehr geben sie sich mit ihrer Rolle als zwar reicher, aber kleiner und letztendlich unbedeutender Golfstaat nicht mehr zufrieden und hegen, ohne viel Aufhebens zu machen, verstärkt eigene Großmachtansprüche. Dafür wollen sie sich vom zweifelhaften Ruf der Vergangenheit befreien, als ihr Land bis spät ins 19. Jahrhundert als «Piratenküste» betitelt wurde, weil die Beduinen Handelsschiffe überfielen und den blühenden Welthandel entlang der Küste am Persischen Golf nachhaltig bedrohten. Nun betreiben sie seit rund 20 Jahren eine Charmeoffensive, die besonders dem Westen glaubhaft versichern will, dass die VAE ein moderner, zivilisierter Staat seien. Seit einiger Zeit beanspruchen sie nun den Titel «Little Sparta» für sich, das mittelfristig sogar Israel als wichtigsten Partner der USA in der Region ablösen will. Im letzten Jahrzehnt haben die Vereinigten Arabischen Emirate ihren Einfluss in der Region sowohl mit wirtschaftlichen als auch mit militärischen Mitteln ausgebaut. In ihrem energischen Versuch der regionalen Expansion haben sie zunächst die Kontrolle über einige Häfen an der Küste des Horns von Afrika übernommen. Das große staatliche Unternehmen DP World mit Sitz in Dubai pumpte hunderte von Millionen Dollar in die Häfen von Assab in Eritrea und Berbera in Somaliland. Im Rahmen des Berbera-Hafenprojekts wird Äthiopien einen Anteil von 19 Prozent, die Regierung von Somaliland 30 Prozent und DP World 51 Prozent halten. Auch Militärstützpunkte wurden in den Hafenstädten eingerichtet. Insbesondere von Assab aus fliegen die VAE regelmäßig Angriffe gegen die Huthis in Hudeida.

Weitere gigantische Investitionen in verschiedene Hafenstädte am Roten Meer und am Golf von Aden sind geplant. Durch die Einrichtung weiterer Stützpunkte und Marinebasen sollen so vor allem die für die VAE überlebenswichtigen Öltransportrouten gesichert und die iranische Expansion beschränkt werden. Neben Assab in Eritrea sowie Berbera in Somaliland sind dies u. a. Port Sudan, Mukalla im Jemen sowie Bosaso in Somalia.

Lediglich Dschibuti hat sich dem emiratischen Willen entzogen und zog es vor, den Vertrag mit dem emiratischen Hafenbetreiber DP World im Februar 2018 auslaufen zu lassen und sich auf den Verbündeten China zu konzentrieren. Von Dschibuti verprellt, entschied sich MBZ in der Manier eines gekränkten Kindes, einen neuen Spielplatz zu erschließen. Spätestens an dieser Stelle kommt der Jemen mit seiner langen Küste ins Spiel. Diese ist für die VAE von immenser strategischer Bedeutung, insbesondere auf die jemenitische Insel Sokotra haben es die Emiratis abgesehen.

Die Besetzung Sokotras oder der Abtransport einer Insel

Sokotra, 132 Kilometer lang und 50 Kilometer breit, ist isoliert und liegt strategisch hervorragend nur 240 Kilometer östlich des Horns von Afrika und 380 Kilometer südlich der Arabischen Halbinsel im Arabischen Meer. Bereits die Briten hatten im 19. Jahrhundert versucht, die Insel unter ihre Kontrolle zu bringen, und die Russen nutzten das Eiland einst als Liegeplatz für ihre U-Boote, bis sie 1977 den Mittleren Osten verließen. Nachdem die Emiratis auf Einladung der jemenitischen Regierung zunächst seit 2012 bzw. 2015 nur zu humanitären Zwecken auf der Insel präsent waren, um die durch den Konflikt auf dem Festland vernachlässigten Bewohner Sokotras zu unterstützen, brachten militärische Verbände der VAE Sokotra im Frühjahr 2018 gänzlich unter ihre Kontrolle, ohne dass die sogenannte legitime jemenitische Regierung in Riad irgendetwas dagegen hätte unternehmen können. Gerüchte gehen inzwischen sogar so weit, dass Präsident Hadi das Archipel noch vor seiner Flucht von Aden nach Riad für 99 Jahre an die Emiratis verpachtet haben soll. Beweise hierfür gibt es freilich nicht. Fakt ist allerdings, dass die auch als Galapagos des Indischen Ozeans bezeichnete Insel heute eine tiefgreifende Veränderung und Ausbeutung durch die VAE erfährt. Sokotra verfügt über eine einzigartige Flora und Fauna, die dem Archipel 2008 gar den Titel des ersten arabischen UNESCO-Weltnaturerbes überhaupt einbrachte. Nur hier singt der aus der Familie der Finken stammende Sokotragimpel sein fröhliches Lied. Nur hier gedeiht der Dendrosicyos socotranus, eine der ganz wenigen baumförmigen Kürbispflanzen der Welt. Nur hier wachsen die Drachenblutbäume, aus deren rotem Harz – dem sogenannten Drachenblut – man seit jeher Naturheilmittel und Make-up herstellt und schon in der Antike den Weihrauch gewann, der dann in Rom und Athen auf den Götteraltären zu kultischen Zwecken verbrannt wurde. Heute werden die Bäume samt Wurzeln ausgegraben und nach Abu Dhabi verfrachtet. Immerhin als die emiratischen Kräfte im Jahr 2018 begannen, Haustürwerbung für ein Referendum über die Eingliederung der Insel in ihr Staatsgebiet zu machen, regte sich Widerstand. Der Tourismusminister des Jemen bat den UN-Sicherheitsrat, eine Resolution zu verabschieden, welche die Zerstörung der natürlichen Schönheit der Insel durch die «Besetzer» unterbinde. Auch die Inselbevölkerung, welche dank besserer Strom- und Gesundheitsversorgung sowie der Schaffung von Arbeitsplätzen eigentlich von der Präsenz der neuen Inselherren profitiert, erhob sich vermehrt. Als emiratische Sicherheitskräfte im Oktober 2017 eine beschlagnahmte Ladung der allgegenwärtigen Volksdroge Qat auf offener Straße anzünden wollten, kam es zu Ausschreitungen. Größerer Widerstand wurde jedoch dadurch verhindert, dass allzu kritische Geister als «Terroristen» inhaftiert wurden. Derweil wird die Anbindung der Insel an die Emirate immer stärker, nicht nur politisch. Der Golfstaat plant anscheinend, die para-

diesische Insel, welche der Legende nach das Vorbild des biblischen Garten Eden ist, durch den Bau von Hotels und Golf-
anlagen für Touristen aus der Heimat attraktiv zu machen.
Schon jetzt bestehen zwei wöchentliche Flugverbindung von
der größten Stadt Hadibo nach Abu Dhabi, wohlgemerkt ohne
dass die jemenitische Regierung hierfür eine Genehmigung erteilt hätte.

Auf Sokotra entsteht zudem die Kommunikations- und
Kommandozentrale der Emiratis für alle ihre Luft-, See- und
Spezialeinheiten in der Region. Diese soll bald insgesamt sechs
Marinebasen im Roten Meer, im Golf von Aden und im Indi-
schen Ozean befehligen.

Die Emiratis verwandeln die gesamte Insel dafür in eine einzige Baustelle: Ankerplätze für Kriegsschiffe, ein riesiger Luftwaffenstützpunkt, Flugabwehrbataillone und eine Raketenba-
sis sowie eine große Kaserne für ihre Spezialeinheiten sollen die
Insel zu einer Festung werden lassen. Bei den Spezialeinheiten
handelt es sich um rund 12 000 Mitglieder des sogenannten
Special Operations Command (SOC). Dieses ist Teil der emiratischen Präsidentengarde und verfügt über enorme Kampfer-
fahrungen, da es seit 2007 zusammen mit US-Truppen in den
Kriegen in Afghanistan und Libyen und nun im Jemen operiert.
Noch im Jahr 2019 soll das neue Image der VAE als «little
Sparta» mit dem Ausbau Sokotras als modernste und am bes-
ten ausgestattete Militärbasis der Region gekrönt werden.

Um diesem Anspruch gerecht zu werden, sind die Emiratis
im Begriff, sich geostrategisch in eine vorteilhafte Position zu
bringen. Der Krieg im Jemen ist für sie dabei eine willkom-
mene Gelegenheit, um von ihren gigantischen Projekten ab-
zulenken. Die Welt soll vor vollendete Tatsachen gestellt werden. Dass die Emiratis keine Gnade bei der Durchsetzung ihrer
Interessen kennen und auch auf ihre vermeintlichen Verbündeten keine Rücksicht nehmen würden, zeigten sie bereits Ende

Januar 2018 und Anfang August 2019. Wie schon geschildert versetzten sie den von ihnen unterstützten Südlichen Übergangsrat (STC) in die Lage, den Hafen von Aden bzw. Aden selbst innerhalb weniger Tage zu übernehmen. Hadis Regierung und mit ihnen die Saudis hatten das Nachsehen, obwohl sie den Hafen und die Stadt unter ihrer Kontrolle wähnten.

Wie sehr der STC von den VAE beeinflusst ist, wurde spätestens offenbar, als die Regierung Hadis im April 2018 nach zähen Verhandlungen in Abu Dhabi dank der Bemühungen des UN-Sondergesandten Martin Griffiths wieder ins Land gelassen wurde. Genauso waren es auch die Emirate, die dafür sorgten, dass die von den Sezessionisten angekündigten Massenproteste im Oktober 2018 abgeblasen wurden. Auch wenn die Emiratis die endgültige Machtübernahme des STC bisher unterbunden haben, war es nur eine Frage der Zeit, bis der Süden des Jemen seine Loslösung vom bisherigen Staatsgebiet bekannt gibt, wie sie sich seit dem neuerlichen Konflikt zwischen Hadi und STC seit August 2019 anzubahnen scheint. Schon jetzt haben die Emiratis die Hoheit in Aden und Umgebung. Um ihre Macht auf wichtige Städte im Süden auszudehnen, setzen sie neben den Kämpfertrupps des STC, dem sogenannten Security Belt, auf eine Vielzahl kleinerer Gruppierungen. In Taiz, der zweitgrößten Stadt des Landes, unterstützen sie so die Abu-al-Abbas-Miliz, die in ihrem Kampf gegen Anhänger der Islah-Partei eng mit al-Qaida auf der Arabischen Halbinsel kooperiert. Die Islah-Partei ist in Militär und Politik gut vernetzt und den VAE im Jemen ein großer Dorn im Auge. Schließlich handelt es sich bei ihr um einen Ableger der von den Emiraten als Terrororganisation eingestuften Muslimbrüder, denen eine große Nähe zum verhassten Katar nachgesagt wird. Es liegt auf der Hand, dass die VAE die Islah-Partei, die große Unterstützung aus Saudi-Arabien erhält, nicht gänzlich loswerden können. Aus dem zukünftigen Einfluss- und Machtbereich der Emiratis im Jemen soll sie dennoch größtenteils verdrängt werden.

Dass die VAE dies anstreben, ist kaum mehr von der Hand zu weisen. Als Staat mit winzigem Territorium kommt es ihnen allem Anschein nach darauf an, im Südjemen einen strategisch wichtigen Satellitenstaat zu errichten, nicht zuletzt, weil sie andernfalls in Aden eine Konkurrenz für ihren Dubaier Hafen befürchten. Wie weit fortgeschritten ihr Unterfangen bereits heute ist, zeigt sich darin, dass der Golfstaat gemeinsam mit seinen lokalen Partnern bereits jetzt sämtliche wichtigen Häfen des Jemen bis auf Hudeida kontrolliert. So hat die VAE-treue Schabwani-Miliz im Oktober 2018 das Ölexportterminal des Gouvernements Schabwa, in welchem der Rohstoffhandel erst kürzlich wieder angelaufen war, unter ihre Kontrolle gebracht. Vermutlich setzen die Emirate auf die Kooperation mit vielen kleinen Milizen, da diese leichter zu beeinflussen und gegeneinander auszuspielen sind als ein einziger, großer Partner. Zudem versprechen die lokalen Kräfte Erfolg, kennen sie doch die Gegebenheiten vor Ort und verhindern, dass sich die VAE die Finger im Jemen allzu schmutzig machen müssen. Sie dienen dazu, die imperialistischen Bestrebungen des Königshauses zu verbergen, was jedoch in Anbetracht des wachsenden Maßes von Eigeninitiative der VAE immer weniger gelingt.

So berichtete Amnesty International im Juli 2018 von Folter und Misshandlungen willkürlich Gefangener in von den VAE geführten Haftanstalten in Aden. Abu Dhabi stritt ab, dass es diese Gefängnisse überhaupt kontrolliert, und nannte den Bericht politisch motiviert.[18] Jedoch übt der Golfstaat immer unverblümter direkten Einfluss in den südlichen Gebieten aus. So hielten seine Kräfte im März 2018 ein Schiff mit Geldnoten zurück, das angeblich zur Gehaltszahlung der Staatsbediensteten in den Hadi-Gebieten bestimmt war. Der Kampf zwischen den Emiratis und den Saudis um den geostrategisch wichtigen

Jemen wird in seine nächste Etappe eintreten. Spätestens dann, wenn die «Kriegsbeute» Jemen verteilt werden soll. Beide Staaten sind in ihrem Vorgehen dabei unberechenbar und skrupellos.

Saudi-Arabien kämpft um seinen Einfluss

Saudi-Arabien verfolgt im Jemen neben geopolitischen auch sicherheitspolitische Interessen. Der Golfstaat teilt sich eine über 1000 Kilometer lange Grenze mit seinem südlichen Anrainer. Seit Mitte des 20. Jahrhunderts übt er vor allem im Nordjemen großen politischen Einfluss aus, den er nicht durch die Machtübernahme revolutionärer Kräfte – egal welcher politischen Couleur – verlieren will. Dementsprechend ist er seit Kriegsbeginn um die Wiederherstellung des status quo ante bemüht, wofür er vor allem auf Luftschläge setzt. Die Ansar Allah rächen sich mit vereinzelten Angriffen auf die saudische Grenzgegend und seit 2019 verstärkt auch auf strategische Ziele im Hinterland des Wüstenstaates, was das Königshaus in seinen Kriegsvorhaben nur bestärkt. Es befürchtet die Etablierung eines feindlichen Regimes vor der eigenen Haustür.

Doch auch die Saudis scheinen darauf abzuzielen, Teile des Jemens auch nach Kriegsende als Quasi-Protektorate zu kontrollieren. Besonders präsent sind ihre Streitkräfte im östlichsten Gouvernement al-Mahra, welches sich entlang der gesamten jemenitisch-omanischen Grenze erstreckt. Im Sommer 2018 brachen hier Proteste gegen die saudisch-emiratische Kontrolle des al-Ghaida-Flughafens, des Hafens Nashtoon und der Grenzübergänge aus. Auslöser war nicht zuletzt eine Erhöhung der Zölle auf importierte Güter aus dem Oman, zum Teil auf 100 Prozent. Das saudische Königshaus vermochte die Demonstranten zwar kurzzeitig zu beruhigen, indem es angab, die Zollerhöhungen richteten sich lediglich gegen den Waffenschmuggel und der Flughafen würde bald geräumt. Als Letzteres in den Folgemonaten immer noch nicht geschah, kochten die Proteste gegen die «saudische Besetzung» jedoch wieder auf, wobei es auch zu tödlichen Auseinandersetzungen an vom Golfstaat errichteten Checkpoints kam. Die Machtansprüche Saudi-Arabiens manifestieren sich auch im Aufbau von Militärstützpunkten und salafistischen Zentren im Lande.

Die mutmaßlich verfolgten Interessen sind jedoch vor allem wirtschaftlicher Natur. Einem durch den katarischen Nachrichtensender Al Jazeera geleakten Brief zufolge, planen die Saudis den Bau eines Hafens in al-Mahra. In dem Brief bedankt sich die auf marine Infrastruktur und Hafenbau spezialisierte, saudische Firma Huta Marine bei dem saudischen Botschafter im Jemen für sein Vertrauen im Zusammenhang von Gestaltung und Bau des Hafens. Verbindet man dies mit einem weiteren Vorhaben der Golfmonarchie, so ergibt sich das volle Bild saudischer Dreistigkeit: So zeigen Wikileaks-Enthüllungen eines geheimen Berichts der amerikanischen Botschaft in Sanaa aus dem Jahr 2008, dass Saudi-Arabien die Absicht habe, eine Öl-Pipeline durch das Gouvernement Hadramaut zu verlegen. Ihr Bau ist inzwischen bereits in vollem Gange. Eine Besetzung al-Mahras würde es den Saudis nun erlauben, ihr Öl bequem vom äußersten Süden der Arabischen Halbinsel zu verschiffen. Sie wären somit unabhängig von der Passage durch den Persischen Golf und die Straße von Hormuz, die jederzeit durch den Erzfeind Iran bedroht werden kann. Ein Szenario, das unlängst im Juli 2019 Realität wurde. Nach Wiedereinsetzung der amerikanischen Wirtschaftssanktionen gegenüber dem Iran sowie mehreren Provokationen von Seiten Donald Trumps eskalierte die Lage zusehends. Nachdem ein iranischer Öltanker in der Straße von Gibraltar von Großbritannien mit dem Vorwurf festgehalten wurde, seine Ladung sei für das unter internationalen Sanktionen stehende Regime in Syrien bestimmt, suchte die iranische Regierung nach Vergeltung. So hinderte der Iran bald darauf seierseits zwei britische Öltanker zunächst an der Weiterfahrt durch die Straße von Hormuz und beschlagnahmte schließlich einen von ihnen, die Stena Impero. Das amerikanische Pentagon entsandte daraufhin erstmals seit Ende des Golfkriegs von 1990 wieder Truppen nach Saudi-Arabien. Der letzte Vorhang dieses geopolitischen Schmierentheaters ist bisher noch nicht gefallen. Doch wie diese jüngsten Zwischenfälle am persischen Golf zeigen, haben Saudi-Arabien und seine Geschäftspartner ein ganz reales wirtschafts- und geopolitisches Interesse, künftig nicht mehr von einer Schiffspassage durch die Straße von Hormuz abhängig zu sein, um das schwarze Gold sicher gen Westen oder nach Asien zu transportieren. Durch die bereits im Bau befindliche Öl-Pipeline und den Bau des neuen Hafens in al-Mahra erhielte Saudi-Arabien den dafür benötigten direkten Zugang zum Arabischen Meer.

Ob das saudische Königshaus seine ambitionierten Ziele im Jemen erreichen wird, ist angesichts der ablehnenden Haltung der Bevölkerung und der militärischen Demütigungen äußerst fraglich. Bis heute kann das Königshaus, welches anfangs mit einem Sieg über die Huthis binnen weniger Wochen rechnete, keinen militärischen Durchbruch vermelden. Dies liegt nicht zuletzt daran, dass es mit Präsident Hadi von Anfang an auf das falsche Pferd gesetzt hat. Dieser verfügt schlichtweg über keine ernstzunehmende Basis im eigenen Land. Der Iran, der aufgrund der vermehrt ans Tageslicht kommenden Kriegsverbrechen seines Erzfeindes im Jemen und der globalen Empörung über die Ermordung des saudischen Journalisten Jamal Khashoggi seinen Ruf als Bösewicht der Region ein Stück weit losgeworden ist, bezeichnet den Jemenkonflikt schon höhnisch als den «Vietnamkrieg Saudi-Arabiens». Auch im Golfstaat selbst stößt die Kriegsführung des Königshauses im Nachbarland vermehrt auf Kritik angesichts ihrer hohen Kosten und des mäßigen Erfolgs. Doch wehe, es traut sich jemand aus der Deckung, um MBS zu kritisieren!

Die Hegemonialinteressen Saudi-Arabiens dürften nur zum jetzigen Zeitpunkt im Widerspruch zu denen der VAE erscheinen. Es zirkulieren Gerüchte über das Bestehen eines *Divide-and-rule*-Abkommens, das eine Aufteilung der Einflussbereiche zwischen den beiden Prinzen Mohammed bin Salman und Mohammed bin Zayed nach Kriegsende vorsieht. Auf eine solche Absprache verweist bereits heute die Verteilung der Militärstützpunkte beider Länder. Während Saudi-Arabien vor allem im Norden und Osten des Jemen Präsenz zeigt, konzentrieren sich die VAE auf die Küstengebiete im äußersten Südwesten. Auffällig ist auch, dass Saudi-Arabien bisher nur wenig gegen jene Milizen unternommen hat, die Präsident Hadi den Rang streitig machen. Selbst als dieser aus seiner Interimshauptstadt Aden vertrieben wurde, tat Riad öffentlich kaum mehr, als ihm und seiner Regierungsmannschaft in Fünf-Sterne-Hotels Asyl zu gewähren. Die Vermutung liegt daher nahe, dass das Königshaus ebenfalls an Hadis Schwächung interessiert ist, um nach dem Krieg eine passendere Marionette im Jemen einzusetzen.

Um das jemenitische Volk dennoch für sich zu gewinnen, versuchen die beiden wichtigsten Bündnismächte sich als großzügige Entwicklungshelfer zu inszenieren. Bisher investierten sie nach eigenen Angaben 18 Milliarden US-Dollar in den Wiederaufbau des Jemen.

Dass ihnen das Saubermann-Image kaum einer abnehmen wird, sollte die Golfstaaten nicht überraschen. Zu offensichtlich ist, dass der (Wieder-)Aufbau von Flughäfen und Häfen, beispielsweise in al-Mahra und auf Sokotra, keine altruistischen Ziele verfolgt. Saudi-Arabien hat seine Militärausgaben nicht zufällig zwischen 2006 und 2016 auf knapp 64 Milliarden US-Dollar verdoppelt. Vielmehr geht es dem Königshaus wohl darum, die verbesserte Infrastruktur im Jemen kurzfristig militärisch und langfristig wirtschaftlich und geostrategisch zu nutzen. Seine Zügel liegen bereits jetzt eng an, wie ein geradezu makabres Zitat des Präsidenten Hadi angesichts saudischer Bauvorhaben in al-Mahra verdeutlicht: «Heute ist Saudi-Arabien das erste Land, wie üblich, das wieder aufbaut. Dies ist die Bestimmung des Königreichs, nicht nur für Land und Leute im Jemen, sondern für die gesamte Menschheit.»[19]

Als öffentliche Hilfsorganisationen beider Länder im November 2018 entschieden, 500 Millionen US-Dollar in die Nothilfe im Bürgerkriegsland zu stecken, ließ ein saudischer Regierungsvertreter verlauten: «Das Königreich und die VAE haben sich entschieden, sich der humanitären Situation im Jemen anzunehmen und erneut zu einem Ende des Nahrungsmangels im Land beizutragen.»[20] Solche Worte dürften von vielen kriegsgebeutelten Jemeniten als blanker Hohn empfunden werden. Die Saudis investieren monatlich bis zu sechs Milliarden US-Dollar, um durch brutale Luftschläge große Teile des Landes in Schutt und Asche zu legen. Die Türkei erhielt 15 Milliarden US-Dollar von Katar, als sich ihre Lira im Sommer 2018 auf Talfahrt befand, dem Staatshaushalt des winzigen Bahrain wurde zu Zeiten einer wirtschaftlichen Schieflage mit zehn Milliarden US-Dollar von arabischen Partnern ausgeholfen. Was sind hierzu im Vergleich die 18 Milliarden US-Dollar, die die arabische Allianz nach eigenen Angaben insgesamt für die Linderung der größten humanitären Katastrophe der Gegenwart bereitgestellt hat, für die sie selbst zu großen Teilen verantwortlich zeichnet?

Die Koalition setzt auf einen mörderischen
Wirtschaftskrieg

Immer deutlicher zeigt sich der Weltöffentlichkeit, wie brutal die Kriegsallianz unter Führung Saudi-Arabiens ihren Krieg vorantreibt, um ihre langfristigen Ziele zu erreichen. Als ihre Vertreter realisierten, dass gegen die guerillaartig kämpfenden Huthi-Krieger militärisch kein Sieg zu erringen sein würde, stellten sie ihre Taktik um. Ihr Ziel ist es, die Menschen in den Huthi-Gebieten zu einem Seitenwechsel zu nötigen, indem sie sie mit Leid und Elend überziehen. Bei ihrem Wirtschaftskrieg versuchen sie das Feindesgebiet regelrecht ausbluten zu lassen. Verbrechen, die im 21. Jahrhundert ihresgleichen suchen, werden billigend in Kauf genommen, ja sogar als Teil einer großen Strategie bewusst begangen.

So fliegt die Kriegsallianz gezielt Angriffe auf das Straßennetz, das nach Angaben der Weltbank bereits 2016, ein Jahr nach Beginn der Operation «Decisive Storm», zu einem Viertel zerstört oder beschädigt war – die UN bezifferte allein den bis 2017 entstandenen Schaden auf 19 Milliarden US-Dollar. So weit, so üblich im Krieg könnte man meinen. Schließlich ist der Gegner während eines Krieges zur Nutzung seines militärischen Geräts auf intakte Straßen ein Stück weit angewiesen. Doch ist die Katastrophe im Jemen neben der stark fortgeschrittenen Zerstörung der Infrastruktur auch auf den Kollaps des so wichtigen Außenhandels zurückzuführen. Da durch den Krieg infolge der Handelsblockade die wichtige Rohstoffförderung weitestgehend eingebrochen ist, stürzte auch der Anteil der Staatseinnahmen an der Wirtschaftsleistung von 24 Prozent im Jahr 2014 auf acht Prozent im Jahr 2018 ab.

Wegen dieses Einbruchs der Außenhandelseinnahmen kann jedoch auch im Land viel weniger erwirtschaftet werden. Dem

UN Humanitarian Needs Overview zufolge hatten Unternehmen landesweit ihre Arbeitszeit bis Ende 2017 um 50 Prozent reduziert, 26 Prozent der Firmen hatten seit Konfliktausbruch ihren Betrieb komplett eingestellt. Beispielhaft ist die Lage der ehemals 10000 Fischer von Hudeida, die wegen der Gefechte um diesen wichtigen Hafen und die Seestraße im Roten Meer ihrer Arbeit nicht mehr nachgehen können. Während sie vor dem Krieg ihre Netze bis zu 100 Seemeilen abseits der Küste auswarfen, trauen sie sich nunmehr höchstens 25 Seemeilen aufs offene Meer hinaus.

Gezielte Luftschläge hatten bis 2016 zudem bereits zu einer Halbierung der Wasser- und Stromversorgung im gesamten Land geführt. Auch während der Offensive auf Hudeida im Sommer 2018 erfolgten wieder etliche Angriffe auf zivile Ziele wie Wasserreservoirs, Lagerhallen, zivil genutzte Fabriken, Gefängnisse oder Krankenhäuser. Waisenhäuser, Festhallen und Bürgersäle wurden ebenfalls als Kriegsziele identifiziert und bombardiert. Und damit nicht genug.

Auch die Landwirtschaft, die einen Großteil der Jemeniten beschäftigt, zieht die Kriegskoalition durch Luftschläge in Mitleidenschaft. Da nur 2,8 Prozent der Gesamtfläche des Jemen landwirtschaftlich nutzbar sind, kann es sich hierbei wohl kaum um ein Versehen oder einen Unfall handeln. Dabei hat etwa Saudi-Arabien ein Zusatzprotokoll der Genfer Konvention von 1949 unterzeichnet, welches Angriffe auf die Landwirtschaft als Kriegsverbrechen untersagt. Zudem leiden die Bauern und Viehzüchter unter dem Mangel und der Verteuerung notwendiger Güter. Die Preise für Tierfutter waren bis Ende 2017 um 70 Prozent gestiegen, zudem ist die katastrophale Wasserknappheit zum unüberwindbaren Problem für viele Landwirte geworden. Dies verschärft die Not für 1,7 Millionen ländliche Haushalte, 8,4 Millionen Menschen sind in der Folge auf Zuschüsse für ihren täglichen Lebensunterhalt angewiesen, 40 Prozent der Haushalte haben seit Beginn des Konflikts ihre Haupteinnahmequelle verloren. Leider dürfen solche Grausamkeiten nicht überraschen. Schließlich schreckte die Kriegsallianz, in deren Lage- und Operationszentralen meist amerikanische Stabsoffiziere sitzen, auch nicht vor der verheerenden Blockade des Hafens von Hudeida zurück, über den einst 80 Prozent aller Importe ins Land erfolgten. Seither gelangen deutlich weniger Nahrungsmittel in den Jemen. Parallel zur Versorgung mit Lebensmitteln aus inländischer Produktion soll also auch die Einfuhr von außen unterbunden werden.

Die derzeit herrschende Hungersnot im Jemen war damit nicht nur vorherzusehen, sondern wirkt voll beabsichtigt.

Trotz der vielen tragischen Schicksale und verheerenden Opferzahlen war sich der Sprecher der arabischen Allianz, Turki al-Maliki nicht zu schade, zu behaupten, die Kriegskoalition befolge «höchste Standards bei der Zielbestimmung und die Prinzipien des humanitären Völkerrechts». Zudem führe sie «alle notwendigen Maßnahmen bei Störfällen, Gott bewahre, durch, um das höchste Maß an Verantwortung und Transparenz zu gewährleisten».[21] Erneut verschlägt einem der Hohn, der in diesen Worten mitschwingt, die Sprache. Doch gerade die Sprachlosigkeit der westlichen Länder ist ein wesentlicher Teil des Problems.

Die Kriegstreiber im Westen und die Melkkühe vom Golf

Bisher hat all das Grauen des Jemenkriegs unsere politischen Vertreter nicht darin gehindert, noch massiv Öl ins Feuer zu gießen. Die Schuld liegt nicht zuletzt bei den Medien und uns als Gesellschaft, die wir den Krieg im Jemen bisher vor allem mit Desinteresse bedachten. Schließlich werden die aufgezählten Kriegsverbrechen der arabischen Koalition vor allem mit europäischem und amerikanischem Gerät begangen. Die Bombe, mit der im August 2018 40 Schulkinder in Saada getötet wurden, war amerikanischen Ursprungs. 98 Prozent der Waffen der involvierten Bündnisstaaten kommen aus westlichen Ländern.

An vorderster Front steuern die Vereinigten Staaten von Amerika und das Vereinigte Königreich zum Krieg der Allianz gegen den Jemen bei. Sie verkaufen den Kriegsparteien nicht nur einen Hauptteil der Waffen – hierzu später mehr –, sondern unterstützen diese auch mit Personal und Know-how vor Ort. Alleine Großbritannien soll an die 200 Soldaten in die am Krieg beteiligten Länder entsandt haben. Amerikanische Militärs bieten unter anderem Trainings zur Verhinderung von Waffenschmuggel an. Sie sitzen aber auch, gemeinsam mit ihren britischen Kollegen, in jenen Lage- und Operationszentralen, welche die skrupellosen Luftangriffe im Jemen zu verantworten haben. Angaben beider Regierungen zufolge können die anwesenden Soldaten die anvisierten Ziele lediglich einsehen, deren Auswahl jedoch nicht beeinflussen. Ihre Funktion sei es, der Allianz Wissen über eine effiziente Kriegsführung im Einklang mit internationalem Recht zu vermitteln. Hierauf bezogen ließ der damalige britische Außenminister Philip Hammond im Jahre 2016 verlauten: «Bisher haben unsere Leute vor Ort berichtet, dass es keine Beweise für vorsätzliche Brüche [des humanitären Völkerrechts] gebe.»[22] Man muss daraus schließen, dass die britische Regierung entweder Soldaten entsendet, die ihrer Aufgabe nicht gewachsen sind, oder der Öffentlichkeit die wahren Hintergründe ihrer Präsenz vor Ort verheimlicht.

Auch die von US-Militärs durchgeführten Schulungen von Bündnissoldaten zur Vermeidung von Kriegsverbrechen scheinen auf wenig fruchtbaren Boden zu fallen, wie die Gräueltaten der jüngsten Vergangenheit überdeutlich zeigen. Statt Verstöße gegen das humanitäre Völkerrecht zu verhindern, machen die Vereinigten Staaten diese erst möglich – auch materiell. So betankten sie bis Ende 2018 die an den Angriffen beteiligten Koalitionsflugzeuge in der Luft.

Zudem setzen sie ihre gefürchteten Drohnen im Jemen ein, vorgeblich zur Terrorbekämpfung. Recherchen der Associated Press zufolge sind ein Drittel der Opfer dieser Angriffe jedoch Zivilisten. Präsident George W. Bush lancierte die Angriffe in Anbetracht der Präsenz al-Qaidas auf der Arabischen Halbinsel im Rahmen seines Krieges gegen den Terror vor 16 Jahren, Friedensnobelpreisträger Barack Obama führte sie weiter. Präsident Donald Trump ließ in seiner bisherigen gut dreijährigen Amtszeit bereits mehr Drohnenangriffe fliegen als sein unmittelbarer Amtsvorgänger in zwei Legislaturperioden zusammen. Während Obama im Laufe seiner achtjährigen Amtszeit 154 Attacken befahl, fanden während der Präsidentschaft seines Nachfolgers bis November 2018 bereits 176 Angriffe statt.

Der neue Commander in Chief hat auch die Waffenlieferungen an Saudi-Arabien weiter hochgefahren. Man erinnere sich an seine erste Auslandsreise Anfang 2017, die ihn vor allen anderen Ländern nach Saudi-Arabien führte. Bevor sich Trump beim Säbeltanz unter die saudische Elite mischte, unterzeichnete er noch einen angeblich 110 Milliarden US-Dollar schweren Waffen-Deal mit dem Königshaus, und twitterte danach stolz «jobs, jobs, jobs». Der jemenitischen Bevölkerung Leid ist der amerikanischen Wirtschaft Freud.

Die USA sind jedoch nicht erst seit Trump der größte Rüstungsexporteur weltweit. Das Land verkaufte 2017 Waffen im Wert von 56 Milliarden US-Dollar, viele dieser Exporte waren noch von der Obama-Administration genehmigt worden. Allein im Jahr 2017 schlossen die USA mit Saudi-Arabien Verträge über die Lieferung von Militärgütern im Wert von 18 Milliarden US-Dollar ab. 42 amerikanische Unternehmen sind unter den Top 100 Waffenproduzenten. Im Jahr 2017 stammten sagenhafte 57 Prozent des von diesen 100 Firmen verkauften Waffenmaterials aus ihren Produktionshallen. In selbigem Ranking findet sich auch das Vereinigte Königreich auf dem Podest – es belegt Platz 3 hinter Russland. Empfänger britischer Waffen ist nicht zuletzt Saudi-Arabien, das diese vor allem im Jemenkrieg einsetzt. Anders lässt sich der Anstieg der Waffenlieferungen des Vereinigten Königreichs an den Golfstaat im Jahr 2015, also im Jahr des Kriegsbeginns, von neun Millionen Pfund auf eine Milliarde, ein Plus von 11 000 Prozent (!), nicht erklären. Von April 2015 bis März 2018 wurden Waffenlieferungen an Saudi-Arabien in Höhe von 4,7 Milliarden Pfund durch das britische Waffenexportkomitee genehmigt, darunter Flugzeuge, Dronen, Granaten, Bomben und Raketen. Weiteres Kriegsgerät im Wert von 860 Millionen Pfund sollte an andere Länder der Kriegsallianz geliefert werden. Erfasst sind wohlgemerkt nur jene Waffen, die individuell genehmigungspflichtig sind. Langzeitgenehmigungen, die theoretisch nur für leichtes Gerät erteilt werden können, praktisch aber ebenfalls Bomben umfassen können, werden nicht beziffert. Allgemein scheint die britische Regierung ihre Waffenexportgesetze, die eigentlich zu den strengsten der Welt gezählt werden, besonders gegenüber Saudi-Arabien sehr lax anzuwenden. Begründet wird die große Freizügigkeit mit der Rolle des Golfstaats als Stabilitätsanker in der Region, was ebenso deplatziert erscheint wie der Verweis auf die bisher im Jemenkrieg von Großbritannien geleistete humanitäre Hilfe in Höhe von 570 Millionen Pfund. Um es mit den Worten Anna Stavrianakis, Expertin für internationale Beziehungen, zu sagen: Die Hilfe war «wenig mehr als ein Pflaster auf Tod, Verletzung, Zerstörung, Flucht, Hungersnot und Krankheiten, die dem Jemen durch das vollkommen menschengemachte Desaster zugefügt wurden».[23] Hintergrund der Waffenexportpolitik ist wohl nicht zuletzt die Abhängigkeit von neuen Allianzen aufgrund der bevorstehenden Scheidung von den europäischen Partnern im Zuge des Brexits. Doch auch Letztere sind am Jemenkrieg mittel- oder unmittelbar beteiligt. Viele Staaten können dabei die Einhaltung der für Waffenexporte notwendigen Endverbleibserklärung der belieferten Waffenabnehmer im Ausland gegenüber ihren Rüstungsunternehmen nicht einmal garantieren. Im Dezember 2018 zeigte das unabhängige Journalistennetzwerk «Arab Reporters for Investigative Journalism» (ARIJ) in einem von der Deutschen Welle in Auftrag gegebenen Bericht, wie westliche Waffensysteme ihren Weg in die Hände von Milizen und Terrororganisationen im Jemen finden. So haben die Mitglieder der Militärallianz – allen voran Saudi-Arabien und die Vereinigten Arabischen Emirate – wissentlich Waffen westlichen Ursprungs entgegen der unterzeichneten Endverbleibserklärung an verbündete Gruppierungen auf jemenitischem Boden weitergereicht. Von diesen wurden sie – oft in Ermangelung eines festen und ausreichenden Solds – wiederum auf dem Schwarzmarkt an andere Akteure weiterverkauft. So wurden auch Terrorgruppen wie die dschihadistische Abu-al-Abbas-Brigade oder al-Qaida auf der Arabischen Halbinsel unter anderem mit deutschen Schnellfeuer- und Maschinengewehren der Modelle G3 und G36, MG3 und MG4 beobachtet, die mit einer Lizenz des deutschen Waffenherstellers Heckler & Koch in Saudi-Arabien hergestellt werden. Dies ist gerade angesichts eines bereits im Jahr 2008 verabschiedeten Gemeinsamen Standpunkts der EU zu Rüstungsexporten in Krisen- und Kriegsgebiete hochbrisant. Diesem zufolge dürfen Lieferungen nicht genehmigt werden, solange «eindeutig das Risiko besteht, dass […] die Militärgüter […] verwendet werden, um schwere Verstöße gegen das humanitäre Völkerrecht zu begehen». Das Problem dabei ist aber, dass die EU-Staaten bei der Implementierung der Vorgaben des Standpunkts nach freiem Ermessen handeln können. Faktisch werden sie von etlichen Staaten missachtet, und mit Blick auf den Jemenkrieg vor allem von Frankreich und Großbritannien. So veröffentlichte etwa die Enthüllungsplattform *Disclose* im April 2019 einen vertraulichen Bericht des französischen Militärgeheimdienstes Direction du renseignement militaire (DRM) vom September 2018 über die Verwendung französischer Waffensysteme durch saudische und emiratische Truppen im Kontext des Jemenkriegs. Demnach seien entgegen offizieller Verlautbarungen unter anderem Gefechtspanzer des Typs Leclerc beim Vormarsch auf Hudeida zum Einsatz gekommen, Kriegsschiffe französischer Produktion an der folgenreichen Blockade des Hafens beteiligt gewesen und mehrere hunderttausend Menschen durch französische Geschütze entlang der saudisch-jemenitischen Grenze bedroht.

Der ehemalige französische Präsident François Hollande kurbelte die Waffengeschäfte dabei noch massiv an, vordergründig, um die militärische Souveränität der Republik zu gewährleisten, hintergründig um der eigenen lahmenden Wirtschaft auf die Sprünge zu helfen. Die Grande Nation stieg während seiner Präsidentschaft zeitweise zum drittgrößten Waffenxporteur weltweit auf, wobei ihr wieder einmal vor allem Saudi-Arabien zu diesem fragwürdigen Titel verhalf. 2015 genehmigte Frankreich noch Waffenexporte im Wert von 14 Milliarden Euro, u. a. in die Golfstaaten, wobei der Wert der tatsächlich gelieferten Waffen deutlich geringer gewesen sein dürfte. Unter Präsident Macron gingen dann die Waffenverkäufe im Vergleich zu Hollandes Präsidentschaft zwar zurück. Dennoch wurden 2017 noch Exporte in stolzer Höhe von sieben Milliarden Euro genehmigt, 2018 waren es wieder zehn Milliarden. Selbst angesichts wachsender Empörung über die verbrecherische Kriegsführung der Saudis schlägt Macron sich im Jemenkrieg voll auf deren Seite. So sicherte er ihnen im April 2018 «die volle Unterstützung zu» in ihrem Kampf gegen die Huthis und sprach im gleichen Atemzug von einer «großen humanitären Verpflichtung gegenüber der [jemenitischen] Zivilbevölkerung».[24] Wie bereits erwähnt, ging Präsident Macron in seinen vermeintlichen Hilfsbestrebungen womöglich sogar so weit, der Kriegsallianz das französische Militär zur Befreiung des Hafens von Hudeida zur Seite zu stellen, angeblich um ihn von Minen zu befreien. In jüngerer Vergangenheit begann sich langsam Widerstand gegen die Waffenexportpolitik der französischen Regierung zu formieren, bislang jedoch erfolglos. Eine Gesetzesinitiative in der Assemblée nationale von Juli 2017, die Waffenexporte einer stärkeren parlamentarischen Kontrolle unterwerfen sollte, verlief sich im Sande. Ebenso ein Antrag auf Einrichtung einer Untersuchungskommission über die Rechtmäßigkeit französischer Waffenexporte an Kriegsparteien im Jemen. Insgesamt kommt die öffentliche Debatte zum Thema Waffenexporte nach Saudi-Arabien in Frankreich wegen des sehr stark ausgeprägten Verteidigungsgeheimnisses erst langsam ins Rollen – ganz anders als in Deutschland.

Die Bundesrepublik, die gerne als letzte wahre Bastion westlicher Werte bezeichnet wird, verdient ebenfalls reichlich am Geschäft mit dem Tod. Im Zeitraum von 2013 bis 2017 rangierte sie auf Platz vier der größten Waffenexportnationen, 2017 genehmigte sie Exporte in alle Welt in Höhe von 6,24 Milliarden Euro. Hierunter fielen Lieferungen an Ägypten im Wert von 708 Millionen, an Saudi-Arabien im Wert von 254 Millionen und an die VAE in Höhe von 214 Millionen Euro. Darunter auch über ein Dutzend Patrouillenboote deutscher Herstellung, die wohl zumindest teilweise an der verheerenden Seeblockade Hudeidas beteiligt waren. Zudem steuert die deutsche Waffenindustrie Teile für größere Systeme internationaler Rüstungskooperationen bei, wie zum Beispiel für den Eurofighter-Kampfjet. Exporte dieser Art sind in den genannten Zahlen noch gar nicht inbegriffen.

2018 billigte das Kabinett bis Ende September Waffenexporte an Saudi-Arabien in Höhe von 416,4 Millionen Euro, eine höhere Summe als im gesamten Vorjahr. Der Golfstaat ist damit der zweitbeste Kunde der deutschen Waffenindustrie hinter Algerien. Hiervon wurden 254 Millionen Euro nach der Vereidigung der neuen Bundesregierung im März 2018 genehmigt. Waffen in Wert von 45 Millionen Euro dürfen überdies an die VAE geliefert werden, zudem gab es seit der Regierungsneubildung grünes Licht für die Lieferung von Kriegsgerät im Wert von 13,8 Millionen Euro an die anderen Staaten der Kriegsallianz.

Dies ist insofern brisant, als der Koalitionsvertrag der neuen Regierung eine Aussetzung von Waffenlieferungen an unmittelbar am Jemenkrieg beteiligte Akteure vorsieht. Grund für die fortwährenden Exporte ist eine Ausnahmeklausel in ebendiesem Vertrag. Dieser zufolge darf eine Waffenlieferung weiterhin zugelassen werden, sofern der Hersteller nachweist, dass bereits genehmigte Lieferungen ausschließlich im Empfängerland bleiben. Dass unter der neuen Bundesregierung tatsächlich keine deutschen Waffen mehr in den Jemen gerieten, darf bezweifelt werden. Zum einen scheute die Große Koalition bislang davor zurück, Exportgenehmigungen für Militärgüter zu verweigern, die Teil größerer Waffensysteme sind. In diesem Fall hätten den deutschen Herstellern Schadenersatzklagen gedroht, die sie dann wahrscheinlich auf die Bundesregierung und damit auf den Steuerzahler abgewälzt hätten. Zudem haben sich Union und SPD bislang noch auf keine genaue Definition von «unmittelbar am Krieg beteiligten Parteien» einigen können. Oppositionspolitiker fordern folglich schon seit längerem einen vollständigen Exportstopp an die am Krieg betei-

ligten Staaten, zumal diese ihre Waffen auch im Inland zu fragwürdigen Zwecken einsetzen.

Eine solche Verweigerungspolitik würde wohl auch dem in
Deutschland geltenden Recht entsprechen. Das Kriegswaffen-
kontrollgesetz schreibt dem Bundessicherheitsrat schon seit
den 1990er Jahren vor, Waffenlieferungen zu unterbinden,
wenn das Zielland in einen bewaffneten Konflikt verwickelt ist
oder Gefahr besteht, dass die Waffen zur Unterdrückung von
Minderheiten oder zur Verletzung von Menschenrechten eingesetzt werden. Kaum jemand würde abstreiten, dass besonders Saudi-Arabien alle drei Ausschlusskriterien erfüllt. Der
Bundessicherheitsrat verweist jedoch auf eine Ausnahmeklausel: Waffenexporte dürfen im Einzelfall genehmigt werden,
sofern dies «besondere außen- oder sicherheitspolitische Interessen der BRD» erfordern. Im Falle Saudi-Arabiens, dem
vermeintlichen «Stabilitätsanker» und wichtigsten Partner
Deutschlands in der Region, war diese Ausnahme aus der Sicht
der Regierungsvertreter bisher einschlägig. Als halboffizielles
Totschlagargument wird zudem freilich auf die Sicherung von
200 000 Arbeitsplätzen in der deutschen Waffenindustrie verwiesen. Trotz dieser sehr flexibel auslegbaren Regelungen, ist
das deutsche Waffenexportgesetz bei vielen Unternehmen als
besonders streng berüchtigt.

Recherchen des ARD-Magazins «Report München» und
des Wochenmagazins *Stern* zufolge suchen deutsche Rüstungs-
firmen daher vermehrt nach Möglichkeiten, die Exporthinder-
nisse zu umgehen – mit erschreckendem Erfolg. Der größte
deutsche Waffenkonzern Rheinmetall hat ein Werk auf Sardi-
nien, das einst Sprengstoff für dort ansässige Steinbrüche pro-
duzierte, zu einer Bombenfabrik umgebaut. Von hier aus gelangen fast 20 000 Bomben nach Saudi-Arabien. Für das Werk
fühlen sich die italienischen Behörden nicht zuständig, der In-
haber sei schließlich eine deutsche Gesellschaft. Der Bundessi-

cherheitsrat auf der anderen Seite fühlt sich nicht bemächtigt, Exporte deutscher Firmen aus dem Ausland zu reglementieren. Ähnlich umtriebig geht der in Düsseldorf sitzende Rheinmetall-Konzern Geschäften in Südafrika nach, wo es mit dem ehemaligen staatlichen, von Korruptionsskandalen gebeutelten Waffenkonzern RDM eine Tochterfirma besitzt. Unter Umgehung deutscher Rechtsvorschriften wird von hier vor allem deutsches Know-how exportiert, auch an im Jemenkrieg involvierte Staaten. Zudem hat diese Tochterfirma bereits Munitionswerke in Saudi-Arabien und den VAE errichtet. Als jüngstes Projekt ist ein Joint Venture zwischen RDM und dem staatlichen saudischen Waffenkonzern Saudi Arabian Military Industries (SAMI) geplant, dessen deutscher CEO ein ehemaliger Manager von Rheinmetall ist. Der Hintergrund: Saudi-Arabien will bis 2030 50 Prozent seiner Waffen selbst produzieren.

Es wäre für die Bundesregierung eine Leichtigkeit, solche Regelungslücken zu füllen. Es würde ein einfacher Regierungsbeschluss genügen, um der Rüstungsindustrie etwaige Umgehungsgeschäfte mit Saudi-Arabien und Co. zu verbieten. Eine ähnliche Regelung existiert bereits für Waffenexporte an Staaten wie Nordkorea oder den Iran. Doch warum unterbindet das Kabinett eine solch einfache Umgehung deutscher Gesetze nicht? Der Grund hierfür dürfte nicht zuletzt in der exzellenten Vernetzung des Rheinmetall-Konzerns in die politische Chefetage der Berliner Republik liegen. Dirk Niebel (FDP), ehemaliger Bundesentwicklungsminister, ist seit seinem Ausscheiden aus dem Kabinett Cheflobbyist von Rheinmetall. Der von 2005 bis 2009 amtierende, ehemalige Bundesverteidigungsminister Franz Josef Jung sitzt zudem im Aufsichtsrat des größten deutschen Waffenkonzerns.

Die Verlogenheit der deutschen Waffenexportpolitik geht an die Grenzen des Erträglichen. In Syrien verurteilt die Bundesregierung das Assad-Regime und seinen wichtigsten Partner

Russland für die zweifellos grausamen Angriffe auf Zivilisten. Durch ihre Geschäfte mit Saudi-Arabien beteiligt sie sich jedoch indirekt selbst an ähnlichen Verbrechen. Der Grund für die große Nachsicht gegenüber den Saudis und ihren Partnern kann nicht alleine in der Sorge um deutsche Arbeitsplätze liegen. Weltweit finden sich noch genug wirtschaftsstarke Abnehmer für die Rüstungsgüter, die nicht im Jemen intervenieren. Und selbst wenn: In Zeiten der Hochkonjunktur und des Fachkräftemangels würden die 200 000 Arbeitskräfte der Rüstungsindustrie sicherlich nicht alle in der Erwerbslosigkeit landen. Dass Saudi-Arabien, das neben dem Massaker in seinem südlichen Nachbarstaat auch für die Gründung des sogenannten Islamischen Staats mitverantwortlich ist, ein Stabilitätsanker im Nahen und Mittleren Osten sein soll, taugt als Begründung noch viel weniger. Der Grund liegt wohl vielmehr darin, dass Saudi-Arabien nach der Annäherung seiner westlichen Partner an seinen Erzfeind Iran im Rahmen des Atomabkommens von 2015 bei der Stange gehalten werden musste. Erst als das Atomabkommen durch den Ausstieg der Vereinigten Staaten unter Präsident Trump brüchig wurde und sich der Ruf Saudi-Arabiens durch die Ermordung des Journalisten Jamal Khashoggi im Istanbuler Konsulat des Königreichs deutlich verschlechterte, begann allmählich auch manch westlicher Verantwortliche die heimische Waffenexportpolitik zu überdenken.

EIN LAND GEHT DURCH DIE HÖLLE: FACETTEN DER KATASTROPHE

«Es war eine wirklich schwere Reise. Mein Gott, haben wir gelitten. Raketen flogen über uns. Jemand hielt uns an und sagte, es gäbe Geschosse, dann hielt uns jemand anderes an und sagte, es gäbe Landminen, und wir haben einfach nur geschrien. Die ganze Fahrt durch, vom Moment der Abfahrt bis zur Ankunft, schrien und weinten wir. Wir sahen Leichen und Körper, die in ihre Einzelteile zerrissen waren. Wir dachten nicht, dass wir überleben würden. Wir dachten, wir würden sicherlich sterben. Am Ende hofften wir, wir würden sterben, anstatt das durchzumachen, was wir durchmachen mussten.» Es klingt nach nicht weniger als der Apokalypse, wenn Jemeniten eine Fahrt durch ihr Land beschreiben – hier eine 25-jährige Mutter, die Amnesty International die Erlebnisse ihrer Flucht aus der umkämpften Hafenstadt Hudeida schildert.[25]

Die Leiden eines Krieges sind für Menschen, die das Privileg haben, in Zeiten und an Orten andauernden Friedens und Wohlstands zu leben, kaum nachzuvollziehen. Der Konflikt im Jemen aber hebt sich selbst noch von vielen anderen furchtbaren Kriegen der Gegenwart ab. Weniger hinsichtlich seiner Komplexität – wie andere Konflikte des 21. Jahrhunderts ist er von einer Vielzahl von Akteuren und Interessen beherrscht –, sondern vielmehr durch das Ausmaß des von ihm verursachten Leids. Der Leiter des Sanaa Center for Strategic Studies, einer der wenigen Organisationen im Jemen, die der Lage noch vor Ort auf den Grund gehen und publizieren können, formuliert es in der nötigen Drastik: «Der Jemen ist nicht mehr am Rande der Katastrophe. Vielmehr wurde er bereits in den Abgrund gestoßen und ist weiter im freien Fall. In vier Jahren Krieg hat der Jemen die Zerstörung seiner Infrastruktur, seiner Wirtschaft, seines sozialen Gefüges und von vielem mehr erlitten. Die Jemeniten sind eine von menschlichen Verlusten und vom Verhungern traumatisierte Nation.»[26] Die jemenitische Apokalypse hat viele Facetten, von denen ein Großteil in Anbetracht des Ausmaßes des Leids noch gar nicht erfasst werden kann.

An erster und prominentester Stelle steht die humanitäre Katastrophe: Während den kriegerischen Auseinandersetzungen bisher je nach Schätzung zwischen 50 000 und 100 000 Menschen zum Opfer gefallen sind, haben in den letzten vier Jahren nach Angaben des Kinderhilfswerks Save The Children zufolge alleine 85 000 jemenitische Kinder durch Hunger und Krankheit den Tod gefunden. Von dieser humanitären Krise nimmt die Weltgemeinschaft nicht zuletzt dank der UN, welche sie als «schlimmste der Gegenwart», gar als potenziell gravierendste der letzten 50 Jahre, bezeichnet, inzwischen zumindest allmählich Notiz.

Eine andere Dimension der jemenitischen Apokalypse verlief ebenfalls lange Zeit weitestgehend unter dem Radar der Weltöffentlichkeit: die rechtliche. Sämtliche Konfliktparteien verstoßen tagtäglich in gravierender Weise gegen Menschenrechte, humanitäres Völkerrecht und internationales Kriegsrecht. Dies sollte im Falle der von Riad angeführten Anti-Huthi-Koalition spätestens seit der Ermordung des saudischen Journalisten Jamal Khashoggi im Istanbuler Konsulat seines Landes im Oktober 2018 keinen mehr verwundern.

Keinerlei Aufmerksamkeit erfährt dagegen nach wie vor die kulturelle Dimension des Konflikts im Jemen. Das Land zwischen zwei Kontinenten ist zwar durch seine gesamte jüngere Geschichte hinweg von Armut und Leid geprägt gewesen, ein genauerer Blick in die Vergangenheit offenbart jedoch den im

ersten Kapitel bereits dargestellten einzigartigen geschicht-
lichen und kulturellen Reichtum des Landes. Die kulturelle Katastrophe steht in ihrer Qualität der humanitären und rechtli-
chen in nichts nach und ist leider genau wie die beiden anderen
Aspekte der jemenitischen Apokalypse kein Kollateralschaden
des Krieges, sondern wird als Mittel der moralischen Kriegsführung von allen Kriegsparteien bewusst herbeigeführt.

Eine Analyse dieser drei wichtigsten Facetten der Katastrophe ist unumgänglich, um eine Vorstellung vom Ausmaß des
Krieges sowie Hinweise auf die Möglichkeiten einer Befrie-
dung des Jemen zu erhalten.

Die apokalyptische Gleichung aus Strukturproblemen und Krieg

Die Rahmenbedingungen für das gegenwärtige humanitäre
Desaster im Jemen waren bereits zu Vorkriegszeiten gegeben.
Die Lage im Land ist schon lange schlecht – so schlecht, dass
es bereits vor 2015 als das «Armenhaus der arabischen Welt»
galt. Bedingt war dies nicht zuletzt durch seine suboptimale
geographische Lage im trockenen Südwesten der Arabischen
Halbinsel. Der Jemen hat regelmäßig mit Dürren zu kämpfen,
zudem ist er die erste Anlaufstelle für viele Flüchtlinge vom
Horn von Afrika, die auf der Arabischen Halbinsel der Not in
ihren Heimatländern entkommen wollen.

Dass der Jemen vermehrt selbst Not und Elend ausgesetzt
war, liegt auch in seinen maroden staatlichen und gesellschaftlichen Strukturen begründet. Das Land ist chronisch zerrissen,
von einem stabilen Nationalstaat war es auch zu Vorkriegszeiten weit entfernt.

Die Zahlen sprechen Bände über die Entwicklung des Landes in den letzten Jahren: Während vor der Krise bereits

15,9 Millionen der geschätzt 30 Millionen Jemeniten humanitäre Hilfe benötigten, hat sich die Zahl zu Beginn des Jahres 2019 laut UN auf 24 Millionen erhöht – das entspricht 80 Prozent (!) der Bevölkerung. Die Not trifft insbesondere die Jüngsten, laut dem UN-Kinderhilfswerk UNICEF brauchen 11,3 Millionen Kinder humanitäre Hilfe.

Der Krieg hat den Jemen, in welchem schon seit langem denkbar schlechte humanitäre Rahmenbedingungen herrschten, in eine Abwärtsspirale des Leidens befördert, die schlimmer kaum sein könnte. Zu Recht spricht der Vorsitzende der Ernährungs- und Landwirtschaftsorganisation der UN, José Graziano da Silva, angesichts der Ernährungskatastrophe von einer «apokalyptischen Gleichung». So gingen Konflikte und Nahrungsunsicherheit Hand in Hand. Kämen Klimawandel und Konflikte zusammen, so sei eine Hungersnot bereits vorprogrammiert. Wie sich diese apokalyptische Gleichung zusammensetzt und warum sich die humanitäre Situation im Jemen derart verschlechtern konnte, sei im Folgenden kurz beleuchtet.

Wie bereits erwähnt musste die Landwirtschaft im Jemen schon vor dem Krieg als Sorgenkind gelten. Durch den Krieg ist dabei nun ein neuer Faktor hinzugekommen, der die alten Probleme weiter zuspitzt. Durch die Zerstörung der ohnehin mangelhaften ländlichen Infrastruktur und die Bombardierung von Anbauflächen ist die Landwirtschaft noch ineffizienter geworden. Der Jemen wird in der Folge noch stärker abhängig von Lebensmittelimporten aus dem Ausland. Aufgrund der Importblockade kommerzieller Lebensmittel, welche die Koalitionsmächte Ende 2017 über die Huthi-Gebiete und vor allem den wichtigen Hafen Hudeida verhängt haben, kann jedoch auch nicht hinreichend Nahrung ins Land importiert werden. Der Krieg lähmt aber nicht nur die Landwirtschaft, vielmehr ist die gesamte Wirtschaft ein Trümmerfeld. Verstärkt durch staatliches Missmanagement führt dies zu einer gravierenden Inflation, durch die sich ein Großteil der Menschen die ohnehin knappen Lebensmittel nicht mehr leisten kann. Ist diese apokalyptische Gleichung erst einmal aufgestellt, das Feuer des Elends erst einmal entfacht, kommt es schnell zum Flächenbrand. Die schon vor dem Krieg bestehenden Probleme verschlimmern sich noch. Beispielhaft führt der inflationsbedingte Anstieg der Ölpreise um zeitweise 150 Prozent dazu, dass viele Bauern sich den Treibstoff für ihre Pumpen nicht mehr leisten können. In der Folge kann kein Wasser mehr gefördert werden, wodurch die Erträge der Landwirtschaft zurückgehen. Jemenitische Bauern verfügen seit Kriegsbeginn über 40 Prozent weniger bewässertes Land für den Getreideanbau. Dies ebnet wiederum den Weg für ein weiteres Fiasko. Während 2015 bereits über zehn Millionen Menschen im Land aufgrund der maroden Landwirtschaft und der Abhängigkeit von Lebensmittelimporten als nahrungsunsicher galten, hat sich die Zahl Anfang 2019 auf ca. 20,1 Millionen Menschen gesteigert. Von diesen stehen zehn Millionen kurz vor dem Hungertot, laut UN-Angaben handelt es sich damit um die potenziell schlimmste Hungersnot weltweit in den letzten 100 Jahren. Es ist ein Höllenkarussell.

Die Not erstreckt sich derweil auf sämtliche Bereiche: 17,8 Millionen Menschen haben keinen ausreichenden Zugang zu Trinkwasser und sanitären Anlagen. Durch Unterversorgung, Gewalt und zerstörte Infrastruktur benötigen heute bereits 19,7 Millionen Menschen medizinische Hilfe, 14 Millionen davon akut. Ein Großteil der Bevölkerung ist von Krankheiten befallen oder bedroht. Seit Mitte 2016 wütet im Land eine Cholera-Epidemie, die bisher weit über eine Million Menschen traf und tausende in den Tod riss. Laut dem UN-Beauftragten für humanitäre Angelegenheiten handelt es sich um eine Cholera-Epidemie, die aufgrund der medizinischen Versorgungslage nur schwer eingedämmt werden kann, was im Zeitalter der globalen Perfektionierung von Hygiene- und Gesundheitsstandards sehr bezeichnend ist. Auch andere Krankheiten wie Diphtherie und Polio verbreiten sich im gesamten Land. Den Menschen kann dabei vom staatlichen Gesundheitssystem kaum mehr geholfen werden. Bereits 2015 hatte die Hälfte der jemenitischen Bevölkerung nur unzureichenden Zugang zu medizinischer Versorgung. Von den damals existierenden Gesundheitseinrichtungen sind heute nur noch knapp die Hälfte in Betrieb, und das oftmals auch nur sehr eingeschränkt. Hierdurch können neben den epidemischen Erregern auch gängige Krankheiten wie Krebs, Hepatitis oder Herzprobleme kaum mehr behandelt werden. Die Folgen sind wortwörtlich fatal: Laut der Weltgesundheitsorganisation (WHO) ist der desolate Zustand des Gesundheitssystems für fast 40 Prozent der Todesfälle im Jemen verantwortlich und somit der wichtigste Faktor für das Massensterben der Bevölkerung. Experten warnen zudem vor langfristigen psychischen Traumaerkrankungen vor allem bei Kindern. Gemäß einer vom Deutschen Akademischen Austauschdienst finanzierten Untersuchung aus dem Jahr 2018 litten bereits knapp 80 Prozent der getesteten Kinder unter kriegsbedingten Symptomen einer Posttraumatischen Belastungsstörung.[28] Ihnen kann nicht geholfen werden in einem Land, das alle Hände voll damit zu tun hat, um das nackte Überleben zu kämpfen. Der Krieg zerstört Generationen von Menschen und damit das intellektuelle und kreative Potential eines ganzen Landes.

Auch anderen öffentlichen Aufgaben kann der jemenitische Staat kaum mehr nachkommen, allen voran der Bildung. Im Jahr 2018 konnten zwei Millionen der elf Millionen Kinder keine Schule mehr besuchen – 500 000 mehr als vor Kriegsbeginn. Gründe sind die Zerstörung und Unerreichbarkeit von über 2500 Schulen sowie die Armut von 80 Prozent der Menschen. Die Kinder haben kein Geld und keine Zeit, um in die Schule zu gehen. Stattdessen sind sie gezwungen, die Tage mit Betteln oder Arbeit zu verbringen, oder gar als Soldaten bei einer der zahlreichen Milizen des Landes anzuheuern.

Trotz dieser grausamen Bedingungen fliehen laut der Internationalen Organisation für Migration (IOM) weiterhin im Schnitt 7000 Menschen monatlich vom Horn von Afrika in den Jemen – davon die meisten wohl aus Somalia, Äthiopien und Eritrea. 2017 sollen das Land auf diese Weise ca. 100 000 Personen erreicht haben. Aufgrund des zerstörerischen Krieges befinden sich zudem aktuell ca. zwei Millionen Jemeniten innerhalb ihres Landes auf der Flucht. 89 Prozent der seit Kriegsbeginn innerhalb des Jemen Geflüchteten leben bereits länger als ein Jahr fernab ihres Heimatortes.

All diese Zahlen zeigen: Der Krieg befeuert die humanitäre Katastrophe, aber die Gleichung lässt sich auch umdrehen: Die humanitäre Katastrophe befeuert den Krieg. Viele Menschen können sich aufgrund der kriegsbedingten Inflation keine Lebensmittel mehr leisten und verkaufen aus der Not heraus ihr Hab und Gut zu Spottpreisen. Somit verlieren sie zentrale Vermögenswerte und auf dem Land oftmals ihre einzige Einnahmequelle. Um sich weiter über Wasser zu halten, bleibt ihnen oft nur die Beteiligung am Waffenschmuggel, der Anschluss an die Armee oder das Anheuern bei einer bewaffneten Miliz. Um es mit Friedrich Schiller zu sagen: «Der Krieg ernährt den Krieg.»[29]

Die humanitäre Hilfe läuft ins Leere

Man kann Teilen der internationalen Gemeinschaft, vor allem den Vereinten Nationen, ein ernsthaftes Bemühen um die Besserung der humanitären Lage im Jemen nicht gänzlich absprechen. Die Mühen haben auch tatsächlich dazu beigetragen, dass die Zustände im Land nicht noch katastrophaler sind. Der Humanitarian Response Plan der UN für den Jemen sah im Jahr 2018 Hilfsleistungen im Wert von knapp drei Milliarden US-Dollar vor, die etwa 13 Millionen Menschen im Land zugutekommen sollten. Die Weltorganisation schaffte es, immerhin ca. 85 Prozent der angestrebten Hilfsgelder von den Staaten dieser Welt einzutreiben. Die Gelder wurden beispielsweise zur Finanzierung einer Cholera-Impfkampagne von WHO und UNICEF genutzt, die Stand Oktober 2018 knapp 550 000 Menschen gegen den Erreger immunisierte. Ferner wurden Lebensmittel für 9,5 Millionen Jemeniten durch das Welternährungsprogramm der Vereinten Nationen beigesteuert. Neben den verschiedenen Unterorganisationen der UN, die in sämtlichen Bereichen von Bildung über Gesundheit bis hin zur Flüchtlingshilfe intervenieren, sind auch viele private Hilfswerke vor Ort. Insgesamt sollen über 190 Partnerorganisationen der UN im Jemen aktiv sein.

Die Hilfsbestrebungen tragen jedoch aus verschiedenen Gründen oft nur sehr begrenzt Früchte. Erstens wird die Planung humanitärer Hilfe dadurch erschwert, dass die Not im Jemen unberechenbar ist: Die Hilfsorganisationen vor Ort können die Lage im Land kaum erfassen, insbesondere weil sie auf keine vertrauensvollen lokalen Informationsquellen wie staatliche Einrichtungen oder eine objektive Berichterstattung zurückgreifen können. Zudem ist der weitere Kriegsverlauf schwierig abzusehen, jeder Monat, jeder Tag bringt neue Entwicklungen und Überraschungen mit sich. Man könnte auch sagen, der Krieg ist schneller als die humanitäre Hilfe. So erklärt sich, warum der Humanitarian Response Plan der UN für den Jemen jedes Jahr aufgestockt werden muss. Für 2019 sind mit Hilfsleistungen in Höhe von über vier Milliarden US-Dollar eine Milliarde mehr vorgesehen als im Vorjahr. Die

Mittel sollen nun 21,4 Millionen Jemeniten zugutekommen, also ca. zwei Dritteln der Bevölkerung.

Zweitens kann Nothilfe nie die langfristige Lösung der Probleme bewirken, sie stellt immer nur eine Notlösung dar. Sie ist bestenfalls geeignet, die Symptome einer humanitären Krise zu lindern, und nicht als Ursachenbekämpfung konzipiert. Zwar verfolgen die Vereinten Nationen im Jemen inzwischen die Strategie einer «Humanitären Hilfe Plus». Diese soll unter anderem den Erhalt und Aufbau von lokalen Institutionen gewährleisten, die für die humanitäre Hilfe notwendig sind. Zudem erhält die Zentralbank in Aden Finanzspritzen in Höhe von hunderten Millionen US-Dollar von Saudi-Arabien, um den Preisverfall des jemenitischen Rials zu bremsen. Diese ursachenbezogenen Hilfsmaßnahmen werden jedoch weiterhin ins Leere laufen, wenn sich an den ganz grundlegenden Rahmenbedingungen der humanitären Katastrophe – sprich dem Krieg selbst sowie den verkrusteten staatlichen, gesellschaftlichen und wirtschaftlichen Strukturen – nichts ändert.

Drittens kommen selbst auf kurze Sicht angelegte Hilfsmaßnahmen, wie beispielsweise die Lieferung von Lebensmitteln, nicht in befriedigendem Ausmaß zum Tragen, weil sie von den verschiedenen Kriegsparteien torpediert werden. Der folgende symptomatische Vorfall zeigt ihre Doppelzüngigkeit sehr deutlich: Über fast ein Jahr hinweg lagerten 51 000 Tonnen Weizen nahe dem Hafen von Hudeida und durften nicht an die notleidende Bevölkerung ausgegeben werden. Nun haben Rüsselkäfer diesen Nahrungsvorrat befallen und vermutlich einen Großteil des lebensnotwendigen Getreides unbrauchbar gemacht.

Diese und andere Vorfälle zeugen abermals davon, dass die Kriegsparteien die humanitäre Katastrophe im Jemen bestenfalls nicht kümmert, sie eher sogar ein Interesse an ihrem Fortgang haben. So verdienen Beamte der Exil-Regierung von Präsident Hadi mit illegalen Waffenverkäufen an die Huthis ein Vermögen. Die Huthis dagegen provozieren oft die tödlichen Luftschläge der Kriegsallianz, beispielsweise mittels regelmäßiger Raketenangriffe in Richtung Saudi-Arabien. Ihr Ziel: bei der Weltöffentlichkeit für Empörung zu sorgen und sich als das kleinere Übel in diesem so verheerenden Konflikt zu inszenieren. Die Kriegsallianz lässt sich auf die Provokationen ein und zerstört bei ihren Luftschlägen bewusst zivile Ziele, nicht zuletzt die Landwirtschaft und medizinischen Anstalten des Landes. Sie hofft, dadurch die Menschen in den Huthi-Gebieten derart zu demoralisieren, dass die Macht der Huthis von innen heraus erodiert.

Die humanitäre Katastrophe erlaubt es Saudi-Arabien und seinen Verbündeten überdies, sich als Heilsbringer im Jemen zu inszenieren. Gönnerhaft und publikumswirksam kündigen sie Millionenprogramme an, die die Schäden jenes Krieges begrenzen sollen, den sie sich Milliarden und Abermilliarden kosten lassen. Hiervon versprechen sie sich die Reinwaschung durch die Weltöffentlichkeit und vor den Jemeniten selbst, wo Saudi-Arabien und die VAE in der Nachkriegszeit wie dargestellt verstärkten Einfluss ausüben wollen. Ihr Plan geht zumindest ein Stück weit auf. So bedankte sich der UN-Beauftragte für Humanitäre Aufgaben, Mark Lowcock, in einer Anhörung vor dem Sicherheitsrat am 17. April 2018 ausdrücklich und überschwänglich bei den Golfstaaten für ihren Zuschuss von 930 Millionen US-Dollar zugunsten des Yemen Humanitarian Response Plan. Um die Hilfe besonders medienwirksam in Szene zu setzen, wurde das saudisch-emiratische Entwicklungsprogramm Yemen Comprehensive Humanitarian Operations (YCHO) durch amerikanische und britische PR-Profis ausgetüftelt. Gleichzeitig sorgen die Saudis und Emiratis mit allen Mitteln dafür, dass die humanitären Hilfsleistungen, die sie selbst publikumswirksam unterstützen, gar nicht erst in den bevölkerungsreichen Norden des Landes gelangen.

Die Importrestriktionspolitik verschärft die humanitäre Lage im Jemen. Im August 2017 wurden kommerzielle Flüge von und nach Sanaa untersagt, später alle Flüge, wodurch vielen Menschen in den Huthi-Gebieten der Weg ins Ausland versperrt wurde, beispielsweise zur medizinischen Behandlung. Vor allem erreichen hierdurch viel zu wenige Güter die Hauptstadt. Die Lage verschärfte sich im November 2017 umso mehr, als die Möchtegern-Regionalmächte sämtliche Schiffslieferungen in Richtung Hudeida, dem wichtigsten Hafen im Norden des Landes, unterbanden. Vordergründig stellte dieser Schritt eine Vergeltung für einen Raketenangriff der Huthis in Richtung Riad dar; er schadete jedoch primär der einfachen jemenitischen Bevölkerung. Zwar wurde das Importverbot schon Ende 2017 für Hilfsgüter wieder aufgehoben. Kommerzielle Lieferungen dürfen Hudeida allerdings weiterhin nur sporadisch ansteuern, was die Lebensmittel- und Ölknappheit im Land dramatisch verschärft. So konnten die Jemeniten im Oktober 2017 noch 29 Prozent ihres Ölbedarfs decken, 2018 sank die Quote gar auf durchschnittlich 21 Prozent. Frappierender noch ist der Schwund bei den Lebensmitteln. Während die Jemeniten vor der Blockade 96 Prozent ihres Bedarfs decken konnten, erhielten sie im April 2018 nur noch 51 Prozent der erforderlichen Lebensmittel.

Der dramatische Rückgang ist jedoch nicht alleine auf die Unterbindung kommerzieller Importe zurückzuführen. Vielmehr torpedieren die Golfmonarchien durch langwierige und komplizierte Kontrollen auch die Lieferung von Hilfsgütern nach Hudeida. Sie berufen sich hierbei auf Resolution 2216 des UN-Sicherheitsrats aus dem Jahr 2015, welche den Verkauf von Waffen und Kriegsgerät an die Huthis verbietet. Dabei hat die UN einen eigenen Inspektionsmechanismus ins Leben gerufen, der sämtliche Frachtschiffe in Richtung Hudeida auf verbotenes Material kontrolliert. Eine zusätzliche Inspektion durch die Kriegsallianz sieht besagte Resolution nur in eng begrenzten Fällen vor. Diese filzt die Schiffe trotzdem systematisch. Die Kontrollen der Koalition sind zudem weitaus strenger und zeitintensiver als jene der UN. Im März 2018 gaben die UN 28 Schiffen grünes Licht für die Einfahrt in den Hafen von Hudeida, die Koalition hingegen ließ lediglich 17 passieren. Die Kontrollen durch Saudi-Arabien und seine Partner dauerten im Schnitt fünf Tage, im Gegensatz zu durchschnittlich einem Tag Wartezeit bei den UN-Inspektionen. Ein Schiff musste sogar geschlagene 50 Tage auf die Genehmigung seiner Passage durch die Koalition warten. Die absurde Folge ist, dass viele Reedereien auf den Hafen von Aden ausweichen, wo sich die Schiffe stauen. In Hudeida, dem einzigen funktionierenden Zugang des Nordjemens zum Roten Meer und damit zur Außenwelt, sind die Menschen derweil abgeschnitten von einem Großteil der Hilfslieferungen.

Doch auch die Huthis haben in diesem dreckigen Spiel keine weiße Weste. Sie torpedieren und verschleppen die Verteilung von Hilfsmitteln im Land durch Minenverlegungen, Straßensperren oder Zollerhebungen. Zudem klagt das Personal von Hilfsorganisationen über Behinderungen bei der Arbeit vor Ort. So sind humanitäre Aktivitäten in den Huthi-Gebieten grundsätzlich genehmigungspflichtig. Die Zuständigkeiten im dilettantisch geführten Huthi-Apparat sind dabei derart unklar verteilt, dass die Autorisierung durch die eine Stelle von einer anderen oftmals nicht anerkannt wird. Der Prozess für die Genehmigung von Hilfslieferungen dauert deswegen gut und gerne zwei Monate. Zudem werden den Organisationen im Rahmen des Genehmigungsprozesses oftmals unlautere Auflagen gemacht. Die Huthis wollen die Hilfsgüter regelmäßig selbst verteilen und verlangen von den Hilfsorganisationen

Abgaben im Gegenzug für die Ausstellung von Genehmigungen. Akteuren, die nicht nach ihrer Pfeife tanzen, wird die Arbeit in den Huthi-Gebieten direkt verboten. So wurde der Jemen-Beauftragte der Adventist Development and Relief Agency im September 2018 nicht mehr ins Land gelassen, da er die von den Ansar Allah vorgelegte Liste mit Adressaten von Hilfsmaßnahmen nicht akzeptieren wollte. Im Januar 2018 sollen die Huthis mehr als 35 Hilfsorganisationen die für die Fortführung ihrer Tätigkeit notwendige Lizenz entzogen haben, da diese nach ihrem Geschmack zu unabhängig handelten. Ferner verbreiten die Ansar Allah über die von ihnen kontrollierten Medien Falschnachrichten hinsichtlich der Arbeit von Hilfsorganisationen, um die Bevölkerung gegen diese aufzuhetzen.

Zudem werden in den Huthi-Gebieten offenbar systematisch Lebensmittellieferungen gestohlen. Angaben des Welternährungsprogramms der UN zufolge gelangen nur 40 Prozent der für die Bedürftigen in Sanaa vorgesehenen Lebensmittelrationen tatsächlich an ihr Ziel, in Saada sei es sogar nur etwa ein Drittel. Ende Dezember 2018 setzte das UN-Programm den Huthis ein Ultimatum zur Behebung des Missstands, andernfalls wolle es die Lieferungen einstellen. Als sich binnen eines halben Jahres nichts an der Situation änderte, beschlossen die Verantwortlichen des Welternährungsprogramms im Juni 2019, die Hilfsleistungen für das von den Huthis kontrollierte Gebiet teil- und zeitweise auszusetzen. Auch andere Hilfsorganisationen lassen sich den Missbrauch humanitärer Hilfe durch die Huthis nicht länger gefallen und üben im besten Fall Druck aus, wie beispielsweise UNICEF. Das Kinderhilfswerk verweigerte die Umsetzung eines Hilfspakets für neun Millionen Jemeniten so lange, bis die Ansar Allah ein Call-Center für Bedürftige in Sanaa genehmigten. Im schlechtesten Fall ziehen sich die Hilfsorganisationen jedoch vollständig aus den notleidenden Gebieten zurück. Das Internationale Rote Kreuz begründete im Juni 2018 den Abzug von 71 Hilfskräften aus dem Jemen wie folgt: «Unsere gegenwärtigen Aktivitäten wurden in den letzten Wochen blockiert, bedroht und direkt angegriffen. Wir nehmen heftige Bestrebungen wahr, unsere Organisation als Unterpfand im Konflikt zu instrumentalisieren.»[30]

Wenngleich das Verweigern von Hilfsleistungen für zahlreiche notleidende Jemeniten fatal ist, ist es doch das einzige wirklich wirksame Druckmittel der Hilfsorganisationen, um sich gegen das missbräuchliche Verhalten der Huthis zur Wehr zu setzen. Jedoch bleiben ähnlich drastische Sanktionen für Behinderungen von Hilfsleistungen durch die Koalitionsstaaten aus. Vielmehr wird deren restriktive Politik, die ebenso wie jene der Huthis ein Kriegsverbrechen darstellt, zwar beanstandet, aber kaum effektiv bekämpft. Allgemein ist eine traurige, wenngleich nicht neue Erkenntnis dieses Konflikts, dass Kriegsverbrechen und Menschenrechtsverstöße von der internationalen Gemeinschaft weitestgehend ungeahndet bleiben, besonders wenn sie von den wichtigsten Mächten bzw. deren Partnern ausgehen.

Das Paradies des Verbrechens

Die rechtliche Katastrophe im Jemen erfährt noch weniger Aufmerksamkeit als die humanitäre. Dies ist gravierend, nicht etwa weil die Verstöße gegen von Menschen aufgestellte Normen schwerer wögen als das tatsächliche Leid tausender Individuen, sondern weil Ersteres Letzteres bedingt. Die tagtäglichen Verletzungen von Menschenrechten sind eine der Kernursachen der humanitären Katastrophe. Die Rechtsbrüche werden zwar glücklicherweise von einigen nationalen und internationalen Organisationen dokumentiert, bislang jedoch kaum rechtlich geahndet.

Der Yemen Humanitarien Response Plan von 2018 schätzt die Zahl der Jemeniten, die unter anderem rechtliche Hilfe bräuchten, auf ca. 12,9 Millionen.

Die offensichtlichen Kriegsverbrechen beider Seiten

Eines der offensichtlichsten Kriegsverbrechen besteht in der von beiden Seiten ausgehenden Behinderung kommerzieller Importe und humanitärer Hilfe. Dies erfüllt unter anderem den Tatbestand des Aushungerns und der Kollektivbestrafung als Mittel der Kriegsführung – gemäß den Zusatzprotokollen I und II der Genfer Konvention von 1977, denen sowohl der jemenitische als auch alle anderen beteiligten Staaten angehören, ein Verbrechen gegen humanitäres Völkerrecht. Auch gezielte Angriffe auf die zivile Infrastruktur fallen in diese Kategorie. So wurde etwa im April 2018 die Wasserzufuhr für 7500 Menschen in der Saada-Region durch einen Luftschlag der Koalition zerstört. Das Wassersystem war erst 2017 von der UN wiederaufgebaut worden, nachdem es bereits 2015 Luftschlägen zum Opfer gefallen war.

Die vorwiegend von der arabischen Kriegsallianz ausgehenden Angriffe auf Zivilisten verstoßen ebenfalls gegen geltendes Völkerrecht. So kommt die Zivilbevölkerung durch den Einsatz unpräziser Streumunition zu Schaden, die nach der Streubomben-Konvention von 2008 verboten ist. Vor allem aber bedroht das Kriegsbündnis das Leben von Millionen Jemeniten in Kriegsgebieten durch seine rücksichtslosen Luftschläge, die sich in vielen Fällen auf dicht besiedelte Regionen konzentrieren, was das Leiden der Zivilbevölkerung erheblich steigert. Erst auf den sich nur langsam aufbauenden internationalen Druck hin hat die Allianz im Juni 2018 einen Fünf-Punkte-Plan zur Vermeidung ziviler Opfer vorgestellt, welchem zufolge beispielsweise Angriffe auf nicht-strategische Ziele vermieden werden sollen. Bei diesem Plan scheint es sich jedoch um nicht mehr als heiße Luft zu handeln, die Zahl ziviler Opfer durch Luftschläge stieg 2018 jedenfalls weiter dramatisch an.

Einige der Angriffe waren sogar so verheerend, dass die internationale Gemeinschaft unmöglich länger wegschauen konnte. Die Deutsche Presse-Agentur beispielsweise verfügt noch nicht einmal über genügend Personal, um dem Leid im Jemen die notwendige Beachtung zu schenken und darüber zu berichten. Es muss etwas außergewöhnlich Abscheuliches passieren, damit darüber berichtet wird. Im April 2018 wurden bei einem Luftschlag auf eine Hochzeit in Hajjah, nordwestlich von Sanaa, die Braut und mindestens 20 weitere Menschen getötet. Weitere 45 wurden teilweise schwer verletzt, darunter der Bräutigam und 30 Kinder. Besonderes Aufsehen erregte auch der Luftschlag auf einen Schulbus im August 2018, der mindestens 50 Menschen tötete, darunter mindestens 40 Kinder, und mehr als 70 weitere Zivilisten verletzte; davon die Mehrheit ebenfalls Kinder. Das verantwortliche saudische Militär wurde angesichts der empörten Reaktionen aus dem Ausland sichtlich nervös. Zunächst behauptete es, bei den 40 getöteten Kindern habe es sich um Teilnehmer einer Huthi-Militärausbildung gehandelt. Als die Verantwortlichen Beweise hierfür schuldig blieben, behaupteten sie, dass erwachsene Huthi-Kämpfer im Bus vermutet wurden. UN-Generalsekretär António Guterres drängte daraufhin auf eine Aufklärung des Verbrechens, die UNICEF-Exekutivdirektorin Henrietta H. Fore erklärte: «Wie viele Kinder müssen noch leiden oder sterben, bis diejenigen, in deren Macht es steht, diese Geißel beenden?»[31] Wer ernsthaft eine Antwort auf diese Frage sucht, sollte wissen, dass die Schuld nicht allein bei Saudi-Arabien oder den VAE liegt. Auch die mächtigen Staaten der westlichen Welt könnten dem Sterben im Jemenkrieg ein Ende setzen, einfach indem sie sich aus diesem zurückziehen. Besonders die Vereinigten Staaten von Amerika und das Vereinigte Königreich stehen den beiden Prinzen MBS und MBZ mit Personal, Know-how und Kriegsgerät zur Seite. Die Amerikaner treten – wie bereits erwähnt – sogar selbst als Zivilistenmörder im Jemen in Erscheinung.

Doch auch die Huthis wirken am verbrecherischen Spiel heiter mit und gehen bei ihrer Kriegsführung über Leichen. Während der Offensive auf Hudeida im letzten Jahr besetzten sie das Dach eines wichtigen Krankenhauses, um völkerrechtswidrig Zivilisten als menschliche Schutzschilder gegen Angriffe der Allianz einzusetzen. Zudem übersäen sie ihre Gebiete mit Landminen, Ende 2018 verminten sie sogar Nahrungsmittelsilos des Welternährungsprogramms in Hudeida.

Die verborgene Missachtung der Menschenrechte

Schon vor dem Krieg war der Jemen nicht gerade ein Mekka der Freiheit, Würde und Gerechtigkeit – die Opposition wurde lange Zeit unterdrückt, das Justizsystem war marode und korrupt, die Zustände in den Gefängnissen desolat, Folter keine Seltenheit. Die aktuelle Lage sprengt jedoch das Maß des Vorstellbaren.

Ein guter Indikator für die menschenrechtliche Situation einer Gesellschaft ist in der Regel die Behandlung ihrer schwächsten Mitglieder. Dies sind im Jemen, wie auch sonst, die Geflüchteten und Vertriebenen. Die bis heute zu tausenden vom Horn von Afrika kommenden Menschen werden teilweise an der jemenitischen Küste abgewiesen und ertrinken im Roten Meer.

Wer die kräftezehrende Reise überlebt, erfährt im Jemen oftmals Schreckliches: Die IOM berichtet von Sklaverei, Missbrauch und der Tötung von Geflüchteten im Konflikt. Ihr Wohlbefinden interessiert nur wenige, erst recht nicht die Schlepper, die nach Bezahlung ihrer schmutzigen Dienste jedes Interesse an ihren Kunden verlieren. Einige Flüchtlinge werden auch von jemenitischen Regierungskräften festgenommen und grausam misshandelt. Human Rights Watch berichtet von Folter, Vergewaltigung und Exekution hunderter Flüchtlinge. Selbst jemenitische Binnenflüchtlinge erfahren Diskriminierung und Gewalt statt Empathie und Schutz. So kam es im Juli 2018 zu mehreren Übergriffen auf Flüchtlingslager durch Unbekannte, unter anderem durch Granatangriffe.

Nach den Flüchtlingen sind Kinder und Frauen die gefährdetste Gruppe im Jemen. Eine ganze Generation Heranwachsender wird durch die direkte Beteiligung am Krieg verschlissen. Schätzungsweise ein Drittel der Krieger soll minderjährig sein, obwohl internationale und nationale Regeln ein Mindestalter von 18 Jahren für die Beteiligung an Gefechten vorsehen. Besonders skrupellos sind hierbei die Huthis. Sie sollen zwei Drittel aller Kindersoldaten des Landes in ihren Reihen haben. Während männliche Minderjährige vor allem illegal an die Front geschickt werden, leiden die Mädchen des Landes an ausgeprägter gesellschaftlicher Repression, so sind inzwischen laut UNICEF drei Viertel der Mädchen unter 18 Jahren verheiratet, die Hälfte sogar im Alter von unter 15 Jahren. Auch Gewalt gegen Frauen und Mädchen hat laut dem Bevölkerungsfonds der Vereinten Nationen seit Kriegsbeginn um 63 Prozent zugenommen.

Mehr noch als in anderen Konflikten leiden religiöse und politische Minderheiten unter dem Krieg im Jemen, dem neben der rein militärischen auch eine ideologische Komponente innewohnt. Wenngleich es den Führern der Kriegsparteien in erster Linie um den Ausbau und Erhalt der eigenen Macht geht, mobilisieren sie die einfache Bevölkerung durch ideologische Grabenkämpfe. Es sei daran erinnert, dass die Huthis ihre Gefolgschaft im Nordjemen einst vor allem dadurch hinter sich versammelten, dass sie die Marginalisierung der zaiditisch-schiitischen Bevölkerungsteile gegenüber dem erstarkenden, teils salafistischen Sunnitentum kritisierten. Heute verfolgen und diskriminieren sie selbst religiöse Minderheiten, allen voran die in ihren Gebieten ansässigen Bahai. Auch kritische Stimmen werden mundtot gemacht: Die sogenannte «Hunger-Revolution», friedliche und ohnehin überschaubare Proteste in Sanaa und Ibb gegen die wirtschaftliche Misere im Herbst 2018, schlugen die Ansar Allah brutal nieder und nahmen dutzende Aktivisten fest. Diese wurden durch die Huthi-Medien öffentlich als Söldner verleumdet, die von den externen Aggressoren beauftragt worden seien, Gerüchte zu streuen und den öffentlichen Frieden zu stören. Freie Medien existieren in den Huthi-Gebieten ohnehin nicht mehr, alle ursprünglich freien Presseanstalten in Sanaa wurden geschlossen oder gleichgeschaltet. Im Rest des Landes ist die Lage für kritische Journalisten nicht besser, der Organisation Reporter ohne Grenzen zufolge rangierte der Jemen im Jahr 2018 in der globalen Rangliste der Pressefreiheit auf Platz 168 von 180 Staaten. Das Yemeni Journalist Syndicate hat alleine während der ersten Jahreshälfte 2018 über 100 Angriffe auf Journalisten dokumentiert, hierunter auch mehrere Entführungen. Im Südjemen geraten inzwischen selbst regierungsnahe Journalisten unter Druck, besonders von Seiten des sezessionistischen Southern Transitional Council. So raubte dessen Schlägertrupp, der Security Belt, im März 2018 eine regierungstreue Medienstiftung aus und verschleppte sieben Journalisten.

In den Huthi-Gebieten werden im Kampf gegen kritische Meinungen regelmäßig neben politischen Oppositionellen,

Bahais und Journalisten auch Studenten und Menschenrechtsverteidiger festgenommen und verschleppt. Ihren Angehörigen fehlt oftmals jegliche Information über ihren Verbleib. Viele erhalten nie Kenntnis von der Verhaftung ihrer Freunde und Verwandten – geschweige denn von Ort und Grund der Festnahme. Wer etwas über den Verbleib der Verschollenen erfahren will, hat eine administrative Odyssee zu durchlaufen, bei welcher er für jede Information ordentlich zahlen muss. Manchen wird die Möglichkeit gewährt, die Gefangenen aus der Haft freizukaufen, wofür ohnehin verarmte Familien ihr letztes Hemd geben. Sie tun dies wohlwissend, dass ihren Angehörigen ansonsten im Gefängnis Grausamstes droht. Verschiedene Menschenrechtsorganisationen berichten von unzähligen Fällen der Folter, etwa in Form von Schlägen, Peitschenhieben, sexueller und psychischer Gewalt. Beispielhaft ist das Schicksal eines ehemaligen Militärrichters auf Huthi-Gebiet, der gemeinsam mit seinem Sohn wegen einer angeblichen Verschwörung gegen die Huthis gefangen genommen wurde. Nach seiner Festnahme, so berichtete Abdo al-Zubaidi gegenüber Human Rights Watch, wurden ihm die Augen verbunden und ein winziger Raum zugewiesen, die Toilette durfte er nur einmal täglich benutzen. Als er bei einer ersten Befragung die erhobenen Vorwürfe abstritt, fuhr die Huthi-Polizei schwerere Geschütze gegen den Endfünfziger auf:

«Sie schlugen mit dickem Kabeldraht auf meine Beine, meine Hände, meinen Rücken. Sie warfen mich zuerst auf den Boden, dann auf den Tisch, dann nahmen sie ein hartes Kissen, legten es zwischen meine Hände dort, wo die Handschellen waren, und begannen, daran zu ziehen. Dann begannen sie, mit einem Draht auf meine Finger einzuschlagen. Sie peitschten mich circa 50 Mal, bis ich meine Hände nicht mehr spürte. Ich leide bis heute darunter. All das war noch erträglich. Doch dann haben […] sie mir die Handschellen hinter dem Rücken befestigt und mich an das Fenster gehängt – oder jedenfalls an etwas, das sich höher über dem Boden befand – und sie begannen meine verbundenen

Hände vom Rücken abzuspreizen und nach oben zu ziehen. Das war das schlimmste Gefühl meines Lebens. [...] Als sie mich aufhängten, dachte ich, ich sterbe, und ich sagte ihnen, was sie hören wollten.»[32]

Nach 450 Tagen, mehreren Aufforderungen der Staatsanwaltschaft, ihn freizulassen, und dem Widerruf seines erzwungenen Geständnisses wurde er aus Mangel an Beweisen freigelassen und floh sofort aus der Stadt. Abdo al-Zubaidi kam dabei vergleichsweise noch mit einem blauen Auge davon. Menschenrechtsorganisationen berichten von zahlreichen Schauprozessen und Hinrichtungen von Menschen, die von den Huthis oftmals derart durch Folter gebrochen wurden, dass sie lieber den Tod wählten, als sich weiter gegen die Vorwürfe zu wehren.

Die Zustände in den von der Exil-Regierung und der Kriegsallianz kontrollierten Gebieten sind jedoch kein bisschen besser. Die Bilanz fällt sogar viel schlimmer aus als in den Huthi-Gebieten. Im Süden des Jemen sind nämlich Profis am Werk. Entführungen und Verschleppungen stehen beispielsweise in Aden auf der Tagesordnung; auch hier wird skrupellos gefoltert. Die VAE etwa betreiben in ihrem Einflussbereich im Süden mindestens 18 mehr oder weniger geheime Hafteinrichtungen. Diese dienen vordergründig der Terrorbekämpfung, faktisch werden hier neben angeblichen al-Qaida- oder IS-Terroristen auch Anhänger der Islah-Partei, eigentlich Verbündete im Kampf gegen die Huthis, gefangen gehalten. Viele Familien leiden sehr darunter, dass sie hinsichtlich des Verbleibs ihrer Angehörigen im Dunkeln tappen. Die Gefangenen werden durch Elektroschocks, Schläge, Waterboarding oder das Aufhängen an der Decke grausamst gefoltert. Auch ist die Versorgung in den Haftanstalten desaströs. Amnesty International berichtet, dass Gefangene vor lauter Durst Feuchtigkeit vom Boden ablecken. Aus der Haft Entlassene werden von ihren Angehörigen nicht wiedererkannt, sind nur noch Haut und Knochen. Ein

ehemaliger Häftling berichtet: «Es war unerträglich, unvor-
stellbar. Wenn es nicht Gottes Wille gewesen wäre, hätte ich
nicht überlebt.»[33] Besonders schockierend: Das amerikanische
Verteidigungsministerium unterstützt die Gefängnisse mit Fra-
gebögen für Terroristen und führt sogar selbst Verhöre vor Ort
durch. Mit Blick auf die Folterberichte ließ ein Beamter des
Pentagons verlauten, die US-Militärführer seien sich der Folter-
vorwürfe bewusst, seien sich aber sicher, dass es keine (Folter-)
Vorfälle gegeben habe, als US-Kräfte vor Ort waren.[34] Eine
solche Ignoranz gegenüber den menschenverachtenden Methoden ihrer Alliierten sollte nicht überraschen, greifen die
USA bei ihrem Kampf gegen den Terror in Guantanamo-Bay
und an anderen Orten der Welt selbst auf brutale Foltermetho-
den zurück. Die inhaftierten Jemeniten können sich auch nicht
wirklich Schutz von ihrer Regierung erhoffen. Ein Beamter des
jemenitischen Innenministeriums sagte mir hinter vorgehalte-
ner Hand: «Sie bekämpfen den Terror zum einen Teil, und
schaffen ihn zu drei Teilen.» Diese Kritik ist sicherlich begründet, bringen derartige Methoden der VAE und ihrer Partner
doch mehr Feinde hervor, als sie bekämpfen. Um ihr Volk vor
solch grausamen Menschenrechtsverletzungen zu schützen,
fehlt der Exil-Regierung Hadis jedoch auch schlichtweg die
faktische Macht im Süden. Aus den Fünf-Sterne-Hotels in
Riad, Dschidda und Medina lässt sich eben nicht bis in den
Jemen hinein regieren. Hadi und seine Minister regieren und
verwalten lediglich sich selbst. In Aden haben, wie bereits erwähnt, lokale Milizen- und Stammesführer das Sagen, die wiederum vor allem von den Emiratis finanziert werden.

Die Verbrecher kommen ungestraft davon

Allgemein wird bei weitem nicht genug unternommen, um die Kriegs- und Menschenrechtsverletzungen beider Parteien aufzudecken und zu ahnden.

Während die Ansar Allah erst gar nicht vorgeben, eklatante Rechtsverstöße aus den eigenen Reihen einzudämmen, haben die Bündnisstaaten ein sogenanntes Joint Incidents Assessment Team (JIAT) ins Leben gerufen. Es handelt sich bei diesem Gremium jedoch um nicht mehr als eine Farce. Das Team ist mehr darum bemüht, die Rechtsverstöße der Koalition, insbesondere die brutalen Luftschläge, zu legitimieren, als sie zu beanstanden. In seinem Bericht vom Juli 2018 sprach das Team bei bisher 75 untersuchten Fällen nur in zweien von möglichen Menschenrechtsverletzungen, ohne jedoch irgendwelche Konsequenzen für die Urheber zu fordern. In zwölf Fällen regte es Entschädigungszahlungen für Opfer von Luftschlägen an, bis Sommer 2019 gab es jedoch keinen Anhaltspunkt dafür, dass das Geld auch tatsächlich gezahlt wurde. Insbesondere die saudische Führung steht Verstößen gegen das internationale humanitäre Recht mindestens gleichgültig gegenüber. So hat König Salman in einem königlichen Dekret seinen Soldaten für die Verbrechen im Jemenkrieg eine Generalamnestie erteilt. Sie seien entlastet von militärischen und disziplinarischen Strafen. Zudem würdige man ihre Heldentaten und Opferbereitschaft.[35]

Abgesehen von der wertvollen Arbeit privater Organisationen wie Amnesty International und Human Rights Watch, unternimmt die internationale Gemeinschaft viel zu wenig gegen die Menschenrechtsverstöße im Jemen. 2016 strich die UN die Golfmonarchien sogar von der jährlichen «List of shame» der Staaten, welche Verbrechen an Kindern in bewaffneten

Konflikten begehen. Dem vorausgegangen waren Drohungen von Saudi-Arabien und Co., sämtliche Hilfszahlungen für den Jemen einzustellen. In den letzten beiden Jahren wurde die Allianz wieder in die Liste aufgenommen, jedoch nur in einen eigens geschaffenen Teil für jene Länder, die sich angeblich um Verbesserungen des Schutzes von Kindern bemühen. Ähnliche Lobbyarbeit glückte ihnen im März 2018, als der Bündnisstaat Kuwait und die USA als wichtigster Unterstützer der Allianz bewirkten, dass in einem ohnehin rein deklaratorischen Presidential Statement des UN-Sicherheitsrates die Luftschläge Saudi-Arabiens nicht explizit kritisiert wurden, dafür aber Raketenangriffe der Huthis auf Riad. Eine eigens für den Konflikt geschaffene Expertengruppe der UN konnte im August 2018 zudem erstmalig einen Bericht zu den Kriegs- und Menschenrechtsverbrechen veröffentlichen. Hierin wurden die oben erwähnten Verbrechen beider Seiten dargelegt und, sofern möglich, einzelne Verantwortliche benannt. Der Bericht stellt einen kleinen Hoffnungsschimmer dar. Mit seiner Hilfe könnten die Täter wenigstens im Nachhinein durch die internationale Strafjustiz zur Rechenschaft gezogen werden. Bedauerlicherweise fand jedoch der angebliche, vom Iran ausgehende Bruch der UN-Sicherheitsrats-Resolution 2216, welche Waffenlieferungen an die Huthis verbietet, mehr Aufmerksamkeit als die erwiesenermaßen von dessen Erzfeinden begangenen Kriegs- und Menschenrechtsverbrechen. Die internationale Großzügigkeit bei der Ahndung schwerer Verbrechen wird einmal mehr offensichtlich: Wie bei anderen Rechtsfragen kann ein sachliches Urteil nicht gefällt werden, wenn der Richter zugleich Partei ist. Im wichtigsten Organ der UN, dem Sicherheitsrat, wimmelt es aber geradezu von zumindest mittelbar am Jemenkrieg beteiligten Staaten. Drei der fünf mit einem Vetorecht ausgestatteten ständigen Mitglieder – die Vereinigten Staaten, das Vereinigte Königreich und Frankreich – stehen der Koalition im Jemenkrieg fast bedingungslos zur Seite. Der Umgang mit den Untersuchungsergebnissen veranschaulicht zudem, wie die Berichterstattung die globale Wahrnehmung eines Konflikts verzerren kann.

So geht in sämtlichen Medien ein anderer wichtiger Aspekt der jemenitischen Katastrophe vollkommen unter – der entstandene kulturelle Schaden. Mag dieser den auflageorientierten Presseorganen im Vergleich zu den zweifelsohne nicht minder schlimmen alltäglichen Verbrechen wenig sensationell erscheinen, hat er langfristig jedoch ebenfalls fatale Folgen. Durch die Vernichtung jemenitischen Kulturguts droht dem Land nun der Verlust seiner Identität, so zumindest die Rechnung von MBS und MBZ, den neuen selbsternannten Führern der arabischen Welt.

Die Ausrottung einer tausendjährigen Kulturgeschichte

Bereits vor dem Krieg schien es, als wollten die Fürsten der kaum 100 Jahre alten Golfmonarchien kulturelle Minderwertigkeitsgefühle gegenüber ihrem uralten Nachbarn durch materiellen Überfluss überspielen. Zumindest auf Seiten der VAE ist dies in den vergangenen Jahren allzu offensichtlich geworden. So sind sie seit langem bestrebt, sich als Kulturnation zu gerieren und dem Westen als kulturbeflissener Partner anzubiedern. Bereits 2006 wurde in Abu Dhabi eine Universitätsdependance der Pariser Sorbonne eröffnet, 2017 kam eine geradezu größenwahnsinnige Zweigstelle des Pariser Louvre hinzu, und Anfang 2019 spielte dort das Ensemble der Bayreuther Festspiele eine konzertante Aufführung der Walküre von Richard Wagner – ein für solche und ähnliche Anlässe angemessenes Opernhaus ist dabei noch in Planung. All diese Kopien westlichen Kulturguts können jedoch kaum über das

Fehlen eigener kultureller Größe hinwegtäuschen. Auch die heuchlerische Inszenierung Saudi-Arabiens als traditionsreicher Wächter der heiligen Stätten des Islams hält einem genaueren Blick auf die verblendete und völlig ahistorische wahabitische Staatsreligion der Golfmonarchie nicht stand. Die großflächige Zerstörung kultureller Güter im Jemen wirkt vor diesem Hintergrund nicht mehr wie ein bloßer Kollateralschaden, sondern wie der kranke Ausfluss gestörter Selbstbilder.

Denn anders als die VAE und Saudi-Araben kann ihr Nachbar im Südwesten der Arabischen Halbinsel auf eine extrem reiche Geschichte zurückblicken, wie wir sie im ersten Kapitel bereits kurz dargelegt haben. Wenngleich der Jemen auch schon vor dem aktuellen Krieg in einem besorgniserregenden Zustand war, wurden nicht zuletzt von der UNESCO massive Anstrengungen unternommen, um das einzigartige Kulturgut des Landes zu erhalten. Binnen vier Jahren wurden die Resultate dieser Mühen vernichtet und mit ihr etliche Reliquien einer Jahrtausende alten Kultur.

Zuzuschreiben ist dies vor allem der Kriegsallianz, die bereits bis Oktober 2017 nachweislich 59 Kulturstätten beschädigte. Lediglich zwei Angriffe waren hingegen den Huthis und weitere 17 islamistischen Milizen zuzuschreiben. Zu Schaden kamen bisher etliche Museen, unter anderem das Nationalmuseum in Sanaa und das Archäologische Museum in Taiz. Am schwersten traf es allerdings das Archäologische Museum von Dhamar, das 12 500 wertvolle Objekte beherbergte und bereits 2015 dem Erdboden gleichgemacht wurde. Sechs UNESCO-Stätten des Landes – drei mit Weltkulturerbetiteln und drei Titelanwärter – wurden bereits massiv beschädigt und sind noch heute stark bedroht. In der Altstadt Sanaas, UNESCO-Weltkulturerbe, welche seit dreitausend Jahren durchgängig bewohnt ist, wurden alleine während des ersten halben Jahres des Krieges zahlreiche der insgesamt über 100 Moscheen und über 6500 einzigartigen alabasterverzierten Lehmhäuser zerstört. Die UNESCO fürchtet zudem die Zerstörung eines anderen Weltkulturerbes, der Stadt Zabid am Roten Meer. Diese war vom 13. bis ins 15. Jahrhundert Hauptstadt des Jemen und hat die höchste Moscheendichte des Landes aufzuweisen. Die Stadt liegt gefährlich nahe an der Front, ca. 80 Kilometer südlich der schwer umkämpften Hafenstadt Hudeida. Im November 2016 wurden zudem bereits Teile der pittoresken Altstadt von Schibam in Hadramaut durch al-Qaida-Kämpfer schwer beschädigt. Aufgrund seiner eindrucksvollen Lehmhochhäuser wird Schibam auch als das Manhatten der Wüste bezeichnet. Ein anderer Weltkulturerbe-Anwärter wurde wiederum durch die Koalition massiv bombardiert: In Marib, der ehemaligen Hauptstadt der Sabäer, zerstörten Luftschläge der Allianz am 1. Juni 2015 die noch gut erhaltene nördliche Schleuse des historischen Damms, welcher seinerzeit als größtes Stauwerk der Antike für die Bewässerung und damit – im wahrsten Sinne des Wortes – für die Blüte des bereits im Alten Testament erwähnten Sabäer-Reichs sorgte. Wie im ersten Kapitel erwähnt, findet der Damm sogar im Koran selbst Erwähnung. Erschien die Zerstörung des Dammes im Koran noch als gerechte Strafe Gottes für die Überhebung der Sabäer, so schwingt sich heute der Mensch dazu auf, in blinder Wut und sinnlosem Rasen zu zerstören, was Gott den Menschen als Mahnmal ihrer Hybris über 2500 Jahre erhalten hat. Der Zweck des Angriffs? Bis heute unklar, von saudischer Seite heißt es nur, es handle sich um bedauernswerte Kollateralschäden eines Angriffs auf sich dort versteckende Huthi-Rebellen. Tatsächlich lagen um den Damm herum weit und breit keine strategischen Ziele.

Mit Blick auf diesen immensen und irreversiblen kulturellen Schaden, den die Luftschläge der arabischen Koalition im Jemen anrichten, konstatierte die damalige Generaldirektorin der UNESCO Irina Bokova bereits im Jahr 2015: «Zusätzlich zur Verursachung grausamen menschlichen Leidens zerstören diese Angriffe Jemens einzigartiges kulturelles Erbe, welches die Quelle von Identität, Geschichte und Gedächtnis der Menschen ist und ein besonderes Zeugnis der Errungenschaften der Islamischen Kultur.» Aus dieser Stellungnahme werden der wesentliche Grund und das primäre Ziel der direkten Angriffe auf das kulturelle Erbe des Jemen deutlich. Jede Seite möchte mit der Zerstörung der historischen Stätten die Kultur des Landes und folglich seine Identität in ihrem Sinne manipulieren: Die Huthis verfolgen den Plan, den Jemen zu einem exklusiv schiitisch-zaiditischen Staat zu machen, Spuren anderer Kulturen stören hierbei gewiss. Die sunnitisch-islamistischen Milizen haben bereits in Afghanistan, Syrien und Irak gezeigt, was sie von der Bewahrung von in ihren Augen heidnischem Kulturgut halten. Saudi-Arabien und die VAE mögen auch ein Stück weit ideologisch motiviert handeln. Vor allem aber erhoffen sie sich, durch den Angriff auf identitätsstiftende Objekte die Moral der Jemeniten zu zersetzen, um nach dem Krieg Teile des Landes als Protektorat umso einfacher in ihr Staatsterritorium eingliedern zu können bzw. zu kolonialisieren.

Zu den gezielten Angriffen kommen enorme Kollateralschäden, so floriert der Schmuggel mit jemenitischen Kulturgütern. Um dem eigenen Elend etwas entgegenzusetzen, fördern viele Jemeniten aus der Not heraus das Ausbluten ihrer Kultur, indem sie ihr geschichtliches Erbe verkaufen.

Die Weltgemeinschaft zeigt sich machtlos. Zwar erstellte die UNESCO schon früh eine Liste mit kulturell besonders wertvollen Objekten, die tunlichst von Angriffen verschont bleiben sollten, berücksichtigt wird die Liste jedoch nicht. Nun mag man einwenden, die Huthis und die islamistischen Milizen führten ihren Krieg ähnlich skrupellos. Dies ist sicherlich nicht falsch, aber anders als die zaiditischen Huthis und ausgewiesene Terrortrupps gelten Saudi-Arabien und die VAE weiten Teilen der Welt als Partner, vorgeblich für «Frieden und Stabilität in der Region». Diese Bezeichnung muss man in Anbetracht der Lage im Jemen als blanken Hohn auffassen. Während Baschar al-Assad und Russland zu Recht für ihren brutalen Krieg gegen die Syrer und deren Kultur geächtet werden, genießen Saudi-Arabien und die VAE als Partner des Westens bisher Narrenfreiheit im Jemen. Durch das Wegschauen und die teils aktive Unterstützung durch den Westen wird der Krieg der Allianz legitimiert und mit ihm die Zerstörung einer ganzen Kultur.

Der Fall Khashoggi: Wie ein Journalistenmord die Welt wachrüttelt

In Anbetracht der dargelegten Verstrickungen stellt sich die Frage, wie wir als vermeintlich mündige Staatsbürger auch nur die mittelbare Beteiligung an dem grausamen Krieg im Jemen ertragen können? Die Antwort kann nicht alleine im medialen Desinteresse am Jemenkonflikt liegen – Letzteres ist eher durch unsere Geisteshaltung bedingt als umgekehrt. Die traurige Erklärung ist wohl, dass wir vom Jemenkrieg nicht betroffen sind. Weder faktisch – schließlich ist der Jemen im Vergleich zu Syrien in sicherer Distanz, Flüchtlingsströme von hier erreichen Europa nur schwer. Noch emotional – das Ausmaß des Leids der Menschen in dem kriegsgebeutelten Land ist schlichtweg zu schwer zu begreifen. Wenn wir uns mit dem Jemenkrieg befassen, dann zumeist in Form von Zahlen und Frontlinien und nicht mit den menschlichen Schicksalen. Auch in diesem Text wurde das Grauen, dem ein ganzes Volk tagtäglich ausgesetzt ist, vor allem durch Zahlen belegt. Doch erst wenn die Tragödie individualisiert und damit persönlich wird, erhalten die Opfer unser Mitgefühl. So hat das Publikwerden des Angriffs auf den Schulbus in Saada für mehr Empörung gesorgt als die Kenntnisse über eine der größten Cholera-Epidemien der Menschheitsgeschichte. Ironischerweise steht unsere Beteiligung am Jemenkonflikt politisch erst seit dem Mord an Jamal Khashoggi zur Disposition. Man mag die plötzliche Aufmerksamkeit und Kritik, die der Jemenkrieg seit der Ermordung eines für die amerikanische *Washington Post* arbeitenden Journalisten erfuhr, für absurd halten, gar für verlogen. Doch wenn beide Sachverhalte – der Tod des Einzelnen im saudischen Konsulat von Istanbul und der Tod Zehntausender auf jemenitischem Staatsboden – auch nichts gemein haben bis auf ihren Urheber, so hat diese Gemeinsamkeit doch ausgereicht, um die westliche Öffentlichkeit zur Hinterfragung ihrer bisherigen Haltung zumindest gegenüber Saudi-Arabien anzuregen. Eine menschliche Regung, die sich allerdings nach einigen Wochen der Empörung schnell wieder legte.

Die meisten Staaten der Kriegsallianz stehen, abgesehen von Katar und Marokko, weiterhin hinter dem Königshaus in Riad. Allein Algerien, das selbst nie Teil der Allianz war, hält die Intervention der Saudis im Jemen aufgrund des wichtigsten Gebots in der algerischen Außenpolitik – Staatssouveränität hat höchste Priorität – für unrechtmäßig und falsch. Jemens Präsident Hadi hingegen beklagt eine «billige politische und mediale Hetzjagd auf Saudi-Arabien», die aber keine Auswirkung auf dessen «führende Rolle in der arabischen und islamischen Welt» haben werde.[36] Für die westlichen Mächte hat sich die Kosten-Nutzen-Rechnung im Jemenkrieg jedoch umgekehrt. Während man vorher die Unpopularität des saudischen Königshauses wirtschaftlichen und geostrategischen Interessen unterordnete, ist das Verbrecherimage des Golfstaats seit der Ermordung Khashoggis für die Regierungen Europas und der USA problematisch geworden. Verbunden mit den

Entwicklungen in der internationalen Iranpolitik wandten sich immer mehr Politiker von Riad ab. Diese kritische Haltung währte allerdings nur kurz.

Bundeskanzlerin Angela Merkel verkündete am 21. Oktober 2018 in Anbetracht der erdrückenden Beweislast gegen Saudi-Arabien im Fall Khashoggi in für sie typischer Manier: «Was Rüstungsexporte anbelangt, kann das nicht stattfinden in dem Zustand, in dem wir im Augenblick sind.» Was genau dies bedeutete, kristallisierte sich erst in den Folgewochen heraus. Alle Rüstungsexporte nach Saudi-Arabien, auch jene, die bereits genehmigt worden waren, wurden eingestellt. Betroffen sind Güter im Wert von ca. 2,5 Milliarden Euro. Doch auch wenn das zunächst bis Anfang März 2019 verhängte deutsche Embargo durch die Große Koalition mehrfach verlängert wurde, scheint dies nicht auf Grundlage einschlägiger Überlegungen zur humanitären Katastrophe im Jemen und dem Endverbleib der Waffen geschehen zu sein. Vielmehr schien diese Maßnahme nur dazu zu dienen, die durch die Causa Khashoggi aufgeheizte Stimmung in der Bevölkerung zu überbrücken. Mit Bezug auf die Erkenntnisse des internationalen Rechercheteams «German Arms», das die Verwendung deutscher Militärtechnologie im Jemenkonflikt orts- und zeitgenau belegen konnte, ließ Wirtschaftsminister Peter Altmaier gegenüber dem Wirtschaftsausschuss des Bundestags noch im März 2019 erklären, er habe keine Kenntnis zu einem derartigen Missbrauch deutscher Technik; Hinweisen dazu gehe man dagegen selbstverständlich nach. Die europäischen Partner Frankreich und Großbritannien drängten derweil weiter auf ein Ende der deutschen Exporteinschränkungen, welche auch gemeinsame Projekte betreffen.

Frankreichs Präsident Macron bezeichnet das deutsche Vorgehen deswegen auch als demagogisch und hält an Waffenexporten an Saudi-Arabien fest. Seiner Ansicht nach ist es widersinnig, die Lieferung militärischen Geräts an Saudi-Arabien für den Jemeneinsatz nun einzustellen, nur weil das Königshaus völlig unabhängig hiervon mutmaßlich die Ermordung eines Regimekritikers zu verantworten habe. Vielmehr gelte es, nach Abschluss der Ermittlungen über gezielte Sanktionen gegen die für die Tötung verantwortlichen Personen nachzudenken. Einen zynischen Kommentar in Richtung Deutschland konnte sich die französische Verteidigungsministerin Florence Parly an der Stelle nicht verkneifen: «Aus einigen Hauptstädten vernehme ich den Protest empörter Tugenden angesichts der französischen Waffenexporte, doch mache ich die Beobachtung, dass dieselben Verantwortlichen gerne übersehen, was die Filialen und Joint Ventures ihrer nationalen Marktführer treiben.»[37] Adressat dieses Seitenhiebs war wohl der deutsche Rheinmetall-Konzern, der – wie beschrieben – über seine südafrikanische Tochter in einem Joint Venture die saudi-arabische Rüstungsindustrie mitaufbaut. Auch wenn das Ergebnis der Rüstungsexportpolitik von Frankreichs Präsident nicht gutzuheißen ist, muss die ihr zugrundeliegende Argumentation als offener und ehrlicher bezeichnet werden als die der Bundesregierung.

Dass eine Haltung in dieser Frage auch stimmig und begrüßenswert zugleich sein kann, stellt derweil das EU-Parlament unter Beweis. Es forderte in einem Ende Oktober 2018 gefassten Beschluss, dass sich die Mitgliedstaaten, nach abschließender Klärung des Sachverhalts der Khashoggi-Affäre, Gedanken über gezielte Sanktionen gegen die Verantwortlichen machen müssen. Die EU-Außenbeauftragte Federica Mogherini wurde durch die Abgeordneten des EU-Parlaments in einer Resolution dazu aufgefordert, einen Waffenboykott der EU-Mitgliedstaaten gegenüber Saudi-Arabien auf Grundlage des gemeinsamen Standpunkts zu Waffenexporten in die Wege zu leiten. Es ist jedoch quasi ausgeschlossen, dass dieser Vorstoß Erfolg hat. Um einen Boykott tatsächlich zu verhängen, bedarf es einer einstimmigen Entscheidung des Europäischen Rates. Neben Deutschland und Frankreich exportieren bis zum Khashoggi-Skandal jedoch 13 weitere Mitgliedstaaten Waffen an Saudi-Arabien.

Es reihen sich aber immer mehr EU-Länder in die Exportstopp-Politik der Bundesregierung ein. So haben auch Finnland, die Niederlande und schon zuvor Belgien ihre Waffenverkäufe an Saudi-Arabien eingestellt. Schweden hat dies zumindest angekündigt. Spanien hatte schon im September 2018 angesichts der wachsenden Kritik an Riads Jemenpolitik beschlossen, Verträge über die Lieferung von 400 lasergelenkten Bomben zu kündigen. Als das saudische Königshaus daraufhin mit dem Rückzug aus einem Vertrag über die Lieferung von Kriegsschiffen drohte, was heftige Proteste in der betroffenen spanischen Werft auslöste, zog die spanische Regierung den Kürzeren. Auch nach der Ermordung Khashoggis hielt sie an Waffenlieferungen an Saudi-Arabien fest.

Ebenso hat das Vereinigte Königreich weder seine Waffenlieferungen an Saudi-Arabien eingestellt noch sein Militärpersonal aus den Koalitionsländern abgezogen. Es brachte jedoch eine Initiative für eine Resolution im UN-Sicherheitsrat ein, welche eine sofortige Waffenruhe für Hudeida sowie die Bezahlung der Staatsbediensteten in den Huthi-Gebieten und Fördermittel für die Zentralbank in Aden vorsah. Durch die Lobbyarbeit Saudi-Arabiens wurde die Resolution jedoch verhindert. Im Sicherheitsrat stimmten unter anderen die USA und China gegen sie, Frankreich, Russland und Schweden enthielten sich. Washington teilte mit, dass es lieber die Friedensgespräche im Dezember 2018 abwarten wolle, als von außen eine Waffenruhe zu erzwingen. Anscheinend hatten die Saudis den Diplomaten der am Votum teilnehmenden Länder gar mit einem Fernbleiben von ebendiesen Gesprächen gedroht. Ihr Kalkül ist offensichtlich. Die Huthis stehen militärisch mit dem Rücken zur Wand. Die Karte der Waffenruhe hofften die Saudis daher bei den Friedensgesprächen ausspielen zu können, um Ansar Allah im Gegenzug wichtige Zugeständnisse abzuringen. Der Plan ging indes nicht auf.

Doch selbst der wichtigste Partner Saudi-Arabiens, die USA, stehen nicht mehr bedingungslos an dessen Seite. Am 9. November 2018 teilte das Königshaus in Riad mit, dass es über genug eigene Möglichkeiten zur Luftbetankung seiner Kampfjets verfüge und die amerikanische Hilfe fortan nicht mehr benötige. Dass dieser angeblich freiwillige Verzicht auf amerikanische Unterstützung vor allem der Gesichtswahrung Saudi-Arabiens diente, ist wahrscheinlich. Es wäre äußerst kurios, wenn MBS militärische Hilfe in diesem für ihn sehr schwierigen und kostspieligen Krieg freiwillig ausschlagen würde. Zudem hagelte es nach dem Publikwerden der Khashoggi-Affäre scharfe Kritik aus Washington, Präsident Trump attestierte den Saudis die «schlechteste Vertuschungsaktion in der Geschichte der Vertuschung».[38] Es ist also davon auszugehen, dass die US-Regierung entschied, zumindest die Luftbetankung auszusetzen, auch um daheim ein wenig Druck aus dem Kessel zu nehmen. Besonders die Demokraten wettern schon seit geraumer Zeit gegen die Verstrickungen des US-Militärs im Jemen und wurden durch die Empörung um die Khashoggi-Affäre nur in ihrem Widerstand bestärkt. So scheiterte eine Resolution des US-Senates über den Abzug des gesamten amerikanischen Militärs aus dem Jemenkrieg nur wegen eines prozeduralen Kniffs der republikanischen Mehrheit im Repräsentantenhaus. Mit durch die Midterm-Wahlen veränderten Machtverhältnissen verabschiedete der Kongress eine analoge Entscheidung jedoch im April 2019 erneut, allein Donald Trumps präsidiales Veto verhinderte das Inkrafttreten. Angesichts aufkommender Forderungen, auch Waffenexporte an

Saudi-Arabien auszusetzen, ließ er verlauten: «Ich mag das Konzept nicht, eine Investition von 110 Milliarden US-Dollar in die Vereinigten Staaten zu stoppen.»[39] Allzu große Sorge um das Wohl der Rüstungsindustrie muss er sich allerdings nicht machen, die übermächtige amerikanische Waffenlobby wird wohl keine parlamentarische Kontrolle und erst recht keine Embargos zulassen.

EIN ENDE MIT SCHRECKEN ODER
EIN SCHRECKEN OHNE ENDE?

Nach fast fünf Jahren militärischer Wirren kann eine Lösung im Jemen nur politischer Natur sein, darüber herrscht breiter Konsens. Die Huthis lassen sich auf dem Schlachtfeld nicht endgültig besiegen, dafür haben sie sich wachsendem Widerstand zum Trotze zu stark etabliert und sind militärisch zu geschickt. Auch die verschiedenen anderen Strömungen, allen voran die Sezessionisten des Südlichen Übergangsrates, werden weiterhin für Zündstoff sorgen. Komplett hoffnungslos ist die Lage jedoch nicht. Vor nicht allzu langer Zeit stand das Land noch am Scheideweg und hätte beinahe ein friedliches Miteinander anstelle eines verfeindeten Gegeneinanders erreicht. Im Anschluss an den Arabischen Frühling arbeiteten die verschiedensten Interessensgruppen des Landes in der verheißungsvollen Nationalen Dialogkonferenz noch an einer gemeinsamen Verfassung. Ihr Scheitern, das den Weg in den aktuellen Krieg ebnete, haben die jemenitischen Akteure selbst zu verantworten. Dass die inzwischen kriegsmüden Jemeniten jedoch bis heute keinen Frieden finden, ist vor allem auf die Einmischung ausländischer Akteure zurückzuführen.

So sind es inzwischen insbesondere Saudi-Arabien und die VAE, die im Jemen ihre vor allem wirtschaftlichen und geostrategischen Interessen skrupellos verfolgen. Es ist schwer vorstellbar, dass die beiden Staaten von ihrem Ziel der wirtschaftlichen Kontrolle des Jemens und der Vision, Regionalmacht zu werden, ablassen werden. Sie haben schlichtweg zu viel Geld in diesen Krieg investiert, um nun zurückzustecken. Zudem wähnen sie sich kurz vor einem Sieg, und der Jemen ist nur ein Nebenkriegsschauplatz verglichen mit den großen Ambitionen der beiden Prinzen MBS und MBZ. Genau aus diesem Grund scheint die Mission zumindest für einen Großteil der emiratischen Truppen – geschätzte 5000 Soldaten – fürs Erste beendet zu sein. Bis Ende des Sommers 2019 soll die unmittelbare Präsenz emiratischer Soldaten im Jemen auf ein Minimum reduziert werden, was – wie bereits erwähnt – nicht bedeutet, dass die Emiratis ihre Kontrollbestrebungen im Süden der Arabischen Halbinsel aufgeben würden. Der Abzug bedeutet lediglich, dass man in Abu Dhabi nun zu einem verdeckteren Agieren mittels lokaler Verbündeter übergehen wird. Ein kluger Schachzug, durch den sich die Emiratis etwas aus dem medialen Scheinwerferlicht zu bringen versuchen, das seit dem Mord an Jamal Khashoggi zunehmend auch auf ihre Machenschaften gerichtet ist. Noch verstärkt wurde jene mediale Aufmerksamkeit im Sommer 2019, als Haya bint al-Hussein, die Prinzessin von Dubai, zusammen mit ihren beiden Kindern nach Großbritannien floh, um dort Schutz vor ihrem Ehemann, dem Emir von Dubai, zu suchen. Als Vizepräsident, Premierminister und Verteidigungsminister in Personalunion gilt dieser als zweitmächtigster Mann in dem kleinen Golfstaat und ist zudem für seinen skrupellosen Umgang mit in seinen Augen illoyalen Familienmitgliedern berüchtigt. Insofern mag der vermutlich bereits von längerer Hand geplante militärische Rückzug der VAE aus dem Jemen zur rechten Zeit kommen, um zumindest an der medialen Front etwas Ruhe einkehren zu lassen und sich im Stillen wieder intensiv den eigenen Regionalmachtsansprüchen zu widmen. Saudi-Arabien hingegen kann wohl nur durch den Druck der Weltgemeinschaft zu einem Rückzug aus dem kriegsgebeutelten Jemen bewegt werden. Wenn es allerdings möglich ist, Russland für seine völkerrechtswidrige Annexion der Krim mittels Sanktionen zumindest ein

Stück weit in die Schranken zu weisen, warum sollte selbiges nicht auch gegenüber Saudi-Arabien und den VAE möglich sein? Wenn selbst die sehr eigenwillige Politik des Iran durch wirtschaftlichen und politischen Druck in friedlichem Sinne beeinflusst werden kann, warum sind unsere Volksvertreter dann gegenüber Riad und Abu Dhabi so zurückhaltend? Klar, durch die Abhängigkeit von deren Öl machen wir Europäer uns immer ein Stück weit erpressbar. Genauso sind die beiden großspurig wirtschaftenden Staaten aber auch von unserem Geld abhängig. Ja, sogar ihre Existenz wäre gefährdet, wenn der Westen, allen voran die USA, sie nicht so hofieren würde. Wie hat es Trump in seiner unnachahmlichen Art und Weise bei öffentlichen Auftritten unter schallendem Gelächter seiner Anhänger auf den Punkt gebracht: «Ich mag König Salman. Ich sagte zu ihm: König, wir beschützen Dich. Du würdest keine zwei Wochen ohne uns überleben. Du solltest für Dein Militär bezahlen.»[40] Damit degradierte Trump Saudi-Arabien von Anfang an vom strategischen Partner zur schutzlosen Melkkuh. Eine Demütigung, die das arabische Ehrgefühl tief getroffen hat, aber von Seiten Saudi-Arabiens nur mit beschämtem Schweigen zur Kenntnis genommen wurde. Die Melkkuh Saudi-Arabien und der Goldesel VAE scheinen die Sprache Trumps schnell verstanden zu haben. Beide müssen zahlen, wenn das Telefon klingelt und am anderen Ende der Leitung Mr. Trump seine Ansagen macht.

Eine starke Haltung in der Jemenfrage wäre im Übrigen auch eine gute Möglichkeit für angeschlagene internationale Organisationen wie die UN oder die EU, sich wieder ein stärkeres Profil zu verschaffen. Schon jetzt haben die Vereinten Nationen durch ihren Abgesandten Martin Griffiths Vorzeigbares erreicht – die jahrelang bitter verfeindeten Parteien befinden sich im Dialog. Die UN flutet regelmäßig das Land mit ausländischem Geld, um den Verfall des Rials zu stoppen. Der

Yemen Relief Plan sah eine milliardenschwere Finanzspritze für den Jemen zum Jahreswechsel 2018/19 vor. Doch diese Maßnahmen sind bestenfalls geeignet, die Symptome der wirtschaftlichen Katastrophe einzudämmen. Die Ursachenbekämpfung ist eine bedeutend sensiblere und wichtigere Aufgabe.

Als großer Waffenlieferant könnte gerade die EU, die sich besonders in Militärfragen vermehrt vornimmt, mit einer Stimme zu sprechen, der Kriegsallianz im Jemen den Stecker ziehen. Das EU-Parlament hat den Regierungschefs der Mitgliedstaaten hierfür bereits eine Steilvorlage geliefert. Letztere müssen es nun lediglich schaffen, nationale und regionale Wirtschaftsinteressen zu überwinden und eine starke gemeinschaftliche Entscheidung zu treffen. Eine harte Haltung gegenüber Riad und Abu Dhabi würde die EU auch wieder glaubwürdiger machen, spricht doch kaum ein Vorgang den so oft angepriesenen europäischen Werten mehr Hohn als die europäische Beteiligung am Jemenkonflikt.

Die Alternative wäre, dass sich die Weltgemeinschaft der vollständigen Zerstörung eines ganzen Landes weiter mitschuldig macht. Vergleiche zur unrühmlichen Rolle der Westmächte während des Genozids in Ruanda im Jahr 1994 wären nicht deplatziert – die Kriegsführung der saudisch geführten Kriegsallianz nimmt zweifelsohne Züge eines Völkermords an. Folgender Satz aus einem Bericht des Sanaa Centers for Strategic Studies trifft den Nagel auf den Kopf: «Jemens humanitäre Krise ist in Wahrheit eine wirtschaftliche Krise, und eine, die vorsätzlich durch die bewussten Entscheidungen der in den Konflikt verwickelten Interessensgruppen verursacht wird. Sie haben die Mittel, die Krise zu beenden. Wenn sie es nicht tun, sind sie die Schuldtragenden am Verhungern der Massen, das folgen wird.»[41] Wir, als mündige Bürger, sollten Druck auf unsere Vertreter ausüben und dafür sorgen, dass das Schlimmste verhindert wird. Denn diese verlegen sich bisher darauf, einander bei regelmäßig stattfindenden Geberkonferenzen für den Jemen ob der erneut gestiegenen finanziellen Zusagen auf die Schultern zu klopfen. Allein für das Jahr 2019 sind die Verpflichtungserklärungen der Staaten gegenüber dem Vorjahr um 30 Prozent auf 2,3 Milliarden Euro (davon 100 Millionen aus Deutschland) gewachsen. Dass die Vereinten Nationen für die Versorgung der 24 Millionen notleidenden Menschen im Jemen (= 80 Prozent der Bevölkerung) in etwa das Doppelte, nämlich 4,2 Milliarden Euro benötigt hätten, tut der allgemeinen Freude keinen Abbruch. Umso größer ist die Freude noch, da das Gros der Summe von den beiden mächtigsten Kriegstreibern im Jemen, Saudi-Arabien und den VAE, bereitgestellt wird. Wie lautet das schöne jemenitische Sprichwort: Er tötet sein Opfer und nimmt an der Beerdigung teil.

Zwischen Spaltung und Frieden: Der Blick in die Zukunft

Niemand kann heute mit Bestimmtheit sagen, wie sich der Jemen weiterentwickeln wird. Das Land ist zum Spielball der Möchtegern-Regionalmächte – Saudi-Arabien und VAE – und der Raffgierigen (westliche Industrieländer) geworden, zu einem Staat, dessen Souveränität schon jetzt längst nicht mehr beim jemenitischen Volk, sondern in den Händen der Prinzen MBS und MBZ liegt. Und wie die politische Souveränität des Jemen von der arabischen Kriegsallianz verletzt wurde, so ist auch auf sozialer und gesellschaftlicher Ebene ein Riss durch die Gesellschaft gegangen, der die Konflikte potenziert und die Rachegefühle zwischen den Gruppierungen verstärkt. Der Jemen ist schwach geworden. Er ist zerstückelt, sozial, konfessionell und regional gespalten. Er ähnelt weder dem Jemen vor der Wiedervereinigung im Jahr 1990 noch dem Jemen nach dem Sommerkrieg von 1994.

Was sich in Friedenszeiten eher subtil manifestierte und nur
für Kenner der jemenitischen Gesellschaft sichtbar war, tritt
durch den aktuellen Konflikt und den Aufstieg der Huthis
umso klarer zu Tage.

So wurden die klaren Abgrenzungen zwischen den sozialen
Klassen seit der Revolution von 1962 oft auch aus ökonomischen Gründen durchbrochen. Die Noblen und die Richter
zeigten sich nach ihrem wirtschaftlichen und machtpolitischen
Abschwung im Nachgang der Revolution öfter bereit, ihre
Töchter für eine Heirat mit Männern aus unteren, aber wohl-
habenderen Klassen freizugeben. Es handelte sich in dieser
Zeit also eher um relative und nicht um absolute Grenzen, die
zwischen den Klassen herrschten. Der Widerstand aus den
unteren Klassen gegen die gesellschaftliche Hierarchie wuchs
dabei insbesondere mit der Verbreitung moderner Technolo-
gien und der Nutzung sozialer Netzwerke. Gerade den gut im
In- und Ausland vernetzten, jüngeren Vertretern der unteren
Schichten fiel es zunehmend schwer, sich mit einer Gesell-
schaftsstruktur abzufinden, in der die Geburt über Erfolg und
soziales Ansehen im Leben entscheidet. Wenn nun also die
«Moderne» im Großen und Ganzen dazu geführt hat, dass die
tradierten Klassengrenzen in der Gesellschaft aufgeweicht und
vielfach durchbrochen werden konnten, so hat der aktuelle
Krieg im Jemen – für viele überraschend – das stets latent vorhandene Thema der Klassengesellschaft wieder aufleben lassen.
So berufen sich die Huthis auch auf ihre noble Abstammung
aus der Familie des Propheten Mohammed und appellieren damit an das historische Bewusstsein der Jemeniten, wonach die
Noblen traditionell an der Spitze des Staates standen. Dies hat
dazu geführt, dass das schon auf dem Rückzug geglaubte
Schichten- und Klassendenken wieder deutlich zum Vorschein
kam. Dabei spielt für die Huthis der Faktor Religion eine zu-
nehmende Rolle in der Rückgewinnung und Stabilisierung der

früheren Machtposition der Zaiditen. Als Nachkommen des Propheten erfreuen sie sich wie viele Noble im Jemen auch heute noch großer Akzeptanz und konnten ihr soziales Prestige so auch unabhängig von individuellen Führungsqualitäten und trotz der Neuerungen der Moderne mit einigen Abstrichen bewahren. Der niedrige Bildungsgrad im Jemen tut sein Übriges dazu. Auf der anderen Seite waren allerdings auch Feindschaft und Antipathie gegenüber den Noblen im Jemen nie so stark ausgeprägt wie im aktuellen Konflikt. Alle, die gemäß ihrem Nachnamen den Saadah (Noblen) zugerechnet werden können, werden von den Jemeniten heute per se mit der Huthi-Bewegung assoziiert. Damit drängt man diese Familien in eine Ecke, was sie im schlimmsten Fall dazu verdammt, sich tatsächlich auf die Seite der Huthis zu schlagen. Denn wenn sie unabhängig von ihrer eigentlichen politischen Einstellung durch die Gesellschaft als Huthi-Anhänger wahrgenommen werden, sagen sich viele: «Lieber schlüpfe ich in diese für mich vorgesehene Rolle, bevor ich gänzlich isoliert in der Gesellschaft dastehe.» Denn niemand möchte in einer von starken Identitäten geprägten Gesellschaft zu keiner der Gemeinschaften gehören. Viele Familien der Noblen bekennen sich nicht zu den Huthis und haben große Vorbehalte gegen sie. Obwohl meine Familie zum Stand der Saadah gehört, verurteile ich das Vorgehen der Huthis aufs Schärfste. Denn mit diesem Stand sind auch gewisse Tugenden verbunden: Ehrlichkeit, Integrität, Gerechtigkeitssinn, Liebe für die Mitmenschen, Verantwortung für das Gemeinwohl und eine Fürsorgepflicht für vor allem sozial benachteiligte Gruppen in der Gesellschaft. Die neue Elite, die das Huthi-System in Sanaa und Umgebung in Amt und Würden hiefte, scheint sich wenig um diese Tugenden zu scheren. Entsprechend groß ist der Frust der Bevölkerung, die sich denkt: Ob nun Affaschi (Anhänger Salehs), Huthi oder Anhänger Hadis, sie alle sind korrupt, machtbesessen und scheren sich einen Dreck um unsere Situation. Inzwischen häufen sich im Nordjemen die Stimmen, die die Machenschaften der Huthi-Elite öffentlich kritisieren und für ein Aufräumen in den Reihen der jungen Führungspersönlichkeiten im Staatsapparat plädieren, denen man Diskriminierung, Ausgrenzung und vor allem Korruption vorwirft. Umso schlimmer angesichts dieser Verfehlungen der neuen Huthi-Elite wiegt der Umstand, dass andere Familien aus dem Stand der Saadah mit den Huthis in einen Topf geworfen werden. Eine groß angelegte mediale Kampagne gegen alle Noblen im Jemen wird derzeit vor allem durch die Hadi-nahen Fernsehsender Suhayl und al-Saeeda betrieben. Viele Familien im Jemen verzichten inzwischen auf die Nennung ihres Nachnamens, um ihre Zugehörigkeit zur Noblesse zu verdecken. Für einige von ihnen war die Erfahrung der Fremd- und Selbstverleumdung so bedrückend, dass sie aus dem Jemen flüchteten. Als der Flughafen in Sanaa durch die Kriegsallianz noch nicht geschlossen war, suchten viele haschemitische Familien, die es sich leisten konnten, den Weg in die Türkei, nach Ägypten, Jordanien oder Dschibuti – ein Exil auf Zeit, so hoffen sie. Da nun die Flucht aus dem Jemen nur noch über die Flughäfen Aden oder Seiyun möglich ist, neigen viele Haschemiten dazu, ihre Pässe zu fälschen und unter gefälschten Nachnamen das Weite zu suchen. Denn, wie schon erwähnt, erkennt man die Abstammung meist bereits am Nachnamen, insbesondere wenn es sich um bekannte Familiennamen aus der Noblesse handelt wie al-Mutawakil, al-Dailami, al-Huthi, al-Schami, al-Wazir, Scharaf Addin etc. Ob man will oder nicht, die Gruppen-, Standes-, Clan- bzw. Stammesidentität wird zur eigenen. Die Kategorisierung durch andere schafft Tatsachen. Mehr denn je stehen sich die einzelnen sozialen Gruppen und Schichten voll Hass und Neid gegenüber. Die Errungenschaften der letzten Jahrzehnte wurden in Schutt und Asche gelegt. Der vereinte Jemen ist in viele Identitäten zersplittert: Schiiten, Sunniten, Hadi-Anhänger, Huthi, Affashi, Terroristen etc.

Ich selbst, obwohl außerhalb des Jemen lebend, sehe mich immer wieder einem Rechtfertigungszwang ausgesetzt, weil mir bei Treffen mit jemenitischen Mitbürgern direkt oder indirekt der Vorwurf gemacht wird, dass ich ein Huthi-Anhänger sei. Meine Argumente, dass ich grundsätzlich gegen jegliche Art der Knechtung von Menschen bin und dass die Huthis keinen Staat führen können, werden nicht akzeptiert. Ganz im Gegenteil: Viele behaupten, ich und andere Haschemiten, die im Ausland leben, würden versuchen, die Politik der Huthis im Ausland zu beschönigen und der Bewegung in irgendeiner Art und Weise Unterstützungsleistungen zukommen zu lassen. Ich bleibe dabei: Diese auf Konfession und sozialer Klasse basierende gesellschaftliche wie politische Spaltung des Jemen kann kein Jemenit akzeptieren, der das Wohl seines Landes im Blick hat.

Das äußerst schüchterne und zurückhaltende Auftreten der internationalen Staatengemeinschaft gegenüber der Tragödie im Jemen ist dabei unbegreiflich und beschämend. Drei Sondergesandte der Vereinten Nationen haben den Jemen von 2011 bis heute betreut: zunächst der Marokkaner Jamal Benomar, der während der Nationalen Dialogkonferenz große, jedoch meist erfolglose Bemühungen unternommen hat; dann der Mauretanier Ismail Ould Cheikh Ahmed und später der bis heute amtierende Brite Martin Griffiths. Erst Letzterem ist es gelungen, etwas Bewegung in die verfahrene Situation zu bringen und neuen Verhandlungen eine Chance zu geben.

Wann immer die Konfliktparteien bis dahin an einen Tisch gebracht wurden – was zumindest auf höchster Ebene selten genug geschehen war –, hat die sogenannte legitime Regierung stets mit drei Referenzen argumentiert. Bei der ersten Referenz handelt es sich um die Ergebnisse der Golfinitiative, die das

Ende von Salehs Präsidentschaft sowie die politische Übergangsphase nach den Protesten des Arabischen Frühlings im Jemen regeln sollte. Die zweite Referenz besteht in den Empfehlungen und Beschlüssen der Nationalen Dialogkonferenz. Als dritte Referenz wird die UN-Resolution 2216 angeführt, die am 14. April 2015 verabschiedet wurde. In dieser Resolution wurden Sanktionen – darunter ein Waffenembargo – gegen die Gruppe der Huthi- und Saleh-Anhänger verhängt, mit der Begründung, dass sie die Stabilität und Sicherheit im Jemen gefährdeten. Jedes Mal, wenn also die Konfliktparteien zusammenkamen, berief sich die Hadi-Regierung auf diese Beschlüsse und unterstrich damit ihre Legitimität. Die früheren Gespräche in Kuwait und Genf brachten gerade deshalb keinerlei Fortschritte in Richtung Frieden.

Ganz anders stellt sich die Lage seit 2018 dar, als es Martin Griffiths gelang, die Kontrahenten in Stockholm an einen Tisch zu bringen. Jedoch war es nicht der ernstgemeinte Wille zu Frieden und Versöhnung, der dieses Treffen bestimmte und die dort gefundenen Kompromisse ermöglichte. Vielmehr waren die äußeren Umstände Motor und Triebfeder der Verhandlungen.

Viele Beobachter sprechen dabei zunächst einmal von einer gewissen strategischen Müdigkeit, wenn sie über die Motivation der Parteien zur Teilnahme an den Friedensgesprächen berichten. Alle am Krieg beteiligten Parteien – und seien sie noch so reich, mächtig und gut ausgestattet – sind inzwischen an einem Punkt angelangt, an dem sie merken, dass die schiere Dauer und Materialintensität des Krieges an ihren eigenen Kräften zehren. Ein weiterer wichtiger Grund für die Aufnahme der Gespräche liegt aber auch in dem seit 2018 gestiegenen internationalen Druck auf die Konfliktbeteiligten: So hatte bereits im Mai 2018 der vor allem von Israel und Saudi-Arabien forcierte und begrüßte Ausstieg der Amerikaner aus dem

Atomabkommen mit dem Iran die Nutznießer dieser umstrittenen Maßnahme stärker in den Fokus der Öffentlichkeit gerückt. Deutlich mehr Menschen begannen sich fortan für die Machenschaften der Saudis in der Region zu interessieren. Auch die Lage in Syrien, wo nach dem Sieg über den IS und Assads Rückeroberung der Rebellengebiete eine Phase der allmählichen militärischen und politischen Stabilisierung einsetzte, dürfte den Jemen wieder stärker ins öffentliche Bewusstsein gerückt haben. Auf Seiten der Medien stehen nun schlichtweg wieder mehr Kapazitäten zur Verfügung, um den Konflikt auf der Arabischen Halbinsel stärker in den Blick zu nehmen; und auch auf Seiten des Publikums scheint seither die Bereitschaft, sich angesichts des absehbaren Endes des Syrienkonflikts mit neuen Konfliktherden zu befassen, gestiegen zu sein. Dieser mediale und politische Druck auf die Konfliktbeteiligten wuchs noch, als die menschenverachtenden Praktiken Saudi-Arabiens anlässlich der Ermordung des Journalisten Jamal Khashoggi im saudischen Konsulat in Istanbul am 2. Oktober 2018 zusehends in die Kritik gerieten. Die Vorwürfe richteten sich schon bald gegen den faktischen Führer der Golfmonarchie, Kronprinz Mohammed bin Salman, persönlich. Der vermutlich von ihm selbst in Auftrag gegebene Mord an dem Regimekritiker wuchs sich schnell zu einer regelrechten Staatskrise aus, die auch das Verhältnis zu den bisher so treuen Verbündeten im Westen nicht unberührt ließ.

Doch trotz ihrer Wichtigkeit sind die Übereinkünfte von Stockholm nur ein kleiner Lichtblick in dem langen, dunklen Tunnel, in welchem sich der Jemen weiterhin befindet. Denn die eigentlichen Kriegstreiber – die Saudis, Emiratis und indirekt auch die Iraner – sind nicht zu den Gesprächen erschienen, zumindest nicht offiziell. Farea al-Muslimi vom Sanaa Center for Strategic Studies geht aber davon aus, dass sie als Strippenzieher unweit des Tagungsorts in Stockholm Position bezogen und den Vertretern der Hadi-Exil-Regierung auf der einen Seite und denen der Huthis auf der anderen Seite diktierten, wie sie sich in den Verhandlungen zu verhalten hätten. Auch und gerade diese regionalen Akteure sollten allerdings die Friedensgespräche zwischen den lokalen Akteuren unterstützen und auch selbst untereinander Gespräche führen, um ihre Konflikte nicht weiter auf jemenitischem Boden führen zu müssen.

Wie und wann ist Frieden möglich?

Das vielleicht wichtigste Ergebnis von Stockholm liegt in der Tatsache, dass sich die Kontrahenten überhaupt an einen Tisch setzten. Sie schienen zumindest unbewusst bemerkt zu haben, dass es keinen anderen Weg als den über Verhandlungen gibt, um eine nachhaltige Lösung für den Jemen herbeizuführen. Darüber hinaus dürfte allerdings jedem bewusst sein, dass man sich nicht ausschließlich auf die Friedensinitiativen der UN verlassen darf. Gesprächsrunden und Verhandlungen müssen auf allen Ebenen stattfinden und der politischen Realität im Land Rechnung tragen. Neben der Hadi-Exilregierung und den Huthis müssen daher auch weitere Akteure wie der Südliche Übergangsrat und die Vertreter der Gouvernements, die inzwischen eigene Armeen unterhalten und Teile des jemenitischen Staatsgebietes kontrollieren, in die Friedengespräche einbezogen werden. Denn wer die politische, soziale und ökonomische Landschaft im Jemen heute kennt, weiß, dass wir es mit drei großen Problemlagen zu tun haben, die in den weiteren Verhandlungen unbedingt Berücksichtigung finden müssen: 1. der interne jemenitisch-jemenitische Krieg, d. h. der Bürgerkrieg zwischen den verschiedenen Gruppierungen; 2. die Interessen der Regionalmächte und ihre Präsenz vor Ort; 3. der Kollaps des Staates und seiner Institutionen.

Dabei gilt es, zuerst die internen Konfliktparteien zusammenzubringen, dann zu überlegen, wie man die regionalen Akteure in diesem Krieg zähmen kann, und schließlich über den Staat und sein künftiges Design nachzudenken.

Wer sich hierbei die Vielzahl der Konfliktschauplätze und der unterschiedlichen Interessenslagen vor Augen führt, könnte in Pessimismus verfallen, dass es wohl für eine so komplexe Gemengelage keine Lösung geben kann. In meinen Augen gibt es jedoch eine reelle Chance, um diesen Krieg zu beenden, und die internationale Staatengemeinschaft kann sehr viel zu ihrem Erfolg beitragen. Der Hinweis auf die dramatische humanitäre Lage im Jemen kann ein entscheidender Faktor sein, um den Druck auf die Akteure im Jemen aufrechtzuerhalten und sogar noch zu erhöhen.

Das gemeinsame Ziel neuer Verhandlungen muss stets das friedliche Zusammenleben aller Gruppen sein. Für die Huthis bedeutet das: Wenn sie mit den anderen Jemeniten in Eintracht und Frieden leben und weiterhin als Größe im Land betrachtet werden wollen, so müssen sie sich auf den Dialog einlassen, die Waffen ruhen lassen und sich vor allem ihrer elitären, hereditären und sektiererischen Ideologie entledigen.

Ihre Devise «Es gibt keine Gehälter, alles vorhandene Geld muss für die Krieger an der Front verwendet werden» und ihre Wehrsteuer müssen sie aufgeben. Den Huthis wird zwar nachgesagt, dass sie tapfere und starke Kämpfer seien. Was ihnen jedoch fehlt, sind politische Weitsicht, die Bereitschaft zur Versöhnung des vermeintlich Unversöhnlichen, die Tugend des Verzeihens, die Akzeptanz des Anderen sowie diplomatisches Geschick. Ihnen fehlt also das, was die Jemeniten auszeichnet. Ihre bisherige Handlungsweise und Ideologie ist im Jemen nicht nachhaltig anwendbar. Wer sich die Hisbollah im Libanon zum Vorbild nimmt und im Jemen ein Duplikat des libanesischen Modells herstellen will, der hat verdrängt, dass der Jemen eine ganz andere Geschichte und demographische Zusammensetzung aufweist und diese Art der ideologischen Führung schwerlich breite Anerkennung finden dürfte. Der junge Huthi-Führer und Möchtegern-Ajatollah, Abdul-Malik al-Huthi, wird durch die gelegentlichen Fernsehansprachen nicht zu Hassan Nasrallah, dem Hisbollah-Führer im Südlibanon. Ihm nachzueifern macht ihn vor der Weltgemeinschaft nur lächerlich und vor den Jemeniten erst recht, wie durch die vielen Spötteleien in den sozialen Netzwerken bereits deutlich wird. Die vielen Fernsehansprachen, die Abdul-Malik al-Huthi vor hunderten Zuhörern, Unterstützern und jubelnden Fans hält, erreichen die breite jemenitische Öffentlichkeit nicht, mit Ausnahme der teilweise bereits bedenklich ideologisierten und fanatisierten Jugend. Schließlich muss der internationale Druck zum Beispiel mithilfe des Iran auch auf die Huthis erhöht werden. Obwohl sie sich dauernd als Opfer des Krieges darstellen, sind sie selbst Treiber des Konflikts und führen diesen auf schreckliche Art und Weise, etwa unter Einsatz von Kindersoldaten, fort.

Auf der anderen Seite muss sich auch die sogenannte legitime Regierung aufrichtig und ehrlich auf den jemenitischen Dialog einlassen. Sie muss eine nationale Agenda verfolgen und sich auf die integrative Dimension der Friedengespräche einlassen, statt sich als Marionette Saudi-Arabiens missbrauchen zu lassen. Solange ihr dies nicht gelingt, wird es keinen Frieden im Jemen geben, weil sie dann nie die Unterstützung einer jemenitischen Bevölkerungsmehrheit erhalten wird.

Wenn es um die Bewegung des Südens, den Südlichen Übergangsrat und die anderen Unterstützer einer Abspaltung des Südens geht, so hat ihr Traum nur dann eine reelle Chance auf Verwirklichung, wenn vorher auf politischem Wege eine nationale Einigung darüber erzielt wurde, wie eine solche Trennung vonstattengehen könnte. Ein Referendum könnte dabei eine gute Grundlage darstellen, um dieses Problem langfristig zu lösen.

Die Huthis im Norden, die Separatisten im Süden und die Exilregierung in Riad – sie alle sind Jemeniten, sie alle haben bis vor Kurzem zusammengelebt, sie alle kennen die Stärken und Schwächen des anderen, sie alle wissen um ihre historische Verwurzelung im Land und die jeweiligen religiösen, weltanschaulichen, regionalen und tribalen Zugehörigkeiten. Diese gemeinsamen kulturellen Wurzeln und dieses Wissen über den anderen gilt es nun positiv zu nutzen.

Um im Friedensprozess effizient voranschreiten zu können, muss jedoch zunächst eine solide Vertrauensbasis hergestellt werden. Dafür bedarf es der grundlegenden Prinzipien von Transparenz, Glaubwürdigkeit und Akzeptanz des Anderen. Dies kann nur dann gelingen, wenn sich alle Seiten eine Rhetorik aneignen, die den jeweils anderen nicht diffamiert, verleumdet oder denunziert. Gerade die öffentlichen und privatrechtlichen Medien tragen in diesem Zusammenhang durch ihre Parteinahme zugunsten der einen oder anderen Seite große Verantwortung für die Meinungsbildung im Jemen. So bezeichnet beispielsweise die Kriegsallianz der Saudis sich selbst als legitim und die Gegenseite der Huthis als Putschisten. Es handle sich um eine Sekte, eine Gruppierung, welche die jemenitische Bevölkerung nach einem Kastensystem unterteile, sich selbst als die höchste Kaste und damit als die allein zum Herrschen bestimmte Elite des jemenitischen Volkes betrachte. In den Medien werden dabei Begriffe wie *majuuz* (antike persische Priester) oder *furs* (Perser) verwendet, die darauf verweisen, dass die meisten Huthi-Anhänger als Familien aus der Nachkommenschaft des Propheten angeblich vor Jahrhunderten aus Persien in den Jemen kamen. Außerdem werden sie als «haschemitische Schiiten» bezeichnet oder als «die Noblen» im ironischen Sinne diffamiert. Diesen Anfeindungen begegnen die Huthis mit dem pauschalen Vorwurf, bei der Gegenseite handle es sich ausschließlich um IS-Kämpfer bzw. eine IS-Regierung und alle in den Reihen der sogenannten legitimen Regierung seien Söldner und Agenten der Saudis bzw. der VAE. Diese Propagandaspirale gilt es gemeinsam zu durchbrechen, damit sich allmählich ein neues Narrativ entwickeln kann, das alle Seiten als Teile einer einzigen Nation anerkennt. Denn nur wenn die Begriffe von Patriotismus und nationaler Identität inklusiv gedacht werden und nur wenn alle Parteien den Jemen und seine Interessen gleichermaßen in den Vordergrund stellen, können die Verhandlungen zu einer allmählichen Rückkehr des sozialen Friedens beitragen.

Der Prozess der Wiedererlangung gegenseitigen Vertrauens ist dabei freilich ein langwieriger und darf sich nicht ausschließlich in Mottos und Slogans erschöpfen: Huthis wie auch viele der von den Saudis und Emiratis unterstützten Milizen im Süden greifen zu terroristischen Mitteln. Sie rauben, brandschatzen und plündern. Sie verhaften Menschen ohne juristische Grundlage, verschleppen und entführen und schrecken selbst vor Rachemorden an ihren Gegnern oder auch in den eigenen Reihen nicht zurück. Auch solche Praktiken müssen umgehend eingestellt, politische Gefangene freigelassen und zu einer Politik der Mäßigung gefunden werden. Alle Seiten müssen verstehen, dass die politischen Verhandlungen das wohl einzige Rettungsboot in diesem Meer des Elends sind. Das einzige Boot, in dem sie alle Platz finden müssen, um gemeinsam an die Küste der Stabilität und der Wiederversöhnung zu gelangen, heißt «ein gemeinsamer Jemen». In jedem Fall bedarf es in dieser kritischen Phase sehr großen Mutes bei allen, die mit am Verhandlungstisch sitzen: Mut zu diesem gesamtjemenitischen Weg, Mut, die bequeme Fremdsteuerung aufzugeben, und Mut, die bereits erzielten Geländegewinne und die bereits erlangte Macht zugunsten eines gemeinsamen

Kompromisses, eines Zusammenwachsens und eines friedlichen Miteinanders wieder aufzugeben. Friede und ein harmonisches Leben zwischen den Jemeniten waren möglich und werden auch zukünftig wieder möglich sein.

Die Verhandlungen selbst müssen dabei von den Realitäten vor Ort ausgehen. Denn diese Realitäten bilden den Rahmen für den Verhandlungsbeginn und –fortgang. Und so kann es auch nicht zu einem Erfolg führen, wenn eine der verhandelnden Seiten Bedingungen aufstellt, die die andere Seite aus ihrer Warte nicht mal in Ansätzen erfüllen kann, wie es bei den vorangegangenen Gesprächen in Kuwait und Genf geschehen ist. Vor diesem Hintergrund ist die Frage zu stellen, ob die Referenzen, die von Seiten der Hadi-Regierung immer wieder herangezogen werden, noch immer zeitgemäße Forderungen darstellen, die als Bedingungen für Friedensverhandlungen gelten können. So wird mit Bezug auf die Beschlüsse der Nationalen Dialogkonferenz von Ende 2013 darauf gepocht, dass es sich hierbei um ein historisches, gesamtjemenitisches Dokument handle, welches zwingend umgesetzt werden müsse. Jedoch ist zu berücksichtigen, dass, wie bereits geschildert, nie Einigkeit über alle Punkte bestand, ja dass die Beschlüsse dieser Dialogkonferenz vielleicht sogar für die Eskalation der Lage im Jemen mitverantwortlich waren. Insbesondere die Forderung nach einer Regionalisierung, d. h. einer Aufteilung des Jemen in sechs weitgehend unabhängige Regionen, blieb ein Punkt, der von den Huthis und später auch von den Anhängern Salehs komplett abgelehnt wurde. Ebenso unrealistisch ist die Forderung, die Huthis sollten die Resolution 2216 des UN-Sicherheitsrats erfüllen, bevor irgendetwas passieren könne. Ob es einem gefällt oder nicht, die Huthis haben einen Großteil des nördlichen Jemen und somit den bevölkerungsreichsten Teil des Landes unter ihrer Kontrolle. Sie verfügen über ein bedeutendes Arsenal an Waffen und Munition, das wie bereits ausgeführt nicht nur auf Salehs Erbe aus militärischen Beständen zurückzuführen ist, sondern auch auf viele illegale Waffenkäufe, unter anderem sogar von den Gegnern selbst. Das heißt der frühere jemenitische Staat, der sich schon damals hauptsächlich auf die Hauptstadt Sanaa konzentrierte, liegt nun in den Händen der Huthis. Die Bedingung, sie müssten sich aus der Hauptstadt in ihre Ursprungsregion nach Saada und in die Gebirgsregion von Marran zurückziehen, ist aus ihrer Sicht also eine absurde und damit unerfüllbare Forderung. Aber genau diese Bedingungen hören wir immer wieder von den Wortführern auf der Seite der sogenannten legitimen Regierung. Auch die in der Resolution 2216 enthaltenen scharfen Sanktionen gegen wichtige Personen der Huthi-Saleh-Koalition sind wohl kaum besonders förderlich für die Verhandlungsbereitschaft dieser Akteure.

Die Huthis ihrerseits präsentierten Mitte April 2019 ihre «Nationale Vision zum Aufbau des modernen Jemen». Von deren zwölf Abschnitten behandelt einer die sogenannte «nationale Versöhnung». Demnach sollen alle Akteure im Jemen friedlich und auf Augenhöhe am politischen Willensbildungsprozess teilhaben dürfen, die Macht- und Kräfteverhältnisse sollen zudem nach demokratischen Maßstäben an der Wahlurne entschieden werden. Als Grundlage für diese umfassende nationale Versöhnung fordert das Pamphlet eine politische Lösung des Konflikts, allerdings ohne konkrete Optionen hierfür zu benennen. Auch die Einheit und Integrität des gesamten Jemen wird im Dokument mehrfach betont. Weitere Abschnitte behandeln anstehende Reformprojekte der zukünftigen jemenitischen Regierung bis 2030, die aus dem Jemen einen modernen Staat im Sinne der von den Vereinten Nationen ausgegebenen Ziele für nachhaltige Entwicklung machen sollen. Doch so schön und bestechend die überraschend demokratische «Nationale Vision» der Huthis auch sein mag, bleibt abzuwarten, wie ernst sie selbst die von ihnen ausgegebenen Leitlinien nehmen werden.

In jedem Fall gilt: Um fruchtbare Verhandlungen führen zu können, müssen klare Ziele – am besten in Form von realistischen Etappenzielen – formuliert werden, die auch bei der Priorisierung der zu bewältigenden Aufgaben helfen können. So kann man von einer Etappe zur nächsten gelangen und einen Punkt nach dem anderen abarbeiten, immer gebunden an die Umsetzung des in der Etappe zuvor bereits Beschlossenen. Die Einhaltung des bereits Vereinbarten kann – wie für das Stockholm-Abkommen über die Stadt Hudeida (United Nations Mission to Support the Hudaydah Agreement, UNMHA) – durch eine unabhängige UN-Beobachtermission sichergestellt werden.

Weitere Voraussetzung für eine gelungene Friedensinitiative ist die politische Entschlossenheit der internationalen Staatengemeinschaft, die diversen lokalen Akteure nicht länger zu mobilisieren, sei es durch Geld, Waffenlieferungen oder Luftunterstützung. Wesentlicher Druck muss dabei auch auf die amerikanische Regierung ausgeübt werden. Denn unter ihrem Präsidenten Donald Trump beharrt sie darauf, dass die Waffenindustrie in den USA sehr stark von den Exporten in diese Länder profitiere und es daher mit ihr keinen Stopp der Waffenlieferungen und der logistischen Unterstützung für Saudi-Arabien und die VAE geben werde. Zu eng ist bisher noch das Zweckbündnis zwischen Saudi-Arabien, den Emiraten und den USA, da es – zumindest nach Trump – folgender Logik folgt: Solange die Kuh reichlich Milch gibt, gibt es keinen Grund, sie zu schlachten. Man muss sich immer wieder vor Augen führen, dass Donald Trumps Sicht der Dinge ganz klar den Prinzipien eines Geschäftsmannes folgt. Solange die Geschäfte laufen und sich sogar verbessern, gibt es für ihn keinen Grund, die bisherige Strategie zu verändern. Und die Geschäfte zwischen den USA und ihren Partnern am Persischen Golf laufen spitzenmäßig seit Trumps Amtsübernahme. Deswegen wird es, wenn es nach Trump, MBS und MBZ geht, nie ein Ende dieser unheilvollen Deals geben. Sogar den parteiübergreifenden Beschluss des US-Kongresses, den Krieg im Jemen nicht weiter zu unterstützen, hat Trump mit seinem Veto vom 16. April 2019 blockiert. Folglich muss Europa einen eigenen Weg gehen, wenn es seine eigenen Werte ernst nimmt: Dafür sollte es seinen so oft gepredigten moralischen Ansprüchen endlich gerecht werden und dem Humanitären Vorrang vor dem Materiell-Wirtschaftlichen einräumen. In Brüssel selbst wurde der Krieg im Jemen zwar immer wieder verurteilt – jedoch bleiben diese Verurteilungen nur Tinte auf Papier. Ihnen folgen keine Taten, die diesen Krieg beenden könnten. Im Gegenteil stellen sich bislang vor allem Großbritannien und Frankreich quer, deren Interesse an einem Fortgang der Waffengeschäfte ungebrochen stark ist.

Die Effizienz der Friedensverhandlungen kann überdies gesteigert werden, indem andere Nationen als Vermittler hinzugezogen werden. So könnte etwa der zweite unmittelbare Nachbar des Jemen auf der Arabischen Halbinsel, der Oman, in diesem Konflikt eine Schlüsselrolle als Mediator spielen, wie es ihm in der Vergangenheit bereits gelungen ist. Die Omanis unterhalten – gewissermaßen als neutrale Schweiz unter den arabischen Staaten – zu allen Seiten, auch zu den Huthis, ein relativ gutes Verhältnis und haben selbst keine Aktien in diesem Krieg, zumindest nicht allzu offensichtlich. Sie verfügen über Glaubwürdigkeit und Vertrauen bei allen beteiligten Akteuren. Auch Deutschland sollte seiner Verantwortung als diplomatisches Schwergewicht stärker gerecht werden. Die deutsche Haltung in diesem Konflikt ist jedoch bisher sehr reserviert. Man verweist immer wieder auf die Vereinten Nationen und ihren Sondergesandten Martin Griffiths. Man ist dagegen nicht bereit, selbst eine aktive Rolle bei der Beilegung dieses Konflikts zu übernehmen und auf die einzelnen Akteure mit entsprechendem Nachdruck einzuwirken, um das Dahinsiechen des Jemen zu beenden.

Aber noch einmal zur Betonung: Die Entscheidung darüber, wie es im Jemen weitergehen soll, muss eine rein jemenitische sein und darf nicht von außen diktiert werden. Das Recht auf Frieden, das Recht, die eigenen Konflikte selbst zu regulieren, das Recht, begangenes Unrecht zwischen den im Jemen widerstreitenden Gruppierungen untereinander, sozusagen zwischen Brüdern und Schwestern desselben Volkes, zu regeln – all diese Rechte müssen den Jemeniten zugestanden werden. Einmischungen von außen – sofern sie nicht in gemeinsamem Einverständnis vertraglich festgelegt wurden – müssen unterbleiben. Denn solange die am Tisch sitzenden Verhandlungspartner lediglich Marionetten der hinter ihnen stehenden ausländischen Strippenzieher sind und solange ihnen diese unter Androhung des Entzugs der logistischen und finanziellen Unterstützung einflüstern, was sie zu tun und zu lassen haben – so lange wird der Frieden in weiter Ferne und das Zusammenleben in einem Land – ganz egal unter welcher Staatsform – unmöglich bleiben.

Ob die Verhandlungen am Ende ein zusammenhängendes, friedliches jemenitisches Territorium zum Ergebnis haben werden oder ob die von den Golfmonarchien mit wohlwollender Unterstützung des Westens vorangetriebene Teilung des Jemen in rivalisierende Teilstaaten letztendlich bittere Realität wird, bleibt abzuwarten. Letzteres Szenario der Fragmentierung des Jemen scheint aktuell am wahrscheinlichsten zu sein. Nur so ließe sich der Jemen mit seiner geostrategisch exponierten Lage durch die aufsteigenden Möchtegern-Regionalmächte Saudi-Arabien und VAE bestmöglich für ihre weiteren Vorhaben in der Region instrumentalisieren. Denn auch wenn MBZ und

MBS spätestens seit den letzten Wochen des August 2019 in einen offenen Streit über die Kontrolle des Südjemen getreten zu sein scheinen, so handelt es sich in meinen Augen doch lediglich um eine bestens inszenierte Show. Es ist ein abgekartetes Spiel, an dessen Ende – jedem Grenzvertrag mit dem Jemen und Beteuerungen seiner Souveränität zum Trotz – eine Verteilung der neuen Einflussbereiche stehen wird, die aller Wahrscheinlichkeit nach bereits heute Gegenstand bilateraler Vereinbarungen zwischen den Fürsten ist. Doch ganz unabhängig davon, welches Szenario sich letztlich durchsetzt – es gibt eine Konstante, die für alle Jemeniten gilt: die stolze Geschichte des Jemen. Die Menschen wissen um ihr großes kulturelles Erbe, das sie seit über 5000 Jahren bewahren. Diese historische Verwurzelung ist von enormer Bedeutung für die Jemeniten. Ganz im Geiste Goethes ist das Beste, was die Jemeniten von ihrer Geschichte haben, der Enthusiasmus, den sie erregt. Aus ihrer Geschichte und ihrem kulturellen Bewusstsein beziehen sie ihren Stolz, ihre Würde, ihre Hoffnung, ihre Zuversicht und ihre Stärke – und die Gegner des Jemen ihren Zorn. So beschreibt es auch eine Freundin, die es vor einiger Zeit nach vier Jahren im Exil gewagt hat, alleine in ihre vom Krieg zerrissene und zerstörte Heimat zurückzukehren, als ihr Vater schwer erkrankte. Ihrem Bericht soll hier das Schlusswort zukommen: «Kaum angekommen am Flughafen in Aden konnte ich meinen Augen nicht trauen, alles war trüb. Überall diese Menschenmassen. Menschen, die verzweifelt darauf warteten, abgefertigt zu werden, um ins Land zu gelangen oder das nächste Flugzeug zu erwischen, das sie außer Landes bringen würde. Der unfreundliche, ja aggressive Umgang mit den Menschen an den Kontrollposten überall. Endlich habe ich es geschafft, an mein Gepäck zu kommen. Nach vier Stunden Wartezeit am Flughafen von Aden kann ich endlich in den Sammelbus in Richtung Sanaa steigen. Der Bus ist voll mit Familien, mit einzelnen Personen. Sie kommen aus den verschiedensten Orten im Jemen: aus Rada', aus Lahidsch, aus Damt, aus Dhamar, aus Sanaa selbst... alle wollen sie nach Sanaa. Jetzt beginnt die anstrengende 15-stündige Reise. Früher habe ich für diese Reise normalerweise rund fünf Stunden gebraucht. In Kriegszeiten durch die vielen Checkpoints sind es viel mehr. Ich blicke um mich herum. Aden ist nicht mehr Aden. Alles zerstört, alles unruhig, die Menschen hasten umher, viele Fremde, viele Bettler überall auf der Straße, viele bewaffnete Gruppierungen, die ich kaum zuordnen kann. Die Reise beginnt in der Nacht, damit wir rechtzeitig ankommen, denn in zwei Tagen beginnt das Ramadanfest. Und schon die ersten Stopps, überall Checkpoints, überall müssen wir unsere Ausweise vorzeigen, überall wird alles – mal durch Uniformierte mal durch vermeintliches Sicherheitspersonal in Zivil – minutiös geprüft. Zwischen den einzelnen Checkpoint liegen maximal 15 km. Vor jedem Halt wissen wir nicht, ob die Reise für alle weitergehen wird. Jetzt betreten wir Huthigebiet. Dort gibt es den berühmt-berüchtigten Damt-Checkpoint. Der Busfahrer warnt uns schon: ‹Bitte benehmt euch ordentlich, bitte versteckt alles, bitte seht zu, dass ihr alle Bilder und Nachrichten von euren Handys löscht, die womöglich Gefahr bringen können, und verhaltet euch ruhig, denn wir müssen diesen schwierigen Checkpoint passieren.› Ein junger Mann betritt den Bus, mit der Kalaschnikow auf der Schulter stolziert er die Reihen entlang und beginnt zu sondieren. Am Ende müssen drei junge Kerle, die zum Ramadanfest nur ihre Familie besuchen wollten, in Damt bleiben, am Checkpoint. Sie versuchen sich verbal zu wehren, aber keine Chance. Irgendwas sei an ihnen suspekt, meinen die Huthi-Jünglinge am Checkpoint. Aber immerhin: wir können aufatmen und die Reise fortsetzen. Alle weiteren Checkpoints der Huthis verliefen viel besser, als die im Südteil des Jemen. Die Familien werden durchgewunken, Frauen werden nicht belästigt aus Anstandsgründen. Sie dürfen passieren, solange sie in der Begleitung eines männlichen Parts sind. Endlich in Sanaa angekommen, bin ich froh, diese anstrengende Reise überstanden zu haben. In Sanaa – so dachte ich – finde ich wieder genau dasselbe vor, was ich bereits in Aden gesehen habe, dem ist aber nicht so. In Sanaa leben die Menschen normal. Aber was heißt hier schon normal? Ein normaler Alltag im Krieg mit all seinen Entbehrungen. Die Menschen haben sich daran gewöhnt, an das Geräusch der summenden Flugzeuge über ihren Köpfen, an den Abwurf von Bomben, an den Mangel von Strom, Wasser und Lebensmitteln. Es überlebt nur noch die Familie, die zusammenhält, und alle sind näher zusammengerückt. Die Familie, die Großfamilie, das Quartier, in dem die Menschen leben. So entstehen kleine Inseln des Friedens, wo die Menschen sich gegenseitig kennen und unterstützen. Der, der was hat, der gibt denen, die nichts haben, aber erst beginnt er mit sich selbst. Und wenn nichts übrigbleibt, dann muss es Arme geben. Und so gibt es auch hier in Sanaa viele Arme, viele Bettler, viele Familien, die abends und nachts einfach draußen in den Vororten von Sanaa unter Bäumen oder in Zelten leben. Es sind meist die, deren Häuser getroffen wurden, die geflüchtet sind, die ihre Miete nicht mehr zahlen können, die Entrückten, die Vertriebenen. Das ist das Leben in Sanaa. Trotzdem: Was die Huthis nicht geschafft haben, ist, die sozialen Gepflogenheiten Sanaas zu verändern. Die Menschen treffen sich weiterhin, sie kauen Qat am Nachmittag und reden über dieses und jenes. In ihren Gesichtern ist Müdigkeit und Traurigkeit, aber keinesfalls Pessimismus oder Sorge abzulesen. Sie haben volles Vertrauen, dass es ein Ende haben wird, sie haben Vertrauen in den Tag danach, dass dieser Spuk ein Ende haben wird. Sie werden uns nicht mehr regieren können, diese dahergelaufenen Höhlenbewohner mit ihrer verbohrten Ideologie aus Saada, sagen sie! Und auch

Saudi-Arabien wird unser geliebtes Sanaa nicht einnehmen. Weder die einen noch die anderen werden es schaffen, uns zu zerstören. Wir werden alle überleben, Sanaa besitzt eine alte Kultur mit tiefen Wurzeln. Niemand wird unser Leben in Sanaa verändern können. Alle sind voller Hoffnung. Wenn ich mit meinen Nichten und Neffen gesprochen habe, dann reden sie nicht über Perspektivlosigkeit, nicht über Depression, sondern sie reden über ihre Träume: Was sie noch machen wollen, welche Schule sie besuchen wollen, wo sie im Ausland studieren werden, was sie danach für ihr Land tun werden oder tun wollen. Sanaa hat bisher sozial überlebt. Der gesamte Jemen wird kulturell überleben, denn die Kultur kann nicht vernichtet werden. Unsere Gegner können alles Materielle vernichten, aber nicht unsere Kultur, unsere Art zu leben, unser Gottvertrauen und unseren Optimismus. Die Freundlichkeit und Gastfreundschaft, die Liebe und Herzlichkeit, die Unterstützung und Solidarität, das alles gab es schon immer im Jemen und wird es auch nach dem Krieg in vielleicht noch intensiverer Form geben. Was auf der politischen Ebene an Zerstörung veranstaltet wurde, wird nicht von langer Dauer sein, wenn einmal Frieden herrscht. Wir brauchen Geduld und Ausdauer und beides haben wir. Sie können uns Jemeniten nicht unterwerfen. Das hat noch keiner vorher geschafft. Wir verfügen über eine jahrtausendealte Geschichte. Wir sind ein starkes Volk. Wir sind robust! Allah ist mit uns und der Prophet hat für uns gebetet. Gott ist überall. Gott ist im Jemen und daher geht es dem Jemen gut.»

ANMERKUNGEN

1 Diodor von Sizilien: Geschichtsbibliothek, zitiert nach Gabriele Mandel: Das Reich der Königin von Saba, München/Zürich 1978, S. 30–31.

2 Gabriel Mandel: Das Reich der Königin von Saba, München/Zürich 1978, S. 16. Er beruft sich dabei auf den amerikanischen Anthropologen Robert Ardrey.

3 Jean-François Breton: Arabia Felix from the Time of the Queen of Sheba: Eighth Century B. C. to First Century A. D.

4 Gabriel Mandel: Das Reich der Königin von Saba, München/Zürich 1978, S. 21–22.

5 Zitiert nach Gabriel Mandel, Das Reich der Königin von Saba, München/Zürich 1978, S. 51.

6 Vgl. https://uk.reuters.com/article/yemen-security-un-idUKL2NoWQ 29620150324, aufgerufen am 13.08.2019.

7 Vgl. https://www.un.org/press/en/2015/sgsm16621.doc.htm, aufgerufen am 13.08.2019.

8 Vgl. https://www.un.org/press/en/2015/db150326.doc.htm, aufgerufen am 13.08.2019.

9 Vgl. den Bericht S/2015/217 des UN-Sicherheitsrats.

10 Vgl. https://www.bbc.com/news/world-middle-east-32402688, aufgerufen am 13.08.2019

11 Vgl. https://www.zeit.de/politik/ausland/2015-12/saudi-arabien-bnd-aussenpolitik, aufgerufen am 13.08.2019.

12 Vgl. https://www.tagesspiegel.de/politik/nach-kritik-an-saudi-arabien-auswaertiges-amt-veraergert-ueber-bnd/12675524.html, aufgerufen am 13.08.2019.

13 Vgl. https://www.reuters.com/article/us-yemen-security-france/french-special-forces-on-the-ground-in-yemen-le-figaro-idUSKBN1JC099 und https://fr.reuters.com/article/topNews/idFRKBN1JCoAo-OFRTP, aufgerufen am 13.08.2019.

14 Diese Zahl wird jedoch zum Teil auch als deutlich zu niedrig angesehen. So geht das Team des Armed Conflict & Event Data project (Acled) von über 90 000 Kriegsopfern aus, darunter mindestens

11 700 Zivilisten; vgl. https://www.theguardian.com/global-development/2019/jun/20/human-cost-of-yemen-war-laid-bare-as-civilian-death-toll-put-at-100000, aufgerufen am 13.08.2019.

15 Für Ölimporte und Kritik an der Importpolitik: http://sanaacenter.org/publications/the-yemen-review/6620 sowie https://www.un.org/press/en/2018/sc13550.doc.htm, aufgerufen am 13.08.2019.

16 Vgl. https://www.reuters.com/article/us-israel-redsea/israel-warns-iran-of-military-response-if-it-closed-key-red-sea-strait-idUSKBN1KM5VM, aufgerufen am 13.08.2019.

17 Vgl. https://www.n-tv.de/wirtschaft/Saudi-Arabien-stoppt-Oltransporte-article20546245.html, aufgerufen am 13.08.2019.

18 Vgl. https://gulfnews.com/world/gulf/yemen/uae-refutes-yemen-secret-prison-allegations-1.2250414, aufgerufen am 13.08.2019.

19 Vgl. https://www.saudiembassy.net/news/saudi-reconstruction-program-yemen-launches-eight-new-projects-al-mahra-governorate, aufgerufen am 13.08.2019.

20 Vgl. https://reliefweb.int/report/yemen/saudi-arabia-and-uae-launch-500-million-yemen-aid-initiative, aufgerufen am 13.08.2019.

21 Vgl. https://www.theguardian.com/world/2018/sep/06/yemen-campaign-hit-civilians-saudi-coalition-admits, aufgerufen am 13.08.2019.

22 Vgl. https://www.theguardian.com/world/2016/jan/15/british-us-military-in-command-room-saudi-strikes-yemen, aufgerufen am 13.08.2019.

23 Für den gesamten Absatz, s.: https://www.theguardian.com/global-development/2018/nov/30/history-will-not-look-kindly-on-britain-over-arms-sales-feeding-war-in-yemen, aufgerufen am 13.08.2019.

24 Vgl. https://www.lemonde.fr/international/article/2018/04/11/a-paris-macron-et-mohammed-ben-salman-ont-affiche-leur-excellente-relation_5283698_3210.html, aufgerufen am 13.08.2019.

25 Vgl. https://www.amnesty.org/en/latest/news/2018/05/yemen-fierce-new-offensive-displaces-tens-of-thousands-of-civilians-from-hodeidah/, aufgerufen am 13.08.2019.

26 Leiter des Sanaa Centers (Maged al-Madhaji) auf einer Veranstaltung zur Lage im Jemen am 14.4.2019 in Tunis.

27 Vgl. http://www.fao.org/news/story/en/item/1164334/icode/, aufgerufen am 13.08.2019.

28 Vgl. https://carpo-bonn.org/wp-content/uploads/2018/03/10_carpo_brief_final.pdf, aufgerufen am 13.08.2019.

29 Aus der Wallenstein-Trilogie.

30 Vgl. https://www.icrc.org/en/document/yemen-71-icrc-staff-pulled-out-yemen-amid-security-incidents-threats, aufgerufen am 13.08.2019.

31 Vgl. https://www.unicef.de/informieren/aktuelles/presse/2018/state-
   ment-fore-angriff-schulbus-jemen/172422, aufgerufen am 13.08.2019.

32 Vgl. https://www.hrw.org/news/2018/09/25/yemen-houthi-hostage-
   taking, aufgerufen am 13.08.2019.

33 Vgl. Amnesty International 2018: Yemen: «God only knows If he's
   alive»: Enforced disappearance and detention violations in southern
   Yemen: https://www.amnesty.org/en/documents/mde31/8682/2018/
   en/, aufgerufen am 13.08.2019.

34 Vgl. http://sanaacenter.org/category/publications/analysis, aufgerufen am 13.08.2019.

35 Vgl. https://www.spa.gov.sa/viewfullstory.php?lang=en&newsid=
   1783696, aufgerufen am 13.08.2019.

36 Vgl. https://www.middleeasteye.net/news/middle-east-leaders-back-
   saudi-arabia-after-jamal-khashoggis-disappearance, aufgerufen am
   13.08.2019.

37 Vgl. https://www.nouvelobs.com/monde/20190523.AFP7083/europe-
   de-la-defense-entre-paris-et-berlin-des-ambitions-et-de-la-mefiance.
   html, aufgerufen am 13.08.2019.

38 Vgl. https://www.bbc.com/news/world-us-canada-45960865, aufgerufen am 13.08.2019.

39 Vgl. https://www.cbsnews.com/news/saudi-arabia-is-the-top-buyer-
   of-u-s-weapons/, aufgerufen am 13.08.2019.

40 Vgl. auf youtube: https://www.youtube.com/watch?v=SEyADlTbSSc
   und https://www.youtube.com/watch?v=Pepl86Lc1j8, aufgerufen am
   13.08.2019.

41 Vgl. http://sanaacenter.org/publications/the-yemen-review/6557, aufgerufen am 13.08.2019.

QUELLEN- UND LITERATURVERZEICHNIS

Im Folgenden findet sich eine Auswahl wichtiger wissenschaftlicher Beiträge, auf die sich diese Arbeit stützen konnte. Nicht im Detail aufgeführt, jedoch von unschätzbarem Wert waren die zahlreichen Berichte der Vereinten Nationen und des Sanaa Centers for Strategic Studies. Ohne ihre regelmäßigen, minutiösen und mit Zahlen unterfütterten Analysen bliebe das Ausmaß der jemenitischen Katastrophe weiterhin im Dunkeln. Um den Lesefluss durch zu viele Anmerkungen nicht zu sehr zu beeinträchtigen, wurde im Fließtext weitestgehend auf Fuß- und Endnoten verzichtet. Der Verlag C.H.Beck stellt daher eine umfassendere Bibliographie auf seiner Website www.chbeck.de/Jemen zur Verfügung.

Al-ʾAšqar, Ġilbīr: Aš-šaʿb yurīd baḥt ǧiḏrī fī l-intifāḍat al-ʿarabīya, Dār as-sāqī, Bairūt 2013.

Abū Zaid, Muḥammad: Ad-daur as-siyāsī li-l-qabāʾil fī l-Yaman, dirāsa manšūra, Markaz al-ḫalīǧ li-d-dirāsāt at-tanmiya, Dubai 2013.

Abū Ġānim, Faḍl: Al-qabīla wa-d-daula fī l-Yaman, Dār al-manār, al-Qāhira 1990.

Ġalūl, Faiṣal: Al-Yaman aṯ-ṯauratān al-ǧumhūrīyatān al-waḥda 1962–1964, Dār al-ǧadīd, Bairut 2000.

Daʿfūs, Rāḍī: Al-Yaman as-saʿīd min Balqīs ʾilā ʿAlī, tarǧamat Maḥmūd Ṭaršūna, manšūrāt al-Markaz al-waṭanī li-t-tarǧamat, Tūnis 2015.

As-Saqāf, ʿAbd ar-Raḥmān: Taṭawwur al-ḥayāt al-fikriya li-l-yamaniyīn al-qudamāʾ, ʾuṭṭrūḥa duktūrāh, Ǧāmiʿat Ṣanʿāʾ kullīya al-ʾadāb qism at-tārīḫ, 2007.

As-Saqāf, ʿAbd ar-Raḥmān: Taṭawwur al-maʾrifa t-tārīḫīya ʿan haḍārat al-Yaman qabla l-islām, Markaz ʿibādī li-l-našr, Niʿāʾ 2005.

Aš-Šamāḫī, ʿAbd Allah: Al-Yaman al-ʾinsān wa-l-haḍara, Dār madina li-ṭ-ṭabāʿa wa-n-našr, Bairūt 1985.

Aṣ-Ṣalāḥī, Fuʾād: Aṯ-ṯaura al-yamanīya. Al-ḫalfīya wa-l-ʾafāq, maṭbuʿāt al-Markaz al-ʿarabī li-l-ʾabḥāṯ wa-d-dirāsāt as-siyāsāt, ad-Dūḥa Qatar 2013.

Aṣ-Ṣarāf, ʿAlī: Al-Yaman al-ǧanūbī as-siyāsīya min al-istiʿmār ʾilā l-waḥda, Dār Riyāḍ ar-rayyis, London 2013.

Aṣ-Ṣūfī, Aḥmad: Taḥāluf al-qabīla wa l-ʾiḫwān ʾasrār muḥāwalat iġtiyāl ar-raʾīs ʿAlī ʿAbd Allah Ṣāliḥ, Dār Riyāḍ ar-rayyis, London 1992.

Al-ʿIbādī, Nizār: Al-qabīla wa-d-daula fī l-Yaman (ṣidām at-taṭawwur), dirāsa manšūra, mauqiʿ al-Muʾtamir net 2005.

Al-ʿAbdalī, Samīr: Ṯaqāfat ad-dīmuqrāṭīya fī l-ḥayāt as-siyāsīya li-qabāʾil al-Yaman, dirāsa maidānīya, Markaz dirāsāt al-waḥda al-ʿarabīya, Bairut 2007.

Al-Faraḥ, Muḥammad Hussain: Maʿālim ʿuhūd ruʾasāʾal-ǧumhūrīya fī l-Yaman 1962–1999, manšūrāt Markaz al-buḥūṯ wa-l-maʿlūmāt wakālat an-nabaʾ al-yamanīya Sabaʾ, Ṣanʿāʾ 2002.

Al-Waǧīh, Muḥammad: Al-ʾaṯar al-iġtimāʿī li-ṣirāʿ al-farq al-maḏhabīya fī l-Yaman, maǧallat Amārāik, ʿadad 23, 2016.

Blumi, Isa: Destroying Yemen – What Chaos in Arabia tells us about the world, Oakland 2018.

Brandt, Marieke: Tribes and Politics in Yemen – A History of the Houthi Conflict, New York 2017.

Breton, Jean-François: Arabia Felix from the Time of the Queen of Sheba: Eighth Century B. C. to First Century A. D., Notre Dame 2000.

Cobb, Paul M.: The empire in Syria, 705–763, in: Chase F. Robinson (Hrsg.): The New Cambridge History of Islam, Bd. 1: The Formation of the Islamic World – Sixth to Eleventh Centuries, Cambridge 2010, S. 254 f.

Gertel, Jörg und Hexel, Ralf (Hrsg.): Zwischen Ungewissheit und Zuversicht – Jugend im Nahen Osten und in Nordafrika, Bonn 2017.

Goddard, Hugh: A history of Christian-Muslim relations, Edinburgh 2000.

Hudson, Michael C. et al. (Hrsg.): The Yemeni War of 1994: causes and consequences, London 1995.

Khalidi, Lamya: The Destruction of Yemen and Its Cultural Heritage, *International Journal of Middle East Studies*, 49(4), 735–738, 2017.

Klein-Franke, Aviva: Zum Rechtsstatus der Juden im Jemen, in: Die Welt des Islams 37/2 (1997), S. 186 ff.

Landau-Tasseron, Ella: Arabia, in: Chase F. Robinson (Hrsg.): The New Cambridge History of Islam, Bd.. 1: The Formation of the Islamic World – Sixth to Eleventh Centuries, Cambridge 2010, S. 324 f.

Lüders, Michael: Die den Sturm ernten ¬– Wie der Westen Syrien ins Chaos stürzte, München 2017.

Maǧmuʾat muʾallifīn: Al-ḥūṯīya fī l-Yaman al-maḏhabīya fī ẓill at-taḥwwulāt ad-daulīya, Markaz al-ǧazīra al-ʿarabīya li-d-dirāsāt wa-l-buḥūṯ, Ṣanʿāʾ 2000.

Mandel, Gabriel: Das Reich der Königin von Saba – Archäologen graben im Paradies und enträtseln die Frühgeschichte Arabiens, aus dem Italienischen übersetzt von Helga M. Wegener, München/Zürich 1978.

Naġūrī, Muḥammad: At-tauzīʿ al-maḏhabī li-sukkān al-Yaman, dirāsa manšūra ʿalā ṣafḥa al-bāḥiṭ ʿalā faisbūk, 2015.

Ausgewählte Berichte und Programme

Amnesty International:
– Stranglehold – Coalition and Huthi Obstacles Compound Yemen's Humanitarian Crisis, 2018.
– Yemen: «God only knows if he's alive»: Enforced disappearance and detention violations in southern Yemen, 2018.

ILO: Demographic and Labour Market Trends in Yemen, 2014.

Human Rights Watch:
– Human Rights Annual Report, 2018.
– Yemen: Houthi Hostage-Taking – Arbitrary Detention, Torture, Enforced Disappearance Go Unpunished, 2018.

Oxfam: Missiles and Food – Yemen's man-made food security crisis, 2017.

Sana'a Center for Strategic Studies: The Yemen Review, August 2018–March 2019.

United Nations:
– Human Development Report 2011 (UNDP)
– Yemen Humanitarian Response Plan 2018 (OCHA).
– Yemen Humanitarian Response Plan 2019 (OCHA).
– Emergency Livelihood Response Plan 2018 (Food and Agricultural Organization)
– Yemen Humanitarian Situation Report 2018 (UNICEF)
– Assessing the Impact of War on Development in Yemen 2019 (UNDP)
– Yemen 2018 Humanitarian Needs Overview (OCHA)
– Yemen 2019 Humanitarian Needs Overview (OCHA)

POLITISCHE GLIEDERUNG, STAND 1990

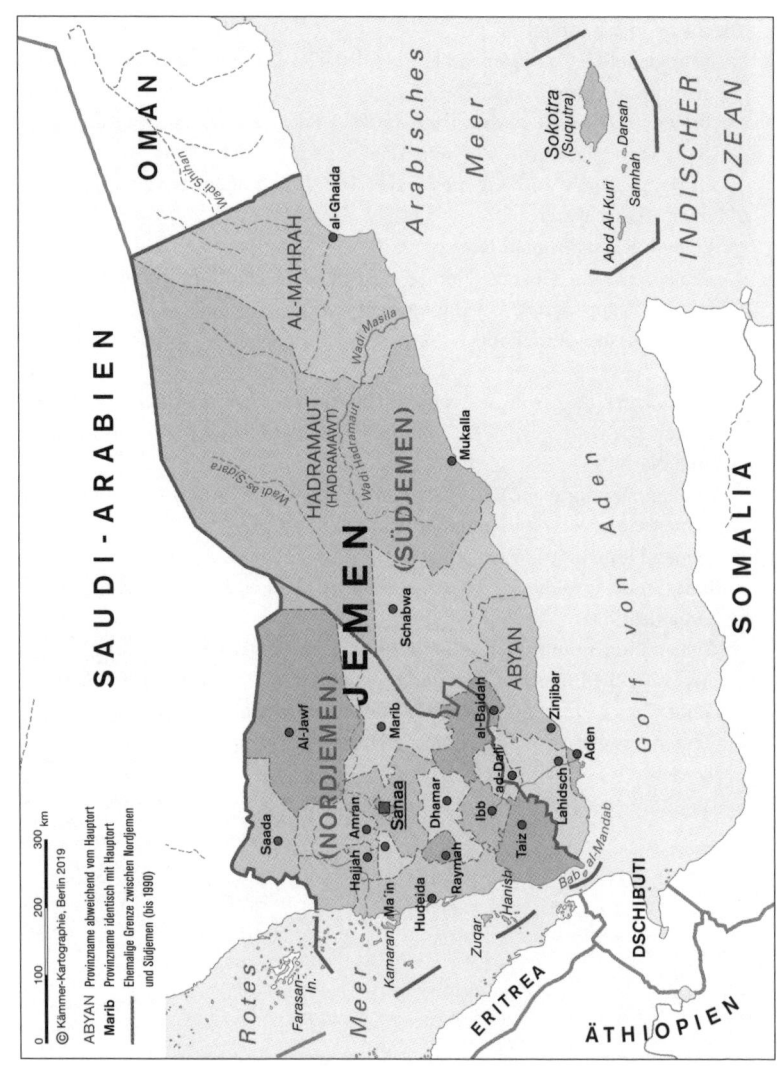

ABYAN Provinzname abweichend vom Hauptort
Marib Provinzname identisch mit Hauptort
—— Ehemalige Grenze zwischen Nordjemen
und Südjemen (bis 1990)

© Klämmer-Kartographie, Berlin 2019

0 100 200 300 km

OMAN

SAUDI-ARABIEN

Arabisches Meer

Sokotra
(Suqutra)
Abd Al-Kuri   Samhah   Darsah

INDISCHER OZEAN

al-Ghaida

AL-MAHRAH

Wadi Masila

HADRAMAUT
(HADRAMAWT)

Wadi Hadramaut

Wadi as-Sidara

Mukalla

JEMEN (SÜDJEMEN)

Golf von Aden

SOMALIA

Schabwa

ABYAN

Marib

al-Baidah

Zinjibar

Al-Jawf

(NORDJEMEN)

Sanaa

ad-Dali

Aden

Saada

Hajjah Amran

Ma'in

Dhamar

Ibb

Lahidsch

Hudeida

Raymah

Taiz

Kamaran In.

Hanish

Zuqar

Bab el-Mandab

DSCHIBUTI

Farasan In.

Rotes Meer

ERITREA

ÄTHIOPIEN

DER FRONTVERLAUF, STAND SOMMER 2018

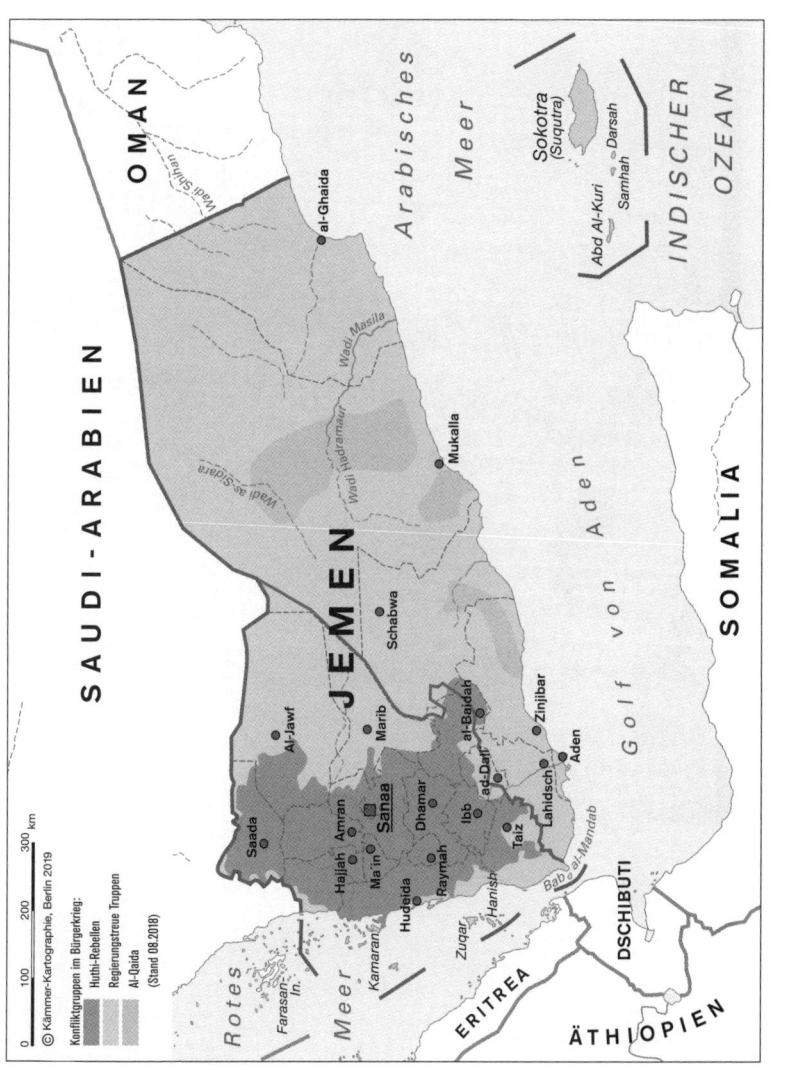

Konfliktgruppen im Bürgerkrieg:
Huthi-Rebellen
Regierungstreue Truppen
Al-Qaida
(Stand 08.2018)

© Kämmer-Kartographie, Berlin 2019

SAUDI-ARABIEN

OMAN

JEMEN

Rotes Meer

Arabisches Meer

INDISCHER OZEAN

Golf von Aden

SOMALIA

DSCHIBUTI

ERITREA

ÄTHIOPIEN

Sokotra (Suqutra)

Abd Al-Kuri

Samhah

Darsah

al-Ghaida

Mukalla

Schabwa

Zinjibar

Aden

al-Dali

Lahidsch

Taiz

Ibb

Dhamar

Sanaa

Raymah

Hudeida

Ma'in

Hajjah

Amran

Saada

Al-Jawf

Marib

al-Baidah

Kamaran

Zuqar

Hanish

Farasan

Bab el Mandab

Wadi Shihan

Wadi Masila

Wadi Hadramaut

Wadi es-Sidara

0 100 200 300 km

GEOGRAPHISCHE LAGE IN DER REGION

AUS DEM VERLAGSPROGRAMM

RÜDIGER LOHLKER

DIE
SALAFISTEN

Der Aufstand der Frommen,
Saudi-Arabien und der Islam

C·H·Beck

205 Seiten mit Zeittafeln. Klappenbroschur
ISBN 978-3-406-70609-7

«Stellt komplexe Sachverhalte verständlich und nachvollziehbar
dar, ohne inhaltliche Abstriche zu machen.»
Susanne Schröter, Politische Studien

«Ein Buch, das man lesen muss!»
Otto Friedrich, Die Furche

VERLAG C.H.BECK

MICHAEL LÜDERS

Armageddon im Orient

Wie die Saudi-Connection den Iran ins Visier nimmt

C·H·Beck

265 Seiten mit 1 Karte. Klappenbroschur
ISBN 978-3-406-72791-7

«Rasant geschrieben. Die ganze Region könnte zu einem
‹Inferno› werden warnt Lüders die Scharfmacher in
Washington und Riad.»
Mathias Brüggmann, Deutschlandfunk

«Es ist das Buch der Stunde. Nicht nur Heiko Maas
sollte es umgehend lesen.»
Rüdiger Göbel, junge Welt

VERLAG C.H.BECK

BEHNAM T. SAID

Geschichte al-Qaidas

Bin Laden, der 11. September
und die tausend Fronten des
Terrors heute

C·H·Beck

239 Seiten. Klappenbroschur
ISBN 978-3-406-72585-2

«Eine gut lesbare, packende Darstellung al-Qaidas voller
nachwirkender Beobachtungen, aktueller Bezüge und mit dem
Gespür für große Entwicklungslinien.»
Simon Wolfgang Fuchs, Süddeutsche Zeitung

«Panoramblick auf die Welt des Dschihadismus.»
Hannes Schwenger, Der Tagesspiegel

VERLAG C.H.BECK